CB080790

HERMENÊUTICA AFRICANA

ELIZABETH MBURU

HERMENÊUTICA AFRICANA

CONTRIBUIÇÕES DA RIQUEZA INTELECTUAL E CULTURAL DA ÁFRICA PARA O ENTENDIMENTO DA FÉ CRISTÃ

QUITANDA

hagnos

© 2023 por Elizabeth Mburu.
Título original *African Hermeneutics*

1ª edição: outubro de 2023

Tradução
Antônio Oliveira Dju

Revisão
Raquel Soares

Coloboração
Martinho Chingulo

Diagramação e capa
Caio Duarte

Editores
Tomás Camba (Quitanda)
Aldo Menezes (Hagnos)

Coordenador de produção
Mauro Terrengui

Impressão e acabamento
Imprensa da Fé

As opiniões, as interpretações e os conceitos emitidos nesta obra são de responsabilidade da autora e não refletem necessariamente o ponto de vista da Hagnos e da Quitanda.

É expressamente proibida a reprodução total ou parcial deste livro, por quaisquer meios (eletrônicos, mecânicos, fotográficos, gravação e outros), sem prévia autorização, por escrito, da Editora Quitanda.

Todos os direitos desta edição reservados à

Editora Quitanda Ltda.
Av. Giovanna Gronchi, 6675
CEP 05724-005 — São Paulo, SP
Home page: www.editoraquitanda.com

Editora Hagnos Ltda.
Rua Geraldo Flausino Gomes, 42, conj. 41
CEP 04575-060 — São Paulo, SP
Tel.: (11) 5990-3308

E-mail: hagnos@hagnos.com.br
Home page: www.hagnos.com.br

abdr
Associação Brasileira de Direitos Reprográficos

Dados Internacionais de Catalogação na Publicação (CIP)
Angélica Ilacqua CRB-8/7057

Mburu, Elizabeth

Hermenêutica africana / Elizabeth Mburu; tradução de Antônio Oliveira Dju. – São Paulo: Hagnos; Quitanda, 2023.

Bibliografia

ISBN 978-85-7742-446-7

Título original: African Hermeneutics

1. Cristianismo – Hermenêutica (Religião) 2. Cristianismo - África I. 3. Filosofia africana 4. Hermenêutica 5. Teologia Título II. Dju, Antônio Oliveira

23-5523 CDD 276

Índices para catálogo sistemático:
1. Filosofia africana 199.6

Tenho o privilégio de elogiar este trabalho útil e inteligível. Transmitindo e desenvolvendo clara e logicamente observações da vida africana e do texto bíblico, Elizabeth Mburu expressa uma hermenêutica africana sólida e frutífera. Ela compara de forma habilidosa as visões de mundo africanas e bíblicas, oferecendo fundamentos para a contextualização de forma que reúne os horizontes interpretativos. Ela também recorre às abordagens mais úteis e comprovadas, tais como a atenção ao gênero, o desenvolvimento narrativo e o contexto histórico.

CRAIG S. KEENER, PHD
F. M. e Ada Thompson Professor de Estudos Bíblicos
Seminário Teológico de Asbury, Wilmore, Kentucky, EUA

O cristianismo africano tem sido descrito com frequência como um "cristianismo dominical", "cristianismo superficial", "cristianismo sincretizado", etc. A autora deste emocionante livro, *Hermenêutica Africana*, se referiu de forma apropriada ao cristianismo africano como "cristianismo dicotomizado". Para desfazer esse duplo cristianismo, Mburu propõe que os cristãos africanos contextualizem a interpretação da Bíblia usando categorias conhecidas de interpretação africanas. Sua proposta é inovadora, revigorante, envolvente e potencialmente revolucionária e paradigmática. Na minha opinião, esta é uma leitura obrigatória para todos os educadores teólogos, missionários, estudantes e pastores africanos.

SAMUEL WAJE KUNHIYOP, PHD
Professor de Teologia Sistemática e Ética,
Seminário Teológico ECWA, Kagoro, Nigéria
Autor de Teologia Cristã Africana

Hermenêutica Africana da professora Elizabeth Mburu é uma obra-prima completa em subsídio de estudos bíblicos africanos modernos. É ampla, perspicaz, revigorante, inovadora, criativa, contextual e crítica, pois toma a visão de mundo africano como central para tornar a hermenêutica uma ciência bíblica relevante para a África. A escolha da "cosmovisão africana" como ferramenta adequada na interpretação bíblica foi deliberada, devido ao seu valor e significado na criação de novas hermenêuticas e interpretações bíblicas e contextuais. Este novo método certamente se tornará um modelo mais procurado de hermenêutica bíblica e de interpretação bíblica africana. Para este fim, este livro fornece uma contribuição para enriquecer o discurso bíblico e teológico na África.

Mburu demonstrou que, mesmo sendo uma jovem estudiosa da Bíblia, ela consegue usar suas novas, emergentes, criativas e inovadoras habilidades hermenêuticas, críticas como subsídio para rejuvenescer e impactar estudos bíblicos contemporâneos. Este novo livro certamente redirecionará o curso de erudição bíblica, especialmente na África, onde esta nova abordagem ressoará com ênfase africana sobre o valor tradicional da narrativa como uma ferramenta segura e válida de interpretação bíblica. Este livro, ao longo do tempo, certamente marcará Elizabeth Mburu como uma excelente estudiosa africana da literatura bíblica. Seu louvável subsídio deve encorajar e motivar os jovens estudiosos africanos a aspirar a patamares maiores nos estudos teológicos e bíblicos.

YUSUFU TURAK.I, PHD
Professor de Teologia e Ética Social,
Seminário Teológico de ECWA, Jos, Nigéria

Elizabeth Mburu estabelece princípios para um modelo de banqueta de quatro etapas de uma hermenêutica bíblica intercultural na África e o aplica tanto aos textos do Antigo Testamento quanto aos do Novo Testamento. Sua contribuição merece muita atenção de qualquer leitor interessado no desenvolvimento da hermenêutica intercultural na África.

JEAN-CLAUDE LOBA-MK.OLE, PHD
Consultor Global de Tradução, Sociedade Unidas da Bíblia do Quênia,
Professor de Estudos do Novo Testamento e Tradução Bíblica,
Universidade do Estado Livre, Bloemfontein, África do Sul

Esse livro é um presente para o cristão brasileiro! Elizabeth Mburu nos convida a participar com ela em uma viagem que pode levar com sucesso o leitor brasileiro a dois destinos surpreendentes: ela nos ajuda a entender que na África o cristianismo encontrou, quando chegou por meio dos missionários, ou seja, os contextos africanos culturais e filosóficos. Será desejável para nós, brasileiros, fazer uma comparação instintiva com nossa cultura, ajudando-nos assim a romper preconceitos e encontrar valor em tudo isso. Em segundo lugar, não menos importante, esse livro é uma aula magistral de hermenêutica para qualquer um que queira entender mais sobre como ler a Bíblia e como conectá-la com seu próprio mundo, seja qual for.

ANA AZEVEDO BEZERRA FELICIO, MA.

Estudante de PhD em Linguística com ênfase em Estudos Clássicos (Latim) Universidade Estadual de Campinas (UNICAMP), Campinas, Brasil. Fundadora do Projeto Agostinhas, um projeto cristão para informar sobre racismo e combatê-lo à luz do evangelho.

Elizabeth Mburu busca na hermenêutica bíblica as respostas para um problema de seu contexto cultural, que são pessoas cristãs vivendo uma dicotomia entre fé e vida prática. Tal problema não está longe daquilo que encontramos em solo brasileiro. Trata-se de um problema hermenêutico, que a autora bem situou no âmbito da cosmovisão e da cultura, para então poder entrar em procedimentos técnicos para extrair do texto a sua mensagem devidamente contextualizada. O livro Hermenêutica africana é uma proposta de leitura bíblica usando uma ferramenta clara e bem apresentada pela autora. A ferramenta é um método dividido em quatro etapas, indo do conhecido para o desconhecido, como se fosse uma "banqueta hermenêutica" que exige regulares ajustes nos quatro pés para se obter um resultado equilibrado, sem que nenhum dos apoios fique descompensado. Além de fornecer valiosas informações sobre uma leitura da Bíblia pelo contexto cultural africano, o livro pode ser recebido por estudantes da Bíblia no Brasil como um desafio intelectual de aplicar ao nosso contexto os princípios interpretativos propostos pela autora. Certamente é uma obra valiosa que contribui para o nosso contexto, especialmente por sua potencialidade de arejar a nossa tradicional biblioteca de hermenêutica cristã-evangélica, centrada em obras do norte global.

ISRAEL MAZZACORATI GOMES

Doutor em Teologia (EST)
Pastor da Igreja Batista Água Viva, em Vinhedo - SP.
Professor do Seminário Teológico Servo de Cristo.
Produtor e apresentador da Rádio Trans Mundial.

Este livro é dedicado a meu marido, Caxton, e a nossos três filhos, Bryan, Michelle e Paul. Eles têm sido um apoio inestimável durante toda a pesquisa e escrita deste livro, muitas vezes oferecendo sugestões úteis e testando o material.

SUMÁRIO

APRESENTAÇÃO

Sem comunicação não pode haver relação, e sem relevância na comunicação não haveria relação significativa.

O crente africano foi convidado a ter relação com Deus, expressa nas Escrituras. No entanto, as Escrituras permaneceram em grande parte sem o impacto desejado. Isso levanta a questão se nós que fomos chamados a ensinar ou pregar as Escrituras conseguimos cruzar a fronteira entre o conteúdo da Bíblia e a relação com a vida cotidiana do cristão africano.

A professora Elizabeth Mburu não só levanta essa questão na *Hermenêutica Africana*, como também fornece um caminho para alcançar este objetivo. Ela estabelece para nós uma metodologia que certamente fará a diferença.

As quatro etapas de uma banqueta, como propõe Mburu, protegem contra o sincretismo e, ao mesmo tempo, dão à visão de mundo africana o lugar necessário para que as Escrituras sejam relevantes para os desafios e experiências do dia a dia de um africano.

Não podemos deixar de concordar com a autora de que a banqueta, se faltar uma de suas etapas, não servirá ao propósito para o qual está destinado. O pregador e educador africano precisa apreciar as muitas contribuições (a maioria delas do Ocidente) nas áreas de contextos teológicos, literários e históricos, mas também reconhecer que as três etapas não irão longe na transmissão da mensagem do evangelho ao crente africano quando [se] a quarta etapa, ou seja, o contexto africano, for negligenciada.

Neste trabalho, Mburu ilustra como a quarta etapa precisa ser abordada ao lidar com os diferentes gêneros da Bíblia - seja história, literatura sapiencial, epístola ou mesmo apocalipse. Isso é feito com excelência tanto no manuseio dos ensinamentos das Escrituras quanto no aproveitamento das riquezas que existem nas crenças e práticas africanas.

Este é um livro que todo pregador ou educador, que deseja ver a mensagem do evangelho ter o impacto necessário no continente africano, deve ler, aprender e construir. Mburu pode não ter dito tudo o que pode ser dito (tanto as Escrituras como os contextos africanos são muito amplos para que todos os aspectos sejam cobertos em um único livro), mas ela nos apresenta princípios básicos sobre os quais todos nós podemos nos basear ao ouvirmos o chamado para levar o crente africano àquele nível onde a vida não é dicotomizada, mas vivida para a glória de Deus em sua totalidade.

SAMUEL M. NGEWA
Professor do Novo Testamento
Reitor da Escola de Pós-Graduação
Universidade Internacional da África
Novembro de 2018

PREFÁCIO

Interpretar a Bíblia é sempre uma tarefa desafiadora. Para ser mais preciso, interpretar a Bíblia com precisão é uma tarefa desafiadora. E ainda assim, a Bíblia é para ser compreendida e aplicada na vida diária dos crentes, já que é um guia de fé e prática.

Os leitores africanos da Bíblia enfrentam o desafio adicional de que a maioria dos modelos e métodos de interpretação da Bíblia, ou hermenêutica, estão enraizados em um contexto ocidental. Isso não é uma surpresa dado que o cristianismo veio do Ocidente para a África, as igrejas e instituições teológicas estabelecidas eram lideradas por missionários, e a maioria dos recursos teológicos são produzidos por escritores ocidentais. Milhões de africanos, portanto, usam abordagens "estrangeiras" para a interpretação da Bíblia. Esta pode ser uma das razões pelas quais muitos cristãos africanos experimentam uma dicotomia em suas vidas cristãs. Embora o conteúdo do cristianismo possa ser conhecido e talvez até compreendido, a prática não é muitas vezes consistente com esse conhecimento. Este livro é uma tentativa de abordar este problema, proporcionando ao leitor uma abordagem contextualizada e intercultural africana para o estudo da Bíblia.

A Parte I fornece uma base para a abordagem intercultural, delineando princípios que abordam a questão desta dicotomia e fornecem uma solução através de uma hermenêutica contextualizada. Como a interpretação da Bíblia nunca pode ser feita no vácuo, a hermenêutica contextualizada começa com uma exploração de visões do mundo africano. A Parte I também apresenta um modelo de banqueta de quatro etapas que guia o leitor na análise do texto usando quatro etapas inter-relacionadas. A aplicação específica do texto bíblico ao contexto africano é vista como o desfecho lógico desse processo. As perguntas de revisão no final de cada capítulo da Parte I pretendem ajudar o leitor a pensar mais criticamente sobre as questões contextuais africanas que afetam a interpretação exata da Bíblia.

A Parte II aplica os princípios desenvolvidos na Parte I aos principais gêneros da Bíblia. Cada gênero é tratado em um capítulo separado, e técnicas literárias específicas usadas na análise da literatura africana são tecidas para a interpretação do texto. O exemplo da literatura africana é dado em cada capítulo e um texto bíblico é interpretado depois, usando o modelo desenvolvido na Parte I. O aspecto principal desta abordagem é o reconhecimento de que os escritores bíblicos escreveram a partir de contextos teológicos, literários e históricos/culturais específicos e que eles pretendiam comunicar uma mensagem a seus leitores. É esta mensagem aos leitores originais que devemos nos esforçar para entender e depois aplicar em nossos próprios contextos. Não há questões de revisão na Parte II, pois supõe-se que os leitores terão exemplos de seus próprios contextos que podem se relacionar com os textos bíblicos.

Relatos recentes indicam que a maioria dos cristãos se encontra, hoje, na África subsaariana. Isso significa que a igreja do futuro será definida dentro do âmbito do cristianismo africano. Para que o cristianismo mantenha sua integridade conforme definida pela revelação bíblica, é imperativo que nos esforcemos para compreender e aplicar a Bíblia com exatidão, como pretendem os autores do texto bíblico. Espera-se que este livro contribua para esta tarefa.

ELIZABETH MBURU PHD,
Professora Associada de Novo Testamento e Grego

AGRADECIMENTOS

O povo do Quênia tem uma palavra *kiswahili* que realmente expressa a essência da vida comunitária na África. É uma palavra que se encontra no âmbito de compromisso de lealdade e que tem sido usada por décadas para identificar atividades que requerem apoio da comunidade. A palavra é *harambee*. Significa "unir-se". Este livro só se tornou realidade devido aos esforços de *harambee* de minha família, amigos, colegas e estudantes. Muito obrigado ao meu marido, Caxton, e aos meus filhos, Bryan, Michelle e Paul, pelo tremendo apoio que me deram nos anos que levei para conceber e escrever este livro. Além de seu apoio moral, eles serviram pacientemente como "sujeitos de teste" para o material e me deram graciosamente o feedback e encorajamento muito necessário. Um agradecimento especial a Caxton que compartilhou e confirmou parte do conteúdo com os pastores rurais que ele capacita, e a Michelle por sua obra de arte sobre banqueta africana. Também gostaria de agradecer ao dr. Kariba Munio que forneceu parte do material africano. Tenho uma dívida de gratidão para com ele por sua contribuição. Minha sincera gratidão vai para toda a equipe da *Langham Literature*. Em particular, a Pieter Kwant que ouviu minha paixão pela hermenêutica contextualizada e me desafiou a escrever este livro; a Isobel Stevenson que trabalhou incansavelmente para editar e refinar o conteúdo deste livro desde seu começo; e a Dahlia Frasier que participou da edição da obra concluída. Qualquer erro é de inteira responsabilidade minha. Desejo transmitir meu apreço a todos os alunos que tive a honra de ensinar (na Universidade de Liderança Internacional, Universidade Pan-Africana Cristã e Universidade Internacional de África, Quênia) por seu feedback ao testar o material na sala de aula com eles. E por último, agradeço a Deus por fornecer os recursos necessários para escrever este livro. Minha oração é que ele seja uma ferramenta útil para o crescimento da igreja na África e além

PARTE 1

PRINCÍPIOS GERAIS DA HERMENÊUTICA

A Bíblia tem desempenhado um papel significativo na vida das pessoas ao longo dos tempos e tem sido lida, interpretada e compreendida de várias maneiras. Embora a mensagem possa ter sido clara para o público original, não é tão clara para nós hoje, em parte porque estamos separados do mundo da Bíblia por fatores como o tempo, a língua e a cultura. O nosso objetivo, como estudantes da Bíblia, é tentar lê-la e compreendê-la corretamente. Para o alcançarmos, precisamos de princípios que nos guiem no nosso estudo, bem como de métodos específicos que visem desvendar a mensagem que os autores bíblicos quiseram comunicar. Em outras palavras, precisamos compreender a hermenêutica, que é a arte e a ciência de interpretar a Bíblia. A hermenêutica envolve tanto a teoria como a prática, e como qualquer arte ou ciência ela requer a utilização de certos métodos ou técnicas para produzir resultados confiáveis. A primeira parte deste livro fornecerá os princípios gerais de hermenêutica e explicará a importância de compreender nossos contextos africanos e visões de mundo e como estas influenciam a nossa interpretação da Bíblia. Fornecerá também um modelo intercultural de hermenêutica que irá ajudar-nos a chegar a uma interpretação segura das Escrituras.

1

INTRODUÇÃO

Por que as práticas tradicionais tais como bruxaria, culto aos ancestrais e a poligamia ainda são encontrados na África, mesmo após mais de cem anos de exposição ao cristianismo? Por que não é raro ouvir falar de pastores que consultam feiticeiros para adquirir mais "poder" para o púlpito e de cristãos que utilizam a bruxaria para fazer crescer seus negócios? Se se acredita nas estatísticas sobre corrupção e práticas antiéticas no nosso continente, por que tem havido tão pouca transformação da sociedade?

Desafio: vidas dicotomizadas

Uma resposta à questão colocada acima é que muitos cristãos, incluindo aqueles que ocupam posições de liderança na igreja, vivem vidas dicotomizadas. Por outras palavras, nós, cristãos africanos, parecemos incapazes de compreender como a nossa fé deve determinar a nossa vida quotidiana. É como se mantivéssemos a nossa fé e vida em dois compartimentos separados. Como uma joia preciosa, a fé é mantida fechada em segurança num cofre, cuja combinação só o proprietário conhece!

Somos cristãos dominicais, ou pelo menos agimos como cristãos quando estamos na companhia de outros cristãos. No entanto, quando confrontados com escolhas que não parecem ser "espirituais", respondemos como o mundo o faria. Isso é evidente principalmente quando não estamos em contextos relacionados à igreja. O nosso comportamento mostra que embora possamos conhecer o conteúdo da nossa fé cristã, ele não tem sido internalizado. E como consequência disso tudo, os indivíduos crentes e igrejas se tornam fracos e o cristianismo tem perdido a credibilidade.

Não basta apenas identificar essa cisão em nosso pensamento; precisamos também determinar a razão de sua existência. Hillman oferece um resumo útil daquilo que tem sido dito sobre a origem do nosso problema e como chegamos a este destino:

> Quando não tentam destruí-los deliberadamente, os processos coloniais invariavelmente minam os sistemas, valores e pontos de vista de outros mundos culturais. Desnudados e ensinados, nas escolas e igrejas, a se envergonharem de si mesmos e de seus jeitos "primitivos e "pagãos", o povo foi coagido, tanto moral quanto fisicamente, a se vestirem de acordo com a cultura invasora. As incursões coloniais, embora trouxessem alfabetização e antibióticos, fizeram da ocidentalização o caminho de "promoção humana". Muitas pessoas passaram a acreditar que o "progresso" consiste não em serem eles próprios, mas em imitar formas estrangeiras[1].

O resultado disso foi que, como diz Laurenti Magesa, muitos cristãos africanos "operam com dois sistemas de pensamento ao mesmo tempo, e ambos estão fechados um ao outro. Cada um deles só é modificado superficialmente pelo outro"[2].

Nós, como africanos, ainda estamos tentando imitar formas estrangeiras quando se trata de leitura, interpretação e aplicação da Bíblia em nossa vida quotidiana. Talvez se compreendêssemos que a interpretação da Bíblia já estava sendo feita por africanos há quase dois mil anos, podemos mudar a nossa perspectiva. A história da Igreja revela que alguns dos primeiros mais importantes intérpretes da Bíblia eram do Norte de África. A lista inclui Padres da Igreja como Orígenes (que passou grande parte de sua vida em Alexandria, no Egito) e Agostinho (que viveu e serviu na região agora conhecida como a Argélia). Ainda que a maior parte das antigas igrejas do Norte da África tenham sido esmagadas pelo Islão, as Igrejas Ortodoxas Etíope e as Coptas antigas ainda muito se destacam lá. A igreja pode, portanto, sustentar ter as primeiras leituras africanas da Bíblia!

No entanto, no século XIX, quando os missionários ocidentais trouxeram o cristianismo à África, trouxeram também as suas próprias leituras ocidentais da Bíblia. Consequentemente, embora algumas das primeiras abordagens da interpretação da Bíblia tenham origem na África, as abordagens ocidentais são

• • • • • • •

1 HILLMAN, Eugene. *Toward an African Christianity: Inculturation Applied* (New York: Paulist Press, 1993), 5.

2 MAGESA, Laurenti. *African Religion: The Moral Traditions of Abundant Life* (Maryknoll, NY: Orbis Books, 1997), 7.

proeminentes na igreja africana de hoje. Muitos estudiosos bíblicos africanos foram treinados no Ocidente e, portanto, seguem uma tradição ocidental de interpretação. Ainda que várias faculdades de religião, seminários e escolas bíblicas tenham sido estabelecidos na África para atender às demandas da igreja em rápida expansão aqui, a questão permanece:

há uma massa crítica de professores que compreendam a situação africana e possam abordar adequadamente o contexto africano?[3]

A solução: uma hermenêutica contextualizada

As pessoas, às vezes, falam de hermenêutica como se ela tivesse princípios definidos em pedra. Mas, a hermenêutica é estática ou dinâmica no sentido que pode mudar à medida que os métodos de interpretação são adaptados a diferentes contextos culturais? Para responder essa questão, precisamos olhar mais de perto para o que faz a hermenêutica.

A hermenêutica é necessária, porque não se pode esperar experimentar uma transformação genuína, seja de si mesmo ou dos outros, se faltar o conhecimento e as capacidades para interpretar eficazmente a Bíblia. Tal interpretação sempre vai envolver a teoria e a prática, pois os métodos que utilizamos devem ter uma base teórica, bem como uma aplicação prática. Admitir isso significa afirmar que a hermenêutica deve estar ligada a um determinado espaço. Se nossos modelos de hermenêutica forem todos do Ocidente, como poderemos derivar as aplicações práticas num contexto africano? Se não tivermos a compreensão da cosmovisão africana, bem como bíblica, como podemos compreender o que a Bíblia tem a dizer sobre a vida quotidiana na África?

As Escrituras são relevantes para o contexto, no qual são ensinadas e aplicadas. E, ainda sim, milhões de crentes na África são bombardeados constantemente com as formas estrangeiras de abordar o texto bíblico que ignoram os aspectos importantes da cultura social, econômica, política, teológica da África. Precisamos de uma hermenêutica africana, aquela que levanta questões diferentes que a hermenêutica de um outro espaço não poderia fazer. Ou, como diz Byang Kato, precisamos de contextualização, uma atividade que ele definiu como "tornar os conceitos ou ideias relevantes numa dada situação"[4].

• • • • • • •

3 Mburu, Elizabeth. "From the Classroom to the Pulpit: Navigating the Challenges," in *African Contextual Realities*, ed. Rodney Reed (Carlisle: Langham Global Library, 2018), 227–248.

4 Kato, Byang H.. "Contextualization and Religious Syncretism in Africa," in *Biblical Christianity in Africa: A Collection of Papers and Addresses, Theological Perspectives in Africa 2* (Accra: Africa Christian Press, 1985), 23.

O pensador ocidental que refletiu profundamente sobre essas questões é Eugene Hillman. Ele propõe que a melhor maneira de comunicar a doutrina cristã na África envolve o que ele denomina de *modelo incarnacional*, usando "instrumentos culturalmente apropriados da graça salvífica de Deus"[5]. Em outras palavras, devemos recorrer aos aspectos da cultura africana que facilitam nossa compreensão das implicações práticas da Bíblia.

Nesta altura, precisamos perguntar: "O que é a cultura?". A cultura pode ser definida como crenças, comportamentos, objetos e outras características comuns aos membros de um determinado grupo ou sociedade. É através da cultura que pessoas e grupos se definem, de acordo com os valores comuns da sociedade e contribuem com ela. A cultura é tanto material como não material. O aspecto material consiste nos objetos ou pertences de um grupo de pessoas, enquanto o aspecto não-material consiste nas ideias, atitudes e crenças. Tanto os aspectos materiais como não materiais da cultura devem ser utilizados como recursos críticos para a hermenêutica. Ukachukwu, por exemplo, aciona o folclore africano para mostrar como isto pode ser feito[6].

Essa abordagem para destravar a compreensão africana dos textos bíblicos não é nova. O próprio Jesus realizou isso. Ele também usou elementos de sua cultura para ensinar, passando do conhecido para o desconhecido, principalmente em suas parábolas. Essa é uma técnica instrucional extremamente eficaz e é especialmente significativa para os leitores africanos, já que a cultura da Bíblia se assemelha de muitas maneiras à cultura africana. Mesmo com a modernização e globalização, há muitos elementos de ambas as culturas que se cruzam. Assim, as lacunas hermenêuticas dos intérpretes africanos podem ser significativamente menores do que as enfrentadas pelos intérpretes ocidentais, cujas culturas estão muito afastadas daquelas da Bíblia.

Esta é a filosofia por trás do modelo de *banqueta de quatro etapas* proposto neste livro. Trata-se de um modelo intercultural que se baseia no conceito de sair do conhecido para o desconhecido. Assim, sai de teorias, métodos e categorias conhecidos de nosso mundo para o mundo mais desconhecido da Bíblia, sem qualquer desvio por meio de qualquer método estrangeiro. Reconhece que os paralelos entre culturas e cosmovisões bíblicas e culturas e cosmovisões africanas podem se tornar pontes para promover a compreensão, interiorização e aplicação do texto bíblico.

• • • • • • •

5 Hillman. Toward an African Christianity, 5.

6 Ukachukwu, Chris Manus. *Intercultural Hermeneutics in Africa: Methods and Approaches* (Nairobi: Acton Publishers, 2003).

Alguns têm argumentado que a modernização erradicou as cosmovisões tradicionais africanas[7]. Isso, simplesmente, não é verdade. Embora, obviamente, não esteja codificada em nosso DNA, essa cosmovisão está tão integrada socialmente, que é transmitida tanto consciente quanto inconscientemente. Todos nós adquirimos o conhecimento, os valores, a moral e as habilidades que precisamos para viver harmoniosamente em nossas comunidades. Esse ponto me chamou a atenção na universidade quando tive que escrever um trabalho sobre cosmovisão e cultura. Descobri que, embora eu tivesse crescido em um ambiente quase inteiramente ocidental, ainda mantinha vestígios de uma cosmovisão tradicional africana, captados inconscientemente ao longo dos anos. Eu era, e ainda sou, como concluí em meu trabalho, sem dúvida, "uma africana de traje ocidental".

Ao desenvolver uma hermenêutica intercultural africana que adota a contextualização ao longo de todo o processo, certas considerações devem ser levadas em conta[8]:

- Os africanos tendem a ter uma visão de mundo intrinsecamente religiosa ou espiritual, que não se perde quando se tornam cristãos.
- A filosofia e o método utilizados na hermenêutica africana devem abordar questões que são relevantes para os cristãos africanos.
- A hermenêutica africana deve abolir o pensamento abstrato nas realidades concretas.
- Uma hermenêutica africana deve ser compreensível para todos os cristãos e não apenas para um grupo seleto de intelectuais. O objetivo é que milhões de crentes que vivem na África compreendam realmente o texto bíblico e apliquem-no em suas vidas.

Há um outro fator chave que deve servir de base para todo o processo:

Todas as conclusões relativas ao texto devem ser enraizadas em uma compreensão da cultura e da cosmovisão da Bíblia. Por essa compreensão tanto de nossas realidades africanas quanto das realidades bíblicas é que podemos evitar a abordagem dicotômica, presente mesmo entre os graduados das instituições teológicas na África.

7 O tema da cosmovisão será discutido com mais detalhes nos capítulos seguintes.

8 Estes insights são adaptados (com pequenas mudanças) de Samuel Waje Kunhiyop, African Christian Theology (Nairobi: HippoBooks, 2012), xv-xvi.

E quanto ao sincretismo?

A contextualização traz um perigo muito real de cair em sincretismo. O sincretismo ocorre quando as formas religiosas e culturais são associadas com a mensagem bíblica, sem nenhuma preocupação se elas se alinham com a verdade bíblica. Vimos isso no trabalho de alguns teólogos que tentaram relacionar a teologia cristã com o contexto africano. O rápido crescimento das *African Initiated Churches* – AICs (Igrejas Iniciadas Africanas) é também reflexo dessas tentativas de associar os elementos das religiões tradicionais africanas aos ensinamentos da Bíblia. Embora esse crescimento seja, com frequência, positivo, alguns desses movimentos misturaram muitos elementos das religiões tradicionais com elementos do cristianismo, e o resultado dessa mistura não pode mais ser chamada corretamente de cristão.

Temos que tomar cuidado para não cair nessa armadilha. Como Kato assinalou há muitas décadas,

> Os africanos precisam formular conceitos teológicos na linguagem da África. Mas a própria teologia, em sua essência, deve ser deixada sozinha. A Bíblia deve continuar sendo a fonte básica da teologia cristã. Os cristãos evangélicos conhecem apenas uma teologia - a Teologia Bíblica - embora ela possa ser expressa no contexto de cada universo cultural.[9]

Na época em que Kato escrevia, havia um interesse crescente no uso de religiões africanas como fontes para uma teologia africana. O perigo que ele identificou foi o afastamento de uma compreensão clara da natureza única da revelação bíblica. Esse movimento permitiu que outras fontes fossem vistas como iguais as da Bíblia, de modo que o cristianismo perdeu seu *status* peculiar de único caminho da salvação. O alerta de Kato nos lembra que, embora as crenças religiosas e tradicionais africanas possam e devam ser usadas de alguma forma para formular uma compreensão da Bíblia a partir de um contexto africano, elas não podem e nem devem afastar ou deslocar a revelação bíblica. O que quer que a hermenêutica comunique, referente à relevância das diferentes culturas e subculturas dentro da África, deve estar alinhada com os ensinamentos da Bíblia.

• • • • • • •

9 KATO, Byang H. "Theological Anemia in Africa," in *Biblical Christianity in Africa: A Collection of Papers and Addresses, Theological Perspectives in Africa 2* (Accra: Africa Christian Press, 1985), 12.

Uma palavra sobre pressuposições

Não há leitura neutra de um texto, como muitos estudiosos apontaram ao longo dos anos. As pressuposições sempre vão influenciar nossa compreensão das Escrituras. Pressuposição/pressuposto é algo que tomamos por verdadeiro ou certo, sem necessariamente ter provas para isso. Aqueles a favor da abordagem de resposta ao leitor, por exemplo, admitem que a interpretação de texto de cada um é válida e, consequentemente, há tantas interpretações quanto comunidades de leitura e, às vezes, até de leitores. Aqueles que adotam uma hermenêutica feminista afirmam que o texto bíblico sempre vai ter uma mensagem negativa sobre as mulheres. Aqueles que preferem uma hermenêutica de libertação tendem a focar nos elementos do texto que sustentam a libertação e a liberdade para os oprimidos. Mais estreito e familiar, hermenêuticas africanas modernas têm sido influenciadas, geralmente, por interesses sociológicos e históricos, resultando, assim, em leituras pós-coloniais da Bíblia.[10]

Nossa cultura e nossa cosmovisão também se baseiam em certos pressupostos. Devemos procurar, de forma sincera, identificar esses pressupostos e assegurar que eles não nos influenciem a tomar decisões interpretativas que possam ser imprecisas durante todo o processo hermenêutico. Se não conseguirmos reconhecê-los, é improvável que consigamos ler o sentido no texto. Dessa forma, perdemos de vista a mensagem original do autor que produziu a história, poema ou provérbio.

Deve-se ressaltar também que o contexto do leitor e o do texto bíblico podem, às vezes, compartilhar certos elementos comuns, mas não idênticos. Portanto, para compreender o texto, o leitor deve se esforçar para entrar no mundo do texto bíblico e permitir que o texto fale por si mesmo para que nenhum falso pressuposto interfira no processo interpretativo.

Exemplo de contextualização

Para ajudar a entender o que quero dizer, vejamos o exemplo do discurso de Paulo em Atenas (At 17:16-34), que evidencia a grande habilidade dele em construir pontes de comunicação entre culturas e cosmovisões através de contextualização.[11] Nesse discurso, Paulo lida com elementos comuns da cultura que formam a base

• • • • • • •

10 West, Gerald. "African Biblical Hermeneutics and Bible Translation," in *Interacting with Scriptures in Africa*, eds. Jean-Claude Loba-Mkole and Ernst R. Wendland (Nairobi: Acton Publishers, 2005), 7.

11 Para um tratamento mais completo deste texto em um contexto diferente, ver Elizabeth Mburu, "Leadership – Isolation, Absorption or Engagement: Paul, the Paradigmatic Role Model," Africa Journal of Evangelical Theology 32, no. 1 (2013): 3–19.

para a cosmovisão. Mas, ao lermos suas palavras, podemos observar que, embora compreenda a cosmovisão de seus oponentes, e até mesmo, às vezes, a utilize em seu benefício, ele nunca põe em risco sua própria cosmovisão centrada em Cristo. E ainda consegue se envolver positivamente com as crenças de seus ouvintes.

Contexto

No tempo de Paulo, a glória da Grécia nos séculos IV e V a.C. estava se desvanecendo, mas Atenas ainda era um centro cultural. A cidade estava cheia de esculturas, pois em Atenas, assim como nos contextos tradicionais africanos, a arte era um reflexo do culto. Os vários ídolos revelavam que o povo dessa cidade aceitava todo e qualquer deus estrangeiro e até mesmo lhes proporcionava templos e altares. Fontes antigas nos dizem que Atenas tinha mais ídolos e mais festas sagradas do que todo o resto da Grécia juntos.

Paulo descobriu seu caminho para a Ágora, famoso lugar onde os filósofos debatiam seus pontos de vista. Era, portanto, o lugar perfeito para que ele começasse a falar. Ele logo atraiu uma multidão e se envolveu num debate com os filósofos epicureus e estoicos. Suas ideias receberam resposta diversa: "Tanto os estoicos como os epicureus ... o viam como um vendedor de retalhos de filosofia de segunda mão ... um tipo de vendedor ambulante de religião não desconhecido na Ágora".[12] Enquanto alguns o consideravam um "tagarela" sem nada construtivo para dizer, outros pensavam que ele estava falando de deuses estrangeiros, pois era assim que interpretavam a pregação dele sobre Jesus e a ressurreição (v. 18).

A interação de Paulo foi tão envolvente e seu ensino tão novo e estranho, que alguns estavam curiosos para saber mais. Afinal de contas, os atenienses adoravam ouvir falar de novas ideias. Assim, eles lhe deram a oportunidade de falar no Areópago, um lugar equivalente ao nosso centro ou prefeitura da cidade. Era onde os magistrados aplicavam a justiça e onde o comercio era feito. Era também um ponto de encontro onde homens instruídos se reuniam para trocar ideias. Nenhum deus novo poderia ser adorado em Atenas sem a aprovação do Areópago.[13]

Os detalhes do discurso de Paulo nesse lugar nos dão um modelo de como usar a cultura e a visão de mundo para apresentar e interpretar a mensagem

12 Bruce, F. F.. *The Book of the Acts, The New International Commentary on the New Testament*, rev. ed. (Grand Rapids: Eerdmans, 1988), 331

13 Faber, Riemer. http://spindleworks.com/library/rfaber/aratus.htm. Last Updated: March 12, 2001. (Taken with permission from Clarion 42 [1993]: 13.)

bíblica. Ele usa vários pontos de contato como pontes eficazes entre sua visão de mundo e aquelas com as quais ele depara.

Primeira ponte: "Um deus desconhecido"

Paulo começa seu discurso de forma inesperada, em resposta emocional ao que viu no local. O narrador nos diz que "ele ficou muito aflito ao ver que a cidade estava cheia de ídolos" (v. 16). Mas ele não se irrita e/ou nem critica seus ouvintes por adorarem ídolos. Ao invés disso, ele os elogia por seu compromisso religioso (v. 22). Paulo aproveitou seu tempo em Atenas, observando o povo da cidade e tomando nota de suas crenças. Suas palavras iniciais abrem caminhos de comunicação e definem o tom para o resto do discurso.

Ele, então, explica por que os elogiou. Ao olhar os objetos de sua adoração, ele deparou com um altar escrito: "Para um deus desconhecido". Não sabemos exatamente a que se referia. Entretanto, os historiadores dizem que os atenienses tinham muitos altares com a inscrição "Aos deuses da Ásia, Europa e África - Ao deus desconhecido". "A identidade do deus não é relevante. O que é relevante é que Paulo usa esse altar como sua primeira ponte para apresentar aos atenienses o verdadeiro Deus. Ao fazer isso, ele alcança pelo menos três coisas: primeira, se propõe a preencher a lacuna do conhecimento dos atenienses quanto a essa divindade; segunda, apela para a curiosidade deles sobre o novo e o estranho; e finalmente, rejeita qualquer ideia de que está introduzindo um novo deus. Como Chrysostom aponta, ele mostra que "eles anteciparam o que ele proclamou".[14]

Paulo inicia seu discurso de forma apropriada com uma discussão sobre a compreensão deles da divindade (v. 26). Como será discutido no próximo capítulo, este é o ponto de partida de qualquer visão de mundo, a base de tudo que vem posteriormente. Embora o narrador dos Atos [dos Apóstolos] não explica em que os opositores de Paulo acreditavam, conseguimos saber muito sobre isso através de estudo do contexto histórico.

Os epicureus acreditavam que os deuses existiam e eram feitos de átomos, assim como os seres humanos e os animais.[15] Seus deuses viviam em paz e tranquilidade, completamente afastados da humanidade. Eles não se envolviam

• • • • • • •

14 Citado em *Ancient Christian Commentary on Scripture, New Testament 5, Acts*, ed. Francis Martin (Downers Grove: InterVarsity Press, 2006), 216.

15 Anthony Kenny, *An Illustrated Brief History of Western Philosophy* (Malden, MA: Blackwell, 2006), 94 Em português: [KENNY, Anthony. *Uma Breve História Ilustrada da Filosofia Ocidental*. Tradução de Lúcia Mathilde Endlich Orth. São Paulo: Editora Unesp, 2006], 94.

em assuntos humanos.[16] Pois a religião era vista como a origem de medo, não de conforto, os epicureus pensavam que banir o medo dos deuses era um passo para alcançar a paz e uma boa vida.

Os estoicos, por outro lado, acreditavam que o mundo tinha sido criado por Zeus, que não se pensava ter forma humana, mas era tido como sendo de uma substância fina e sutil conhecida como pneuma (sopro).[17] Acreditava-se que Zeus era uma força divina que penetrava em todas as coisas e as unia em um único universo. Essa força divina, também conhecida como razão ou *logos*, era vista como sendo una com a criação, levando a uma visão panteísta da realidade. (O panteísmo é a crença de que Deus não está separado de sua criação, mas é um só com o universo e a natureza). Embora os estoicos fossem monoteístas e acreditassem em apenas um deus, eles não ignoravam outros deuses; em vez disso "os vários deuses eram vistos como expressões metafóricas do Deus em ação em toda a natureza".[18]

Embora jamais explicitamente mencionado, Paulo conhece claramente essas filosofias e usa seus conhecimentos como ponto de partida para introduzir o Deus cristão. Já vimos sua estratégia de passar do conhecido para o desconhecido em sua referência ao deus desconhecido. Ele, logo, identifica esse deus desconhecido com o Deus criador que é soberano sobre toda a criação. Embora esse criador pareça semelhante ao deus estoico, Zeus, pois não pode ser contido nos templos humanos, ele é diferente de Zeus porque é distinto de sua criação e a governa como "Senhor do céu e da terra". Paulo continua falando do poder desse Deus, que supre a humanidade com todas as coisas, mas não necessita da humanidade, já que ele é a origem de todas as coisas. A linguagem de Paulo espelha a linguagem do Antigo Testamento sobre Deus.

Ao contrário do deus epicuriano, o Deus que Paulo prega se interessa pelo ser humano e quer se envolver em suas vidas. Ele é pessoal, amoroso e justo, um Deus que está tanto perto quanto longe da humanidade. Em outras palavras, ele é igualmente distinto e presente na criação e não está sob nenhuma coação externa para agir de uma certa forma. Esse Deus pessoal escolheu se revelar intencionalmente de forma que o ser humano compreenda.

• • • • • • •

16 Laertius, Diogenes *Lives of Eminent Philosophers* 10, 123–124. Translation from the Loeb Classical Library. Em português: [Laertiu.s, Diogenes. *Vidas e Doutrinas dos Filósofos Ilustres*, vol. 2. Tradução de Mário da Gama Kury. Brasília: Editora da UnB, 2010].

17 Kenny.*Illustrated Brief History*, 97.

18 Thom, J. C.. "Stoicism," Dictionary of New Testament Background, 1140.

Observe como Paulo costura perfeitamente seus pressupostos sobre seres humanos. Ele considera todas as pessoas, incluindo seus ouvintes, como criação intencional de um ser divino. Isso indica que todas as pessoas têm valor. E, como argumenta Paulo, elas também precisam de salvação. Essa salvação foi proporcionada através de um homem, Jesus Cristo. Além disso, Deus não é só o criador da humanidade, mas é também aquele que determina o destino humano. Esse Deus é completamente diferente dos deuses epicureus que não tinham nenhum interesse nos seres humanos.

Os epicureus também acreditavam que os seres humanos têm total livre-arbítrio e, portanto, não podem ser responsabilizados perante os deuses: "Como somos livres, somos senhores de nosso próprio destino: os deuses não impõem a necessidade e nem interferem em nossas escolhas".[19] Paulo discorda, argumentando que os seres humanos são criados por Deus com um anseio. Santo Agostinho (354-430 d.C.) concordaria.

> Agostinho passou anos em busca do objetivo último do anseio humano. Ele o chamou de *summum bonum*, o "bem supremo" ... O que Agostinho sabia é que os seres humanos almejam Deus. Na verdade, os humanos anseiam a união com Deus. Até que seja suprimido, esse anseio por Deus surge em cada alma humana porque faz parte do aparato padrão da alma. [20]

Paulo reconheceu essa verdade fundamental e o fato de que, na ausência de verdadeira revelação, esse anseio se expressaria como uma idolatria.

Segunda ponte: "Somos sua descendência"

A mensagem de Paulo dá uma reviravolta surpreendente quando ele afirma, "pois nele vivemos, nos movemos e temos nosso ser" (v. 28). Essas palavras provavelmente derivam da quarta linha de um poema de *Epimenides the Cretan* (c. 600 A.C),[21] e eram familiares a seus ouvintes gregos. Elas também se encaixam na origem judaica de Paulo, pois Gênesis afirma que os seres humanos foram criados por Deus (Gn 1:27-28). O que é surpreendente é o que

19 KENNY.Illustrated Brief History, 94.

20 PLANTINGA, Cornelius. *Engaging God's World: A Christian Vision of Faith, Learning, and Living* (Grand Rapids: Eerdmans, 2002), 6.

21 BRUCE. Acts, 339.

Paulo diz a seguir: "como alguns de seus próprios poetas disseram: 'somos sua descendência'". O poeta Paulo estava citando um estoico chamado Aratus, cujo poema "*Phaenomena*" era aparentemente bem conhecido pelos ouvintes de Paulo.[22] Mas, Arato se referia ao deus pagão Zeus, a quem os estoicos adoravam como Deus supremo. Novamente, vemos Paulo usando a estratégia de mover seus ouvintes do conhecido para o desconhecido.

Por que Paulo defende a soberania de Deus sobre a humanidade, citando poetas pagãos? Afinal de contas, o que o paganismo tem a ver com o cristianismo? Deus precisa de testemunhas externas, testemunhas fora da fé cristã, para provar sua autoridade, seu poder, sua própria existência? Paulo teria respondido a essa última pergunta com um enfático "NÃO!". No entanto, é aqui que a genialidade de Paulo se torna mais evidente. Paulo compreendeu um fato essencial. Todo ser humano tem um conhecimento instintivo de que existe um ser divino, que é de alguma forma responsável por toda a criação, inclusive as pessoas. Paulo também percebeu que toda sociedade expressaria essa crença de alguma forma. Ele usa esta compreensão como outra ponte. Ele leva seus ouvintes de volta a seus próprios poetas e sua expressão da natureza da existência humana em relação a um ser divino para lembrá-los de que os seres humanos são totalmente dependentes do verdadeiro Deus para sua existência.[23]

Ao citar esses dois poetas, Paulo não está dizendo que concorda com tudo o que eles dizem. Ao contrário, ele está usando seus poemas para apontar duas coisas: primeira, os atenienses haviam trocado a glória do Deus imortal por imagens semelhantes a seres humanos; segundo, eles ignoravam o verdadeiro Deus.

Terceira ponte: O mundo como criação de Deus

As hipóteses de Paulo sobre a natureza do mundo já foram apontadas. Ele rejeita qualquer ideia de que ela (a natureza) tenha surgido por acaso. Ele acredita que Deus criou o mundo e tudo que nele existe. Ele também acredita que Deus continua interessado em sua criação e em governá-la.

As crenças dos epicureus sobre a natureza do mundo eram bem diferentes daquelas de Paulo. Eles não acreditavam que o mundo foi criado por alguma divindade; ao contrário, consideravam a matéria como eterna, não criada

22 BRUCE, 339.

23 PARSONS, Mikeal C. and CULY, Martin M.. *Acts: A Handbook on the Greek Text* (Waco, TX: Baylor University Press, 2003), 340.

e sem nenhum propósito dado divinamente. Eles também acreditavam que tudo o que existe é material. Em termos de como o mundo funcionava, eles não acreditavam em um mundo determinista. Eles acreditavam que cada pessoa tinha a liberdade de fazer escolhas e que essas escolhas determinavam o resultado de suas vidas. Em outras palavras, eles não acreditavam no destino e nem que os deuses controlavam suas vidas.

E quanto aos estoicos? Assim como os epicureus, os estoicos acreditavam que tudo era material, até mesmo os deuses: "Nada existe fora do mundo e de seus princípios materiais; não há mundo espiritual ou mundo de ideias".[24] No entanto, ao contrário dos epicureus, os estoicos eram deterministas e acreditavam que o destino governava toda a vida. Eles pensavam que os seres humanos deveriam viver de acordo com a natureza.

Ao ir ao âmago da visão de mundo de seus ouvintes, ou seja, sua compreensão da divindade e da natureza dos seres humanos e do mundo, Paulo estabelece um ponto de partida comum. Tendo feito isso, ele passa então a acrescentar a seus conhecimentos prévios, deslocando-os efetivamente do conhecido para o desconhecido.

Quarta ponte: Expandindo o contexto antigo com o novo

Tendo estabelecido um ponto de conexão com seus ouvintes, Paulo continua explicando as implicações de ser descendência de Deus. Ele argumenta que se os seres humanos foram criados por Deus, então Deus não pode ser um objeto material feito de ouro, prata ou pedra (v. 29).

Paulo está construindo de forma inteligente um argumento, como se fosse uma casa. Ele estabelece primeiro as verdades essenciais e depois acrescenta pedra sobre pedra para construir sua cobertura. Sua lógica é convincente. No contexto em que se encontra, cercado por ídolos, Paulo argumenta que como os seres humanos são descendentes de Deus, a idolatria é absurda.

É aqui que as hipóteses de Paulo sobre a natureza do conhecimento unem todo o seu argumento e o encerram de forma categórica. A proposição de Paulo sobre o conhecimento é que a revelação de Deus é a base de todo o conhecimento. Essa revelação pode ser geral, vista no mundo, ao nosso redor, ou especial, que Deus dá através de sua Palavra e, ainda mais importante, através de seu Filho, Jesus Cristo, que viveu neste mundo de forma corpórea, morreu e foi ressuscitado dos mortos. Paulo considera toda a verdade como sendo de

• • • • • • •

24 Thom. "Stoicism," *Dictionary of New Testament Background*, 1140.

Deus. Para Paulo, a fé e a razão devem ser entendidas como complementares e devem ser usadas em conjunto para formar uma visão de mundo coesa.

Embora o narrador não nos permita enxergar por trás do texto ao nos falar sobre as suposições dos ouvintes de Paulo em relação ao conhecimento, Paulo estava claramente ciente dessas suposições. No que diz respeito aos epicureus, o conhecimento era puramente empírico e a observação era vista como a base de toda a razão. É como a abordagem científica é hoje. Eles acreditavam que os sentidos físicos eram suficientes para fornecer informações precisas. Se alguém era enganado sobre a realidade, a culpa era dele(a).[25] Os estoicos também acreditavam que o conhecimento era adquirido empiricamente através da mente. A razão era uma ferramenta crucial na tomada de decisões que levariam a uma vida virtuosa.

Qual é a conclusão lógica do argumento de Paulo? Ele sustenta que os seres humanos já superaram a ignorância e receberam a verdadeira revelação de Deus (vv. 30, 31; ver também Rm 3:25). O conhecimento que lhes foi dado não é meramente conhecimento intelectual sobre Deus, mas "envolve responsabilidades morais e religiosas, e por falta desse conhecimento, na medida em que era acessível a eles, os ouvintes são convocados ao arrependimento".[26] Esta revelação deve levar à ação - especificamente ao arrependimento, já que a ignorância não é mais perdoável.

Paulo se refere ao contexto de seus próprios ouvintes enquanto ergue seu revestimento, garantindo assim que ele tenha um público receptivo à sua mensagem e com maior probabilidade de interiorizá-la.

Colocando tudo junto

Trazendo o evangelho, que exige em si um conhecimento além do intelectual, Paulo conclui fornecendo a razão por trás de seu apelo a seus ouvintes para que se arrependam. O julgamento está chegando. Paulo assegura a mensagem evangélica nas últimas palavras de seu discurso, apontando que Deus designou Jesus Cristo como juiz. A prova disso é a ressurreição de Jesus dos mortos.

Com a reintrodução da "ressurreição", o narrador nos leva de volta ao pensamento presente no versículo 18. Lá, Paulo começou pregando a boa nova sobre Jesus e sobre a ressurreição. Ele agora vincula o Cristo ressuscitado com o Deus soberano. Paulo mostra que falou não de uma nova divindade, mas da

• • • • • • •

25 KENNY. Illustrated Brief History, 94.

26 BRUCE. *Acts*, 341.

divindade aprovada por Deus. Tendo ouvido a mensagem de que a idolatria não é admissível, a decisão agora é deles. Será que eles escolherão agir sobre o que ouviram, começando a adorar o verdadeiro Deus, aquele que não é feito de ouro, prata ou pedra, produto da imaginação humana? Ou será que vão ignorar a mensagem de Paulo?

Resultado

Os epicureus acreditavam que a alma era material e se desintegrava na morte[27], de modo que não havia necessidade de as pessoas temerem a morte ou até mesmo a probabilidade de julgamento. Os estoicos também não acreditavam que as almas fossem imortais. Eles achavam que as almas só existiriam até a destruição do universo. Depois disso, as almas ou seriam destruídas ou absorvidas pela essência divina.[28]

Tendo em vista esse contexto, não é surpreendente que alguns ouvintes de Paulo achem a ideia da ressurreição inacreditável, até mesmo absurda. Eles decidem não dar mais ouvidos a Paulo (v. 32). É provável que os epicureus, tendo em vista suas teses sobre a vida após a morte, estivessem nesse grupo. Contudo, outros (os estoicos?), talvez convencidos pela lógica do argumento de Paulo, mas ainda não prontos a fazer algo prático a respeito disso, querem ouvir mais.[29]

Paulo os deixa. No entanto, sua interação com eles não é em vão, pois nessa mesma multidão Deus encontra homens e mulheres que optam por acreditar nele. O narrador menciona especificamente Dionísio, o Areopagita, e uma mulher chamada Damaris.

Quando Paulo debateu com os que discordaram dele, adentrou o mundo deles e baseou seu argumento em proposições que lhe permitiram se envolver com a cultura e visão de mundo deles. Ao fazer isso, mostra que conhecer os contextos históricos dos ouvintes é um ponto vital para interpretar e comunicar a mensagem bíblica.

E agora?

Uma presunção que temos que fazer ao nos aproximarmos de qualquer passagem da Bíblia é que esta é inteligível e que sua mensagem pode ser proclama-

27 Laertius, Diogenes, 10.124–5. Translation from the Loeb Classical Library.

28 Croy, N. Clayton. *Hellenistic Philosophies and the Preaching of the Resurrection* (Acts 17:18, 32), Novum Testamentum 39 (1997): 32–36.

29 Croy. *Hellenistic Philosophies*, 38.

da, vinculando-a à nossa cultura e visão de mundo, como Paulo demonstrou. Nossa tarefa é fornecer um meio pelo qual o texto bíblico possa ser lido e compreendido pelos milhões de africanos que vivem no continente africano ou na diáspora no mundo afora.

Vários livros já foram escritos sobre questões relacionadas à contextualização na África. Por exemplo, *Interacting with Scriptures in Africa* (Interagindo com as Escrituras na África), de Loba-Mkole e Wendland, que foca na questão da tradução da Bíblia e na aplicação contextual de conceitos bíblicos. Essa obra eleva nosso conhecimento sobre algumas das questões hermenêuticas que surgem ao interpretar as Escrituras no contexto africano. Os autores dizem o seguinte sobre o trabalho deles: "Espera-se, então, que esses vários estudos sirvam para ilustrar algo da amplitude considerável e da diversidade que a tradução da Bíblia na África demonstra hoje em dia em relação à técnica comunicativa e à *aplicação local, contextualizada*" (ênfase minha).[30] Seu livro, portanto, se cruza com esta obra de maneira significativa, pois aborda algumas das questões contextuais que se relacionam com o desenvolvimento de uma hermenêutica africana.

Há uma série de abordagens diferentes da hermenêutica. Contanto que os métodos que usemos se baseiem em princípios sólidos, a diversidade hermenêutica deve ser adotada. No Ocidente, isso melhorou muito nossa compreensão do texto bíblico. Por exemplo, onde o método histórico-gramatical se mostrou deficitário, a abordagem crítica narrativa forneceu respostas. A diversidade no método não é o problema; o problema reside em qualquer falha na incorporação de princípios hermenêuticos sólidos e consistentes.

Espera-se que uma abordagem contextualizada não só traga uma melhor compreensão das Escrituras na África, mas também preserve a integridade do cristianismo na África. No início de 1974, Kato alertou contra a crescente tendência sincretista na África e nos lembrou da supremacia do cristianismo sobre todas as culturas mundiais:

> O cristianismo está para julgar toda cultura, erradicando elementos incompatíveis com a Palavra de Deus, aplicando modos de expressão compatíveis para seu avanço, e trazendo vida nova a seus adeptos, a vida qualitativa que

• • • • • • •

30 Loba-Mkole, Jean-Claude and Wendland, Ernst R., eds. *Interacting with Scriptures in Africa* (Nairobi: Acton Publishers, 2005), vii.

> começa no momento da conversão e culmina de forma eterna com o iminente retorno de nosso Senhor Jesus Cristo.[31]

Essa preocupação está no cerne deste livro. É possível alcançar o conhecimento sem corromper a mensagem bíblica. Esse ponto é importante, porque vários autores escreveram sobre a necessidade de recuperar a Bíblia das influências missionárias e coloniais e tentar lê-la a partir de uma perspectiva africana ou até mesmo "descolonizá-la". Isso não é o foco deste livro. E nem é uma análise profunda da literatura africana, seja ela oral ou escrita. O que faz este livro é tentar prover uma maneira de nós, africanos, interpretarmos fielmente o texto da Escritura. Observe que esse objetivo não minimiza, de modo nenhum, o fato de que muito trabalho foi feito para estabelecer uma base do porquê isso é necessário.

Ao escrever este livro, recorri à literatura da África Oriental pós-colonial, a qual, por sua vez, se inspira amplamente em uma tradição oral anterior. É importante reconhecer que a literatura africana não é uniforme, mas reflete as diversas culturas nacionais e étnicas dentro do continente. Todavia, existem certos aspectos da literatura africana que refletem uma similaridade de caráter, tornando assim este livro possível.

Por fim, deixe-me reafirmar que minha abordagem se baseia no princípio de deslocar do conhecido para o desconhecido. Como leitores africanos do texto bíblico, devemos desvendar nossas culturas e nossa visão de mundo e aplicá-las em nossa hermenêutica. Quando fazemos isso, estamos mais propensos a compreender e interiorizar o conteúdo bíblico e a superar a dicotomia, à qual me referi no início deste capítulo. O objetivo último é obter uma visão bíblica do mundo que nos guie em nosso dia a dia. Os próximos dois capítulos proporcionarão uma discussão sobre cultura e visão do mundo como base para o modelo hermenêutico intercultural proposto neste livro.

31 KATO. "Contextualization," 29.

2

A VISÃO DE MUNDO AFRICANA: ASPECTOS TEOLÓGICOS

Quando eu tinha 10 anos, minha turma da escola teve que memorizar um poema chamado "Os homens cegos e o elefante".[1] Eu me lembro de ter ficado perplexa com a ideia de seis homens cegos tentando "ver" um elefante. Fiquei mais perturbado ainda com o desdobramento do poema, tentando me identificar com a experiência de cada um desses homens enquanto eles tocavam diferentes partes do animal e chegavam a suas próprias conclusões sobre a forma dele. Eu os achei um pouco bobos, pois do meu conhecimento prévio, sabia exatamente como era um elefante. Afinal, eu havia crescido em um ambiente onde eles eram bastante comuns. Lembro-me de rir quando alguém concluiu, ao tocar sua tromba, que o elefante era como uma cobra; e ainda outro, por seu lado largo, concluiu logo que se parecia com uma parede. Imagine meu espanto quando ainda outro, tocando suas pernas robustas, insistiu que o animal devia ser uma árvore! E sobre o elefante cada um deles foi expressando sua opinião e se entregando a uma disputa cada vez mais irada. Quando o poema terminou, fui obrigado a concluir com o poeta que, embora todos eles estivessem parcialmente certos, estavam todos errados. Esse poema me impactou tão fortemente, queme lembro de ter ficado triste com isso. Eu tinha o panorama completo e eles não, e não tinha como compartilhar o que sabia com eles. Por causa de nossas diferentes visões de mundo, todos nós vemos as coisas de

1 Saxe, John Godfrey. *The Poems of John Godfrey Saxe* (Boston: James R. Osgood & Co., 1873), 259.

maneiras diferentes. Isso é verdade não apenas em relação aos elefantes, mas também em relação à maneira como lemos a Bíblia. Todos nós a abordamos de diferentes perspectivas.

Tal como os cegos, que estavam confusos por suas diferentes percepções do elefante, na África, acabamos confusos quando somos nutridos com uma dieta de perspectivas ocidentais sobre o texto bíblico. Essa confusão se agrava quando a nutrição acontece por muito tempo, ao ponto de não reconhecermos mais que ela não se comunica com a maneira como vivemos. A consequência disso é a vida dicotomizada, apresentada no capítulo anterior.

Neste capítulo, analisaremos a ideia do que é uma visão de mundo e examinaremos algumas das principais características de uma visão de mundo africana. É importante fazer isso porque nos ajudará a começar a reconhecer nossas próprias visões de mundo e começar a pensar sobre quais aspectos de nossas próprias visões de mundo são verdadeiramente bíblicos e quais não. Essa autoanálise nos ajudará a entender como a cosmovisão influencia a forma como interpretamos as Escrituras.

O que é visão de mundo?

Ninguém de nós tem uma perspectiva neutra sobre a vida ou sobre a Bíblia. Agimos todos com base em certas suposições, às quais podemos nos referir como nossa visão de mundo. Uma cosmovisão pode ser definida como um conjunto de crenças e valores que guiam o pensamento do indivíduo por toda a vida. Wolters a define como "a estrutura integral de crenças básicas sobre as coisas de cada um"[2]. Mas essa definição é muito limitada porque se concentra apenas em nossas mentes e naquilo em que conscientemente acreditamos. Ela perde outros aspectos de quem somos.

Algumas pessoas tentam usar metáforas para explicar o que é uma visão de mundo. Por exemplo, dizem que uma visão de mundo é como um conjunto de óculos (ou lentes de contato) através dos quais vemos a vida. Cada pessoa está usando seus próprios óculos e, portanto, cada um de nós vê a vida de maneira diferente. Por mais útil que esta metáfora seja, ela é inadequada porque sugere que nossa visão de mundo é algo fora de nós, algo que podemos colocar e tirar. Contudo, como observa Sire, "não haverá tempo durante o dia ou du-

2 Wolters, Albert M.. *Creation Regained: Biblical Basics for a Reformational Worldview* (Grand Rapids: Eerdmans, 2005), 2.

rante a noite, nem mesmo em meus sonhos, que minha visão de mundo não é parte integrante de quem sou"[3].

Sire oferece, então, uma definição mais holística de visão de mundo, uma que engloba a pessoa toda:

> Uma visão de mundo é uma determinação, uma orientação fundamental do coração, que pode ser expressa em uma história ou em um conjunto de pressupostos (que podem ser verdadeiros, parcialmente verdadeiros ou totalmente falsos) que sustentamos (consciente ou inconscientemente, consistente ou inconsistentemente) sobre a constituição básica da realidade, *e que fornece a base sobre a qual vivemos e nos movemos e temos nosso ser.*[4]

A questão de querer ou não ter uma visão de mundo é irrelevante, uma vez que todos, quer saibam ou não, têm uma visão de mundo. Além disso, nossas visões de mundo são dinâmicas e estão em constante mudança em resposta às influências internas e às informações que recebemos à medida que interagimos com nosso ambiente.

Os cristãos, obviamente, buscam ter uma visão bíblica de mundo. Mas o que isso significa na prática? Muitas pessoas caem na cilada de acreditar que, só pelo fato de saberem o conteúdo da Bíblia e conseguirem citar as Escrituras e discutirem a teologia, seu enfoque de vida e seu modo quotidiano de viver é bíblico, quando na verdade suas vidas são mundanas ou enraizadas em crenças espirituais que fazem parte de sua cultura. Conhecem a Bíblia, mas sua interpretação dela é baseada em suposições não bíblicas.

Para ter uma visão de mundo verdadeiramente bíblica, os crentes precisam fundamentar toda sua orientação de vida em uma base bíblica coesa, baseada em pressupostos bíblicos. Sua cosmovisão deve ser inteirada e moldada por crenças e valores bíblicos. Além disso, ela deve ser coerente com toda a história da Bíblia, de Gênesis a Apocalipse, ou seja, com a metanarrativa bíblica. Podemos nos basear na definição de Sire, citada acima, para esboçar uma definição de cosmovisão bíblica, que é holística e parte integrante do eu:

3 James W. Sire, Naming the Elephant (Downers Grove: InterVarsity Press, 2004), 108. Em português: SIRE, James W. *Nomeando o Elefante*. Traduzido por Ronaldo Guedes Beserra. São Paulo: Vida Nova, 2005.

4 SIRE.*Naming the Elephant*, 122. Emphasis added.

> Uma cosmovisão bíblica é a orientação do eu para toda a vida, que é o fundamento da expressão de nossas identidades como seres humanos redimidos em relação a Deus, aos outros e ao mundo. Esta expressão de identidade é incorporada principalmente pelo jeito de ser e é coerente com a mensagem bíblica em todos os seus aspectos.

A visão de mundo é individual ou comunitária?

A metáfora de visão de mundo como um conjunto de óculos pode ser considerada como exclusiva de cada indivíduo. Até certo ponto, isso é verdade, pois os indivíduos têm crenças e valores que são exclusivamente seus. Entretanto, as visões de mundo também contêm um caráter comunitário, porque as comunidades possuem coisas em comum. Na África, o aspecto comunitário de nossa cosmovisão ganha mais ênfase porque tendemos a enfatizar "nós" em vez de "eu".

É importante lembrar que nossa visão de mundo é formada dentro do contexto de nosso cenário cultural e é, portanto, a soma total de nossa interação com certos elementos da cultura. Com demasiada frequência, as pessoas não estão cientes da profunda influência que a cultura tem sobre a forma como percebem e vivem suas vidas. Aqui, estamos usando a palavra «cultura» para nos referirmos a todos os valores e costumes sociais de uma sociedade, bem como a todos os padrões de comportamento aprendidos, que tornam essa sociedade particular única. Como a cultura influencia a formação da própria visão de mundo, ela desempenha um papel na determinação da própria capacidade de estar consciente, de compreender e interpretar a vida toda.

A maioria das pessoas na África, hoje, não cresce em uma única cultura. Modernização, urbanização e globalização indicam que pessoas de várias culturas vivem muito próximas umas das outras. Além disso, os efeitos da televisão, do cinema e da Internet sinalizam que também estamos expostos a culturas distantes. A implicação é que nossa cultura é moldada por influências de muitas fontes, desde a tradicional até a moderna. Nos próximos capítulos, enquanto olhamos para aspectos da visão de mundo africano, reconheceremos o papel da cultura em suas representações tanto tradicionais quanto modernas.

Como vivemos dentro do contexto de nossa cultura e não podemos, de forma realística, nos afastar dela, existe uma relação de fortalecimento mútuo entre a visão de mundo de nossa cultura (com suas suposições subjacentes) e nossa interpretação. Como aponta Seto:

> Uma vez que as estruturas cognitivas, tais como linguagem, símbolos, padrões de pensamento e visões de mundo são todas culturalmente determinadas, as pessoas não conseguem perceber, compreender e aplicar verdades além da cultura. Assim, verdades eternas e verdades culturais estão necessariamente ligadas.[5]

Como as impressões digitais da cultura são evidentes em toda visão de mundo, não podemos ignorar o efeito da cultura na interpretação bíblica e teológica.

Existe uma visão de mundo africana?

Algumas pessoas questionam se é correto falar de uma visão de mundo africana, dada a variedade de culturas e grupos étnicos neste vasto continente. O questionamento é válido, pois existem numerosas visões de mundo africanas. Entretanto, eu diria que certos pontos comuns subjacentes tornam possível analisar a cosmovisão africana como uma única entidade. Portanto, neste capítulo e no próximo, nos concentraremos em elementos-chave da cosmovisão africana e como estes se comparam à cosmovisão bíblica, e as implicações destas semelhanças para a forma como interpretamos as Escrituras. Começaremos olhando para os aspectos mais teológicos de nossa cosmovisão africana.

Realidade última

O primeiro elemento essencial, em qualquer visão de mundo, diz respeito à natureza da realidade última: o que funciona como deus na vida dos indivíduos e das comunidades? É um espírito que prefere permanecer distante? São os ancestrais? Ou talvez a ciência e a matéria? Poderia ser uma força espiritual impessoal? Ou mesmo um ser pessoal que se revela para nós? Nossa compreensão da realidade última constitui a base de nossas vidas e define o caminho que nossa visão de mundo toma.

Entendimentos tradicionais da realidade última

Toda cultura no mundo tem algum conceito de realidade última. No entanto, cada cultura a entende de forma diferente. No contexto africano, a realidade última é definida como o Ser Supremo. Sendo característico do pensamento

5 Conferir Wing-Luk Seto, "An Asian Looks at Contextualization and Developing Ethnotheologies," Evangelical Missions Quarterly 23 (April 1987): 138.

africano, esse conceito de Deus é holístico. Em outras palavras, ele "não existe isolado de outras crenças ... tudo faz parte da mesma estrutural espiritual"[6]. Não há necessidade de provar a existência de Deus. Presume-se que este Ser Supremo esteja presente em todos os lugares no sentido de que as pessoas podem pedir ajuda a ele, onde quer que estejam.[7]

O parágrafo acima é, certamente, uma generalização. Apesar de tal percepção ser comum, os detalhes sobre a natureza do Ser Supremo diferem de lugar para lugar e de cultura para cultura. Por causa disso, às vezes, é difícil entendermos a ideia de um Deus universal que os africanos podem deter em comum.[8]

Como essa cosmovisão africana se compara com a cosmovisão bíblica? Há semelhanças na medida em que a cosmovisão bíblica também assume a existência de um Ser Supremo e não vê a necessidade de provar sua existência. Isto vemos em textos como Gênesis 1:1: "No princípio, Deus criou os céus e a terra". Porém, enquanto a cosmovisão bíblica concorda com a africana de que Deus está presente em toda parte, o Deus descrito na Bíblia difere do africano por ser descrito em termos consistentes tanto no Antigo como no Novo Testamento. O Deus bíblico é um só (Dt 6:4-5), mas ele também é complexo, complexidade que percebemos em termos da Trindade do Pai, Filho e Espírito Santo (Mt 28:18-20).[9] Deus é o criador e aquele que provê a salvação para todos. Sintetizando as qualidades de Deus, Nash diz que ele é "eterno, transcendente, espiritual (isto é, não material), onipotente, onisciente, onibenevolente, amoroso e pessoal"[10]. Ainda que algumas dessas características também possam descrever o Ser Supremo na cosmovisão africana, o Deus da Bíblia é simplesmente superior.

Um aspecto crucial da visão de mundo é a percepção, em algumas culturas africanas, que o Ser Supremo não pode ser devidamente conhecido, porque ele está muito distante. Esse conceito é referido, tecnicamente, como transcendência de Deus. A consequência dessa crença é que o Ser Supremo é visto

• • • • • • •

6 TURAKI, Yusufu. *Foundations of African Traditional Religion and Worldview* (Nairobi: WordAlive, 2006), 54.

7 GEHMAN, Richard J.. *African Traditional Religion in Biblical Perspective* (Kijabe, Kenya: Kesho Publication, 1989), 190.

8 ANDERSON, Keith B.. *Introductory Course on African Traditional Religion* (Nairobi: Provincial Board of Theological Education, Church of the Province of Kenya, 1986), 138.

9 COLE, Graham A.. "God, Doctrine of," *Dictionary for Theological Interpretation of the Bible*, 260.

10 NASH, Ronald N. *Worldviews in Conflict: Choosing Christianity in a World of Ideas* (Grand Rapids: Zondervan, 1992), 36.

como "distante da vida cotidiana de um africano tradicional"[11]. Contudo, a transcendência de Deus deve ser entendida à luz do holismo africano e não de Deus se isolando de sua criação. O holismo é a crença de que a vida é interdependente e integrada e é governada por uma lei de harmonia.[12] Acredita-se que o Ser Supremo atribui deveres e responsabilidades a seres espirituais menores, deuses e divindades, que então interagem diretamente com a humanidade.

Algumas culturas africanas, por outro lado, acreditam que Deus está tanto longe quanto perto. Esta proximidade é conhecida como a imanência de Deus. Por ser imanente, Deus está interessado e preocupado com os assuntos da humanidade e pode ser conhecido através da adoração. Ele também pode tornar sua vontade conhecida, às vezes, através dos antepassados, que "ficariam ofendidos se algum membro da comunidade não conduzisse sua vida de acordo com a vontade de Deus"[13].

Quando olhamos para a cosmovisão bíblica, percebemos que ela também afirma a transcendência e a imanência de Deus. Deus deseja um relacionamento com sua criação, mas qualquer relacionamento desse tipo é baseado no entendimento de que ele está tanto separado da criação quanto presente nela. Em certas passagens, especificamente no Antigo Testamento, pode parecer que Deus está tão distante da vida cotidiana quanto na visão de mundo africana. No entanto, essa percepção está errada. As Escrituras afirmam que Deus é pessoal e escolheu, de forma intencional, se revelar aos seres humanos de certa maneira que podemos entender (ver, por exemplo, Sl 19:1). Elas fornecem muitos exemplos do desejo de Deus de estar próximo a nós, incluindo as teofanias, através das quais Ele se revelou no Antigo Testamento, sua comunicação direta com alguns indivíduos através de sonhos e visões, e a vinda de Jesus Cristo Salvador na forma humana - todos esses exemplos dissipam a noção de que Deus é distante.

Voltando à visão de mundo africana, os africanos acreditam que podem se aproximar do Ser Supremo, principalmente em tempos de necessidade. No entanto, isso só pode ocorrer no contexto da comunidade. A veneração, como tudo na vida, é um assunto comunitário. Isto significa que as relações horizontais com outras pessoas têm que ser estabelecidas antes que uma relação

• • • • • • •

11 Turaki. *Foundations*, 29.

12 Turaki, 32–33.

13 Mugambi J. N. K., *African Heritage and Contemporary Christianity* (Nairobi: Longman Kenya, 1989), 62. Em português: [MUGAMBI, J. N. K. *Teologia Cristã Africana: Uma Introdução*. Tradução de Carlos Osvaldo Cunha Bezerra. São Paulo: Paulinas, 1997].

vertical com o Ser Supremo se torne possível. Sacrifícios, oferendas, orações e súplicas também são essenciais para se aproximar do Ser Supremo. Portanto, embora um africano tradicional possa abordar o Ser Supremo por conta própria, não existe o elemento para fazê-lo. O Ser Supremo não escutaria sem sacrifícios de animais "limpos", oferecidos por intermediários como sacerdotes, anciãos ou antepassados.[14]

Também é importante compreender que as interações tradicionais africanas com o Ser Supremo são transacionais e não relacionais. Havia uma crença de que se se vivesse sabiamente no presente, benefícios positivos seriam colhidos no futuro. Por outro lado, a vida imprudente resultava em certas punições. Como diz Gehman, "o culto a Deus era relativo à utilidade, buscando a Deus pela ajuda que poderiam receber, em vez de exaltar a grandeza e bondade de Deus"[15]. O culto tradicional africano, portanto, não se concentrava em Deus, mas nas necessidades e desejos humanos. Esta é uma das razões pelas quais o evangelho da prosperidade criou raízes na África. Ele apresenta uma maneira familiar de se relacionar com Deus.

Como essa cosmovisão africana se compara com a cosmovisão bíblica? A diferença crucial é que a cosmovisão bíblica afirma que Deus, e não os seres humanos, é o centro de seu universo. Ele exige de nós o louvor. A cosmovisão bíblica promove a interação pessoal com Deus, embora por meio da mediação: primeiro, dos sacerdotes no Antigo Testamento e depois de Jesus Cristo no Novo Testamento. Além disso, muito embora a veneração comunitária seja uma característica da cosmovisão bíblica, há muitos exemplos nas Escrituras, especificamente no Novo Testamento, de indivíduos que se aproximam de Deus por conta própria.

Como na visão de mundo africana, intermediários, como sacerdotes e um sistema sacrifical, eram características-chave do sistema religioso que Deus estabeleceu para seu povo. Os sacrifícios eram oferecidos somente por pessoas especificas e atendiam a muitos propósitos - purificar, procurar perdão, selar um contrato (especialmente entre Deus e um indivíduo) e assim por diante. Como lemos em todo o Antigo Testamento, e mesmo no Novo Testamento, "sem derramamento de sangue, não há perdão dos pecados" (Hb 9:22).[16] Como aponta Yarbrough, "Sacrifício como nada além de um ritual

14 Kenyatta, Jomo. *Facing Mount Kenya* (Nairobi: Kenway Publication, 1938, repr. 2002), 243–252.

15 Gehman. *African Traditional Religion*, 193.

16 Although grain sacrifices were also acceptable in certain contexts [Embora os sacrifícios de grãos também fossem aceitáveis em certos contextos].

não perdoava a transgressão. Ao contrário, era para ser a expressão de um coração contrito, apelando a Deus pela misericórdia que ele, e somente ele, podia proporcionar"[17].

Há também uma diferença crucial entre a visão bíblica e a visão de mundo africana no que diz respeito à necessidade de sacrifícios. No Novo Testamento, um único sacrifício é oferecido em Jesus Cristo. Consequentemente, a aproximação pessoal de Deus é possível através de seu trabalho de mediação.

A realidade última na África moderna

Qual é a situação atual na África? Com o advento do cristianismo, surgiu muita confusão sobre como nos relacionaríamos com o Deus cristão. Havia várias barreiras. Estas incluíam língua estrangeira que precisava ser traduzida; a raça de Jesus Cristo que provocou confusão, porque parecia corresponder à raça dos colonizadores; e a visão de mundo estrangeira e confusa dos missionários que nos deixaram com "dois deuses", Jesus Cristo e Deus.[18] Apesar dessas barreiras, o cristianismo criou raízes na África. Isso talvez porque o entendimento africano do Ser Supremo e outras entidades espirituais tem muitas semelhanças com o entendimento bíblico. Isso estabelece um ponto de referência comum, já que nossa inclinação espiritual nos facilita a compreensão das realidades espirituais. Uma vez que compreendemos a natureza e o caráter do Deus cristão, colocar nossa fé nele não é difícil.

Mas podem ser vistos ainda vestígios da tradicional visão de mundo africana. Apesar de muitos de nós terem uma firme crença em Deus, nossas interações com Ele podem deslocar entre transacional e relacional. Na maioria dos casos, o elemento transacional é mais proeminente. Como cristãos africanos modernos, frequentemente nos vemos fazendo coisas boas para que Deus nos recompense. As crescentes influências da teologia da prosperidade têm alimentado essa perspectiva, de modo que as orações frequentemente consistem em pedir a Deus ainda mais "bênçãos", o que se traduz em coisas materiais. Quando estamos conscientes de que pecamos, respondemos de uma maneira muito diferente - esperamos apreensivamente pelo castigo. De fato, como veremos mais tarde, quase todo sofrimento é visto como um castigo de Deus. Além disso, no cristianismo africano moderno, o equilíbrio entre a transcendência e

17 Yarbrough, Robert W.. "Atonement," New Dictionary of Biblical Theology, 390.

18 Onwu, N.. "The Hermeneutical Model: The Dilemma of the African Theologian," Africa Theological Journal 14, no. 3 (1985):145–160.

a imanência é às vezes perdido. É muito fácil para muitos de nós manter Deus à distância de nossa vida cotidiana e procurá-lo apenas em tempos de crise.

Embora haja um crescimento explícito do número de cristãos na África, há uma tendência cada vez mais preocupante que está enraizada em nossa atitude utilitarista para com o Ser Supremo. Estamos tentando nos agarrar a duas visões de mundo. Pensamos que o cristianismo é bom na medida em que funciona, mas outros métodos para alcançar nossos objetivos também são válidos. Se Deus está demorando demais para abençoar meu negócio ou fazer crescer minha igreja, então talvez o feiticeiro possa fornecer a solução. Esta mistura de crenças e práticas religiosas tradicionais com o cristianismo é conhecida como sincretismo.

A África também está assistindo a um crescente secularismo, ou seja, a crença de que não há base religiosa ou espiritual para a vida. Vários jovens que se decepcionaram com a igreja optaram por se afastar e se tornar agnósticos (afirmando que não podemos saber se Deus existe) ou ateus (afirmando que Deus não existe). [19]

Implicações para a hermenêutica

Como nossa compreensão africana da realidade última afeta a forma como interpretamos as Escrituras? Vejamos Gênesis 1:1:

No princípio, Deus criou os céus e a terra.

Os africanos presumem a existência de um Ser Supremo e, assim, em um primeiro plano, leríamos esse texto como se disséssemos que Deus existe e tem existido desde a eternidade passada. Esse é um ponto crucial, principalmente nesta era de crescente secularismo, onde a existência de Deus é questionada a cada instante.

Em um segundo plano, nos concentraríamos na criatividade deste Deus eterno. Só Ele é o criador de todas as coisas. O resto de Gênesis 1 confirmaria essa interpretação inicial. Este é um importante ponto de contato com o pensamento africano, pois muitos mitos africanos tratam da criação do mundo e da humanidade por um Ser Supremo. Conquanto a identidade do Deus mencionado no texto tivesse que ser claramente definida para evitar o sincretismo, nossa visão de mundo africana funciona de forma positiva para encorajar uma compreensão precisa dessa passagem bíblica.

19 Conferir Kevin Murithii Ndereba, "Youth Worldviews among the De-churched in Nairobi and Implications for Ministry" (Thesis, International Leadership University, Nairobi, Kenya, 2015).

Por outro lado, nossa visão de mundo africana também pode ter uma influência negativa em nossa interpretação de um texto. Podemos ilustrar isso a partir de Lucas 6:38:

Deem e receberão. Sua dádiva lhes retornará em boa medida, compactada, sacudida para caber mais, transbordante e derramada sobre vocês. O padrão de medida que adotarem será usado para medi-los (NVT).O entendimento transacional tradicional de nosso relacionamento com o Ser Supremo levou muitos a interpretar esse versículo como se dissesse que quando você dá presentes monetários, especificamente na forma de dízimos, ofertas e doações aos pobres, Deus é obrigado a abençoar em troca. Não buscamos bênçãos espirituais, mas recompensas financeiras. A vinculação com o evangelho da prosperidade é clara. O que falhamos em perceber é que interpretar o texto dessa forma nos leva a dar com as motivações erradas - não porque amamos a Deus e queremos agradecer-lhe por sua fidelidade, mas porque queremos algo em troca. Nossa doação torna-se uma mera transação.

Realidade externa

Se o primeiro elemento essencial em qualquer visão de mundo é a questão da realidade última, o segundo está relacionado à nossa compreensão da realidade externa, do mundo ao nosso redor. O mundo consiste apenas no que podemos ver com nossos olhos, ou existe também uma dimensão espiritual? Como ele surgiu? Foi por acaso ou houve um criador que o trouxe à existência? Existe ordem em nosso mundo ou estamos vivendo no meio do caos? A forma como vemos o mundo em que vivemos, se nossa percepção é precisa ou não, determina como escolhemos interagir com ele.

Entendimentos tradicionais da realidade externa

Muitas culturas africanas acreditam que o mundo foi criado por um Ser Supremo, às vezes com a ajuda de algum animal.[20] Por exemplo, os Wapangwa da Tanzânia acreditam que antes de o mundo ter sido criado, havia apenas o vento, uma árvore e algumas formigas brancas. E sobre eles havia a Palavra, que criou tudo. As formigas defecavam em uma folha de árvore e, à medida que a pilha de excrementos crescia, ela endurecia e formava o que hoje conhecemos como o mundo.[21]

• • • • • • •

20 MUGAMBI, J. N. K.. *African Christian Theology: An Introduction* (Nairobi: East African Educational Publishers, 1989, 127. Em português:[MUGAMBI, J. N. K. *Teologia Cristã Africana: Uma Introdução.* Tradução de Carlos Osvaldo Cunha Bezerra. São Paulo: Paulinas, 1997].

21 LEEMING, David Adams. *Creation Myths of the World: An Encyclopedia* (Santa Barbara, CA: ABC-

A Bíblia também fala da criação do mundo por Deus. Mas o mundo não nasceu por acaso. Ao contrário, Deus o criou do nada e tinha harmonia, ordem e propósito (ver Gn 1:31).

A visão tradicional de mundo africano inclui a crença em um criador e em uma série de poderes impessoais e seres espirituais, alguns dos quais não são humanos, embora outros sejam os espíritos dos ancestrais. Esses seres espirituais podem ser classificados em ordem de importância. Entre os grupos africanos que admitem divindades, pensa-se que esses seres criaram o mundo e estão diretamente abaixo do Ser Supremo a quem eles servem. Os africanos ocidentais tendem a ter um vasto panteão de divindades, e divindades são menos comuns na África Central, Oriental e Austral (com exceção de certos reinos em Uganda).[22] Os espíritos ancestrais (também conhecidos como mortos vivos) estão abaixo das divindades, assim como os espíritos da natureza.

Os *Gikuyu* (ou *Kikuyu*[23]) do Quênia, por exemplo, reconhecem dois poderes sobrenaturais. O primeiro e mais importante é o deus altivo, conhecido como *Ngai*. Ele é o criador e doador de todas as coisas e trabalha sozinho. Ele recompensa os seres humanos quando são bons e os pune quando são maus. Os outros poderes se referem aos espíritos ancestrais, que não são venerados como *Ngai*. Ao contrário, os *Gikuyu* vivem em comunhão com eles, e atos rituais de comunhão trazem de volta a memória e a glória de seus antepassados.[24]

Seres espirituais são considerados canais de poder, delegado a eles por seres superiores. Contudo, às vezes, é difícil distinguir o poder do Ser Supremo daquele dos espíritos inferiores.[25] Os espíritos são vistos como bons ou maus, dependendo se trazem bênçãos ou maldições.[26] Eles também são considerados mais ativos e envolvidos na vida diária das pessoas do que o Ser Supremo. Especialistas, tais como benzedores, produtores de chuva, médiuns, adivinhadores, magos, mágicos, bruxos e aqueles com a capacidade de manipular seres espirituais, servem como mediadores entre o mundo humano e o reino espiritual.[27]

A cosmovisão bíblica também afirma a presença de seres espirituais, que são chamados de anjos e demônios. Esses seres espirituais são associados a

CLIO LLC, 2010), 292.

22 GEHMAN. *African Traditional Religion*, 124.

23 Gikuyu e o Kikuyu podem ser usados de forma intercambiável.

24 GEHMAN. *African Traditional Religion*, 265.

25 TURAKI. Foundations, 65–66.

26 TURAKI, 25.

27 TURAKI, 26.

Deus ou a Satanás e relacionados ao bem e ao mal, respectivamente. A atividade de demônios recebe muita atenção, principalmente nos evangelhos. Todos os seres espirituais, inclusive Satanás, estão indicados sob a autoridade de Deus. A história de Jó deixa isso bem claro. Sem a permissão de Deus, Satanás não poderia tocar em Jó. Entretanto, ao contrário da visão de mundo africana, a visão de mundo bíblica não inclui a presença e a adoração de espíritos ancestrais.

Muitos estudiosos sugeriram que, para os africanos, o mundo é uma realidade monoseccional.[28] Isso quer dizer que os africanos partem do princípio de que Deus, os espíritos, os antepassados, os seres humanos e os objetos habitam todos um só mundo. Não há separação entre a realidade espiritual e a física - há apenas uma realidade. Turaki se refere a esta crença como holismo. Citando Steyne, ele explica:

> Essa visão do mundo significa que não existem limites claros entre as dimensões física e espiritual da vida. Não há distinção clara entre as atividades seculares e religiosas, entre o trabalho e as responsabilidades comunitárias - são "todas unidas em um todo [para que o homem] se sinta em sintonia com seu mundo"[29].

Esse holismo está relacionado à lei de harmonia, que fomenta a viver em paz com o mundo físico e espiritual.

Para os africanos tradicionais, o reino espiritual é tão real, se não mais real, quanto o mundo físico em que vivem. Como não enxergam conflito entre fé e natureza, entre o secular e o sagrado, eles julgam que os problemas da vida, principalmente em tempos de crise, geralmente têm uma resposta espiritual.

Como isso se compara com a visão de mundo bíblica? Há uma grande semelhança. Quando lemos a Bíblia, percebemos que tanto as realidades físicas quanto as espirituais coexistem como parte da ordem criada por Deus. A presença de seres espirituais não é questionada, mas é tida como certa. Além disso, presume-se que esses seres espirituais estão por perto e trabalhando. O âmbito espiritual é uma realidade tanto quanto o físico.

• • • • • • •

28 Mugambi. *African Heritage*, 78.

29 Turaki, *Foundations*, 32, citando Steyne, P. M.. *Gods of Power: A Study of the Beliefs and Practices of Animists* (Houston: Touch Publications, 1989), 58.

Realidade externa na África moderna

A inserção da educação ocidental, sobretudo nas instituições de ensino superior, favoreceu o modo de vida secular, que explica o mundo simplesmente em termos físicos. Isso tem afetado nossa compreensão do mundo. Muitos de nós, principalmente os com educação superior, têm dificuldade de conciliar ciência e religião. A ciência dá explicação lógica para tudo em torno e não considera o âmbito espiritual como sendo tão real quanto o físico. Essa direção é completamente oposta àquela que conhecemos há gerações. Por causa de nossa dificuldade em conciliar as duas formas de ver o mundo, vivemos vidas dicotomizadas, não permitindo que questões espirituais interfiram nas questões físicas e vice-versa.

Apesar dessa invasão da visão de mundo ocidental, o âmbito espiritual permanece muito real para a maioria dos africanos de hoje. A atividade espiritual em nossa vida diária nunca é duvidada, e muitos de nós temos pouco problema em reconhecer a dimensão invisível de nossa fé. Uma explicação racionalista para as coisas que acontecem, especificamente em tempos de crise, raramente é a primeira opção. A atividade de anjos e demônios é uma realidade e muitos de nós ainda acreditam no poder da bruxaria sobre suas vidas.

Estabelecer comunicação com o mundo espiritual e até mesmo o poder de controlar este campo invisível é comum.[30] Já que a natureza não pode ser controlada, não podemos mudar nossas circunstâncias através de nosso próprio poder e devemos procurar outras opções. Turaki traz uma implicação disso para o cristianismo africano:

> Esta visão de mundo, governado por uma lei do poder, cria uma necessidade de uma teologia do poder, se quisermos abordar a concepção teológica tradicional do poder e como essa lei do poder funciona na África tradicional.[31]

O foco no poder oferece, pelo menos, uma explicação para o florescimento das pentecostais Igrejas Institucionais Africanas. Elas estimulam os crentes a exercerem o poder sobre o universo demoníaco através de exorcismos e outros rituais.

30 Turaki. *Foundations*, 35.
31 Turaki, 35.

Implicações para a hermenêutica

Como nossa compreensão de natureza da realidade externa afeta nossa compreensão da Escritura? Observamos que no pensamento africano o âmbito espiritual é uma realidade tanto quanto o físico, se não mais. A presença (e às vezes a reverência) de espíritos ancestrais permanece como parte da vida cotidiana. Não é incomum ouvir alguém dizer brincando: "Não esqueçamos os antepassados" enquanto despejam as borras de seu chá no chão. Derramar ou fazer uma libação para os ancestrais faz parte da vida cotidiana e reforça a crença de que quando os ancestrais morrem, eles simplesmente vão além de uma cortina enquanto permanecem como parte da comunidade. Podemos analisar Hebreus 12:1 para ver como esta visão de mundo influencia a interpretação.

> *Portanto, também nós, uma vez que estamos rodeados por tão grande nuvem de testemunhas, livremo-nos de tudo o que nos atrapalha e do pecado que nos envolve, e corramos com perseverança a corrida que nos é proposta.*

Em Hebreus 11, o autor apresenta os heróis da fé como exemplos para os vivos. Quem eram esses heróis? Eram os ancestrais dos israelitas, mortos há muito tempo, que ainda eram lembrados por seus grandes atos de fé. Ao interpretar esse texto, alguns o tomam muito de forma literal. Afirmam que os ancestrais que morreram no Senhor são sempre testemunhas presentes, vigiando os crentes no reino dos vivos e torcendo por eles. Aqui, nossa visão de mundo africana está funcionando de forma negativa, pois ela mina os ensinamentos bíblicos precisos sobre a vida após a morte. A morte física resulta na separação entre o corpo e a alma/espírito de uma pessoa. Enquanto a alma/espírito está destinada a existir eternamente, o corpo não, pois se decompõe após a morte (Gn 3:19). Os mortos aguardam o julgamento de Deus (Hb 9:27) - seja para a vida eterna ou para o castigo (Lc 16:22-26; Ap 20:13-15). No estado de morte, a pessoa não está ciente e nem pode influenciar o que está ocorrendo na Terra.

Relações humanas

Como um indivíduo se encaixa na estrutura ampla de sua comunidade? Devemos ver as pessoas como indivíduos ou como membros de uma comunidade? Como devemos entender a natureza humana? A pessoa é apenas um produto da evolução ou da criação intencional de Deus? O que acontece conosco quando morremos? Juntamo-nos aos nossos ancestrais e nos tornamos objetos de adoração para aqueles que ainda vivem? Essas questões devem ser respondidas, pois nossa visão de mundo tem um impacto profundo em nossas interações interpessoais.

Compreensões tradicionais de relações

A maioria dos mitos africanos concorda com o ensinamento bíblico de que os seres humanos foram criados por um Ser Supremo. Mas, muitas vezes, a semelhança termina aí. Enquanto a cosmovisão africana coloca o ser humano no centro, a cosmovisão bíblica coloca Deus no centro da vida. A Bíblia nos diz que os seres humanos são feitos à imagem de Deus. Como criação intencional de Deus, somos capazes de pensar, sentir e constituir relacionamentos. Possuímos personalidade, bem como criatividade. Entretanto, logo após a criação, o ser humano pecou. Este evento é conhecido como a Queda. Devido a essa Queda, a imagem de Deus no ser humano foi afetada, embora não destruída. Porque as pessoas possuem a imagem de Deus, elas são de valor. Ao mesmo tempo, por causa da Queda, todos nós temos uma natureza pecaminosa e, portanto, nunca poderemos ser considerados bons. Precisamos de salvação (Rm 3:23). Porque fomos feitos para Deus, um desejo de união com Deus é "parte do aparato padrão da alma"[32].

A maneira como nos vemos afeta nossos pensamentos e comportamentos em relação a Deus, a nós mesmos e aos outros. Contudo, as questões sobre o indivíduo são difíceis de serem abordadas num contexto africano, já que tradicionalmente acreditamos que os indivíduos existem apenas porque existem os outros.[33] Esta crença é conhecida como *ubuntu* e é difícil de definir. Entretanto, sua mais básica expressão - "Eu sou porque somos, e dado que somos, portanto eu sou" - captura a solidariedade comunitária africana. O arcebispo Desmond Tutu descreve-a assim:

> Ubuntu é [...] é dizer: "Minha humanidade se alcança, inextricavelmente ligada, na sua". ... Dizemos: "Uma pessoa é uma pessoa através de outras pessoas". Não é "eu penso, portanto eu sou". Mas se diz: "Eu sou humano porque pertenço. Eu participo, eu compartilho" [...] O que te desumaniza inexoravelmente me desumaniza[34].

32 PLANTINGA. *Engaging God's World*, 6.

33 MBITI, John S.. *Introduction to African Religion* (New York: Praeger, 1975), 175.

34 TUTU, Desmond. *No Future Without Forgiveness* (New York: Doubleday, 1999), 31.

Ubuntu é uma visão unificadora de mundo na medida em que capta a essência do que é ser humano para um africano.

Estamos todos cientes de que seres humanos nunca conseguem existir isolados, mas precisam viver em relação com os outros. Porém, a forma como essas relações interpessoais são expressas varia de pessoa para pessoa e de cultura para cultura. Existem culturas que desencorajam o individualismo e promovem a ideia de que as pessoas devem agir e pensar da mesma forma. Por outro lado, há culturas que enfatizam o individualismo em detrimento da comunidade. Dado nosso entendimento de ubuntu, é claro que para os africanos a cumplicidade tende a reger as relações. De fato, a comunidade desempenha um papel imprescindível e as relações são essenciais em todas as interações.[35] Consequentemente, a ideia de liberdade e autonomia individual sem considerar a comunidade era antes inédita.[36] O que é importante para nós não é tanto o ponto de vista individual, mas a saúde geral da comunidade, pois as pessoas aprendem a viver juntas em harmonia. O individualista é visto com grande desconfiança. Em algumas culturas africanas, a palavra usada para "individualistas" enfatiza seu egoísmo e significa que tais pessoas provavelmente acabarão como bruxas ou bruxos! [37]

O que, então, melhor descreve nosso estilo de vida africano? É a "existência-em-relação"[38]. Em outras palavras, espera-se que os indivíduos mantenham um equilíbrio em todas as suas relações. Isto é importante porque, como observado anteriormente, na visão tradicional de mundo africana, as relações horizontais tinham que ser estabelecidas antes que a relação vertical com o Ser Supremo e outras divindades e espíritos pudessem ter efeito.

Como as relações eram tão importantes, nosso comportamento foi guiado por esta estrutura de comunidade.[39] Era considerada ofensa fazer algo que rompesse a harmonia na comunidade. Como ressalta Mugambi:

> A forte crença na manutenção do equilíbrio de relações também implicava que qualquer ação que levasse à quebra de harmonia - entre Deus e o homem, os espíritos e

35 Kunhiyop, Samuel Waje. *Foundations of African Christian Ethics* (Nairobi: HippoBooks, 2008), 68.

36 Mbiti. *Introduction*, 175.

37 Kenyatta. Facing Mount Kenya, 119.

38 Gehman. *African Traditional Religion*, 52. Originally coined by Swailem Sidhom and cited in Dickson, 1969, 102.

39 Parrinder, Geoffrey. *Religion in Africa* (Harmondsworth, UK: Penguin, 1969), 89.

> o homem, os antepassados e o homem, e entre o homem e o homem dentro da comunidade fisicamente viva - era considerada uma ofensa contra todos esses seres que formavam esta rede de relações.[40]

Era preciso ter muito cuidado para não ofender outros membros da comunidade, e era certo que se colocava os outros em primeiro lugar. Qualquer coisa que infringisse os costumes estabelecidos e proibições da família, clã ou comunidade constituía uma ofensa.[41] Viver uma vida moralmente reta, definida pela comunidade, era o caminho honrado. A violação aos padrões da comunidade levava à vergonha e à desonra. Todas as culturas tradicionais africanas eram movidas pela honra e pela vergonha. Esperava-se que um indivíduo estivesse de acordo com os valores e a moral da comunidade.[42]

Dentro dessa rede de relações, o sistema familiar ampliado merece uma menção especial. É a família ampliada, não a moderna família nuclear de pai, mãe e filhos, que serve como o principal fator unificador da sociedade. A família ampliada oferece apoio social e fraternidade não apenas entre indivíduos, mas também entre famílias, clãs e comunidades inteiras.[43] Família ampliada consiste dos relacionados por sangue - um homem, sua esposa (ou esposas), seus filhos, assim como seus netos e bisnetos. Ao se tornar grande, a família ampliada evoluiu para um clã, que incluiu todos os indivíduos ligados por sua descendência compartilhada de um grupo familiar.[44] A prática da poligamia facilitou muito o desenvolvimento dos clãs.

Esse tipo de estrutura comunitária possui enormes benefícios. Ela promove a codependência saudável e a coexistência pacífica. Ela proporciona uma maneira eficiente de orientar toda a vida e organizar a comunidade.[45] Ela garante que se evite ofender tanto os seres humanos quanto os espíritos. Por exemplo, naturalmente damos maior respeito às pessoas idosas. A idade é valorizada, pois traz a sabedoria necessária para manter a comunidade funcionando. As crianças aprendem a respeitar os mais velhos desde muito cedo.

40 Mugambi. *African Heritage*, 62.

41 Mbiti. *Introduction*, 175.

42 Bansikiza, Constance. *Restoring Moral Formation in Africa* (Nairobi: AMECEA Gate Publications, n.d.), 13.

43 Bitrus, Daniel. *The Extended Family: An African Christian Perspective* (Nairobi: Christian Learning Materials Centre, 2000), 1.

44 Kenyatta. *Facing Mount Kenya*, 1.

45 Turaki, *Foundations*, 37.

Qualquer comportamento grosseiro ou desrespeitoso para com uma pessoa mais velha é tratado como uma grande ofensa. Aqueles que ocupam posições de autoridade também são tratados com muito respeito.

Por causa da crença na importância da comunidade, o esforço comunitário nas tarefas diárias da vida era tomado como garantido. A educação das crianças era um esforço comunitário, garantindo assim que as brincadeiras e indisciplinas infantis fossem mantidas ao mínimo. Todo o trabalho era voltado para o sustento da família como um grupo. O acúmulo de riqueza pessoal para ganho pessoal era anormal. Além disso, quando os pais ficavam velhos demais ao ponto de não conseguirem participar das atividades de trabalho, os filhos tinham o dever de provê-los com o sustento. Desde cedo, as crianças aprenderam o valor do trabalho árduo. Era parte de nossa visão de mundo que "os pais não sofram de necessidade, nem continuem a trabalhar arduamente na velhice, enquanto seus filhos podem auxiliá-los e dar-lhes conforto".[46] Mesmo quando se tratava de trabalho, as relações eram determinantes. Ter trabalho feito não era tão importante quanto manter boas relações dentro do contexto de trabalho.

Todos esses elementos da visão tradicional de mundo africana são muito semelhantes à visão bíblica de mundo. Na cosmovisão bíblica, a família e a comunidade eram muito importantes. A família era mantida unida por questões tradicionais que incluíam trabalho, educação e socialização das crianças. Especialmente no Antigo Testamento, constatamos que essa estrutura social proporcionava não apenas uma identidade religiosa para os membros da comunidade, mas também segurança e apoio aos membros da família (ver, por exemplo, Dt 25:5-10).[47]

Embora a família ainda seja o principal destaque no Novo Testamento, os ensinamentos de Jesus sugerem que a família dos fiéis prevalece sobre a biológica. Uma visão de mundo bíblico vê os crentes como parte de uma grande tradição que caminha para o cumprimento do propósito de Deus para sua igreja. Ao nos demonstrar, por meio da metáfora, o que a família cristã é, Jesus se compara a uma videira e os fiéis, aos ramos dessa videira (Jo 15). Isto reflete o benefício mútuo e a interdependência. As relações entre os irmãos e irmãs cristãos devem, portanto, ser honradas e protegidas. É dentro deste contexto de comunidade que a Bíblia encoraja os fiéis a desenvolverem

46 KENYATTA. *Facing Mount Kenya*, 113.
47 DRANE, John W. "Family," *New Dictionary of Biblical Theology*, 494.

e expressarem sua individualidade. Embora a comunidade seja importante no Novo Testamento, ela deve ser ponderada mediante a individualidade. Primeiro, é somente através de uma relação pessoal com Deus através, de Jesus Cristo, que a salvação é possível. Segundo,os fiéis devem se esforçar a crescer em maturidade pessoal e espiritual e a dar frutos. O papel que a individualidade desempenha em ambos os contextos não deve ser enfraquecido.

A questão de nossa relação com as pessoas se estende à vida após a morte. A visão de mundo africana sustenta que a morte não é o fim, mas é meramente uma transição para o mundo invisível. A família ampliada inclui assim os ancestrais, que continuam a ser parte essencial da comunidade e a orientar quando necessário.

Como isso se compara com o que a Bíblia nos diz sobre os mortos? A cosmovisão bíblica reflete duas perspectivas um tanto diferentes no Antigo e no Novo Testamento. Quando se lê certas afirmações (por exemplo, em Salmos, Jó e Eclesiastes), quase parece que o Antigo Testamento tem uma compreensão diferente da vida após a morte. Lá, se afirma que os mortos acabarão no túmulo (também chamado de Sheol, um mundo muito parecido com o submundo das culturas do Antigo Oriente Próximo no sentido de que é "um universo de existência adormecida e sombria nas profundezas da terra").[48] O que o Novo Testamento ensina? Ele ensina que quando alguém morre, seu corpo físico é separado de sua alma/espírito. Entretanto, por causa da ressurreição de Jesus Cristo, todos os fiéis experimentarão a futura ressurreição e eternidade com Deus. Os ímpios serão condenados ao castigo eterno enquanto os justos experimentarão a vida eterna na presença de Deus. No ensinamento bíblico, os mortos estão completamente separados dos vivos.

Relações na África moderna

Embora a estrutura comunitária, descrita acima, ainda seja evidente em muitas comunidades rurais africanas, as coisas são muito diferentes na África urbana. As pessoas se deslocaram para as cidades/Metrópolis onde agora estão conectadas por telefones celulares e pela Internet. O resultado tem sido uma quebra na estrutura da comunidade e o crescimento do individualismo. A família ampliada está perdendo seu lugar como principal fator organizador na sociedade e não se posiciona mais como a principal provedora de apoio social. Ela foi substituída por unidades familiares menores. A sociedade urbana é caracteri-

48 JOHNSTON, Philip S.. "Death and Resurrection," *New Dictionary of Biblical Theology*, 444.

zada por famílias nucleares, famílias monoparentais e famílias mistas (devido ao aumento dos índices de divórcio). Muitos não têm laços estreitos com suas famílias ampliadas além de família biológica e de sogros. Mais recentemente, tornou-se evidente que a geração mais jovem está mudando seu sistema de suporte de unidade familiar para os membros de sua rede social (seguidores). A crescente influência da mídia social mudou radicalmente a forma como as relações são definidas. No entanto, muitos ainda sentem alguma conexão tênue com os membros de sua família ampliada.

Conforme pessoas de muitas culturas se reúnem em centros urbanos, a unidade tribal também vai se desfazendo. Isso não é uma coisa totalmente ruim. As questões intertribais e inter-raciais não são mais tão proeminentes como eram antes. O tribalismo e a etnicidade negativa (ou seja, as percepções negativas dos outros de grupos étnicos diferentes) estão diminuindo. Por outro lado, também tem havido uma diminuição da diversidade cultural. Muitos de nós quase não têm noção de suas origens tribais e dos costumes e práticas que seus ancestrais se esforçaram tanto para manter.

Viver em um ambiente cada vez mais individualista tem tido um efeito sobre muitos africanos modernos. Muitos se tornaram muito egoístas, promovendo suas necessidades e realizações individuais acima das necessidades da comunidade. A abordagem individualista da vida os leva a afirmar que o que fazem não tem impacto sobre os pares ao redor. Embora isso possa ser verdade no Ocidente (apesar de ser contestável), os africanos modernos que decidem seguir seu próprio caminho estão em desvantagem. A mudança de uma estrutura comunitária para uma estrutura individualista de organização societária ainda não está completa, e o individualismo não tem sistemas de suporte embutidos. Não há dúvida de que o que fazemos afeta positiva ou negativamente os pares a nosso redor, e por isso não podemos desconsiderar completamente a comunidade.

Embora os africanos estejam se tornando mais individualistas, ainda é difícil pensarmos em nós mesmos de forma isolada. Reconhecemos que fazemos parte de uma comunidade de pessoas ligadas para sempre pelo sangue que flui através de nossas veias. Consequentemente, embora o individualismo possa prevalecer em algumas áreas, a família ampliada e a comunidade em geral ainda fazem parte da vida cotidiana da maioria dos africanos modernos. Isso é evidente, particularmente, durante momentos de celebração ou de luto, ou quando há necessidade financeira. Em tais momentos, a maioria de nós se sente obrigada a contribuir com o que pode, materialmente ou não. Assim, embora nossos laços com a família ampliada e a grande comunidade não sejam o que tradicionalmente eram, ainda sentimos a necessidade de encontrarmos com esses laços ocasionalmente e reafirmar nossa ancestralidade comum.

Implicações para a hermenêutica

Na África, os mais velhos, bem como os que têm posições de autoridade na comunidade, desfrutam de respeito dos outros membros da comunidade. Valorizamos muito a proteção de nossas relações horizontais com os pares. Ninguém quer correr o risco de ofender um membro da comunidade. Tradicionalmente, isso significaria também ofender o Ser Supremo, as divindades (em certos contextos) e os espíritos e ancestrais, contraindo assim a ira destes. Esta visão de mundo tem uma grande influência na forma como os textos, que parecem proteger as autoridades, são interpretados. Por exemplo, 1 Samuel 24:3-7 conta como Davi poupou a vida de Saul quando este conjurava matá-lo. Muitos líderes espirituais africanos colocam forte ênfase nos versículos 6 e 7, onde, depois de cortar a ponta do manto de Saul, Davi se sente culpado e diz a seus homens:

> *Longe de mim, pelo Senhor, fazer isso a meu senhor, o ungido do Senhor, estender minha mão contra ele, pois ele é o ungido do Senhor. E Davi* convenceu seus homens com essas palavras e não permitiu que eles se *levantassem contra Saul. E Saul se levantou, deixou a caverna e seguiu seu caminho.*

Este texto é, geralmente, usado para zelar pelas autoridades, homens e mulheres, considerados os "ungidos do Senhor". Diz-se que se o próprio Davi não ousou tocar o ungido do Senhor, quem somos nós para questionar o que os bispos, apóstolos e outros líderes da igreja estão fazendo, não importa quão ruim seja?

Precisamos compreender o que está por trás das palavras de Davi. Em seu contexto histórico, Davi estava simplesmente reconhecendo que o próprio Deus tinha nomeado Saul como rei de todo Israel. Além disso, ele não tinha recebido nenhuma orientação de Deus que lhe permitisse fazer o que quisesse com Saul. As palavras não significam que nunca devemos criticar os líderes espirituais. Ao serem interpretadas dessa forma, nossa visão de mundo africana funciona de forma negativa, pois promove uma interpretação que sustenta a opressão e a má liderança.

Questões para revisão

1. De que modos específicos você vê aspectos comunitários da visão de mundo no trabalho, em sua família, igreja ou comunidade? Identifique os aspectos que promovem o cristianismo e os que o prejudicam.
2. Em um parágrafo ou dois, identifique sua própria visão de mundo com relação à realidade última, realidade externa e relações.
3. De que maneiras concretas esses aspectos de sua visão de mundo influenciam a forma como você interpreta e aplica a Bíblia (seja positiva ou negativamente)? Cite textos concretos.

3

A VISÃO DE MUNDO AFRICANA: ASPECTOS FILOSÓFICOS

No capítulo anterior, analisamos elementos da visão de mundo relacionados às principais crenças teológicas. Neste capítulo, continuaremos nossa discussão sobre a visão de mundo, olhando para nossas crenças filosóficas básicas em relação ao conhecimento, moralidade, sofrimento, história/tempo e arte.

A questão se podemos "conhecer" tem incomodado os filósofos ao longo dos tempos. O que conhecemos pode ser confirmado? Como conhecemos? Quais são nossas fontes de conhecimento? Podemos confiar nelas? Existe verdade objetiva ou a verdade é totalmente subjetiva, baseada na experiência e interpretação do indivíduo? Qual é o lugar da razão e ela conflita com a fé? Estes tipos de perguntas são importantes, porque o conhecimento afeta a vida humana e, portanto, constitui toda visão de mundo. As diferentes respostas às perguntas sobre o conhecimento levam a diferentes formas de ver a vida.

Compreensões tradicionais do conhecimento

A transmissão de conhecimentos nas culturas tradicionais africanas focou-se, primeiramente, na formação de caráter e no cultivo de qualidades, tais como integridade, honestidade, respeito e trabalho árduo. Tais conhecimentos sempre foram adquiridos no contexto da comunidade e, assim, as relações pessoais tiveram prioridade. Os indivíduos adquiriam conhecimentos dentro do círculo familiar, depois dentro do grupo ou clã local, e por último, no contexto de toda a tribo. Os especialistas religiosos eram outra fonte de conhecimento, pois eram considerados capazes de identificar o sentido espiritual de eventos através de sonhos, visões, demanda visuais, adivinhações ou provações. Ainda hoje, pajés, adivinhos, ritualistas e espíritas “ocupam lugar e posição importante na sociedade africana, pois as pessoas os consultam sobre seu próprio destino, sorte e bem-estar e sobre o destino e bem-estar de indivíduos, famílias, clãs ou tribos”[1].

Este processo de aquisição de conhecimento focou nas experiências de vida na comunidade, do nascimento à morte. O conteúdo incluía a literatura oral da comunidade, tais como contos populares, provérbios, canções e danças, assim como também orientação em tarefas práticas e através de ritos de iniciação. A casa era a escola, e as experiências de aprendizagem, tanto formais como informais, eram concebidas de modo a aplicar o conhecimento em situações práticas e elevar o indivíduo à escala social. Essa escala se referia a várias fases de vida, da infância, da adolescência com seus ritos de iniciação, da vida adulta com suas responsabilidades relacionadas ao casamento e à procriação e, finalmente, à velhice e a que isso implicava dentro da comunidade.

Esta compreensão de conhecimento tem algumas semelhanças com a visão de mundo bíblica, na medida em que admite que o conhecimento é transmitido no lar e na comunidade e que serve a um propósito prático. O conhecimento deve ser aplicado à vida. Quando isso acontece, o indivíduo se torna sábio e age com sabedoria. O propósito do conhecimento é viver uma vida que reflete a sabedoria.

A diferença entre a cosmovisão africana e a cosmovisão bíblica surge quando consideramos um versículo, como por exemplo, Provérbios 1:7: “O temor do SENHOR é o princípio do conhecimento; os insensatos desprezam a sabedoria e a orientação”. A Bíblia rastreia todo conhecimento de volta a Deus. A sabedoria é sempre um dom divino e nunca o resultado de um esforço humano independente.[2] Consequentemente, uma cosmovisão bíblica enfatiza a revelação de Deus para a humanidade. Ele escolheu revelar-se de duas maneiras. A primeira é a revelação geral, vista no mundo criado em torno de nós. A segunda é a revelação especial através das Escrituras e, ainda mais relevante, através de Jesus Cristo.

Porque na cosmovisão bíblica toda verdade vem de Deus, a verdade é objetiva. Não pode ser qualquer sentido. A premissa básica é também que os registros bíblicos são confiáveis e compreensíveis. Além disso, a fé e a razão são complementares e, portanto, devem ser usadas em conjunto para se

1 Turaki. *Foundations*, 46.

2 Schnabe, Eckhard J. l. “Wisdom,” *New Dictionary of Biblical Theology*, 847.

chegar a uma compreensão da verdade. Isso significa que pensar logicamente através da verdade bíblica é válido desde que não coloquemos a fé de lado.

Conhecimento na África moderna

Quando os africanos foram sujeitados aos sistemas europeus de educação no século XIX, as coisas começaram a mudar. Ênfase na educação formal resultou em criação de escolas, iniciadas por missionários em todo o continente. A educação formal tornou-se uma qualificação necessária para o emprego. Aqueles com educação formal europeia gozavam de um status social superior, e o analfabetismo era considerado um marco de inferioridade. Consequentemente, o processo de aquisição de conhecimento através da sabedoria oral ou popular foi desprezado.

Pouca consideração foi dada ao modo de vida ou à visão de mundo africana. Assim, enquanto no passado, a educação era considerada um investimento que construiria o caráter e, em última instância, beneficiaria toda a comunidade, na África moderna a educação tornou-se uma atividade individualista que, na maioria das vezes, beneficia apenas o indivíduo.

Implicações para a hermenêutica

Na visão de mundo africana, o aprendizado formal e informal não terminava em si mesmo. O aprendizado tinha objetivos muito específicos e se voltava à aplicação do conhecimento a situações práticas. Este aspecto prático de aquisição de conhecimento se mostra de forma muito positiva na interpretação bíblica. Olhe para Tiago 1:27:

> *Esta é a religião pura e imaculada aos olhos de nosso Deus e Pai, visitar órfãos e viúvas em sua aflição, e se manter sem ser manchado pelo mundo.*

O texto é claro. O verdadeiro culto a Deus tem resultados práticos. Tiago não está apenas fazendo sugestão sobre o que os fiéis devem fazer para viver sua fé. Ao contrário, ele está identificando um resultado prático de nossa fé que deve ser seguido literalmente. Neste caso, nossa visão de mundo africana funciona de forma positiva a nos ajudar a aplicar a verdade bíblica.

Moralidade

A moralidade se refere a valores básicos e ao modo de vida. Questões sobre o que é moralmente certo e errado não são mais fáceis de responder. As pessoas indagam se a moralidade é relativa. Em outras palavras, podemos fazer o que desejamos, independentemente do impacto sobre os demais? Há alguns padrões básicos que fazem parte de toda cultura? Como o certo e o errado são determinados?

Aparentemente, todos têm algum conceito de certo e errado, e todas as sociedades têm códigos morais que estabelecem como os indivíduos devem viver e como a sociedade deve operar. Entretanto, esses códigos podem variar em diferentes culturas. Em algumas culturas, a moralidade pode ser baseada em valores sociais e expressa em regras que regem o comportamento em vários contextos, enquanto outras culturas podem ser mais individualistas, assim as pessoas decidem sobre seus próprios códigos morais.

Compreensões tradicionais da moral

Os estudiosos identificaram quatro leis que regem as crenças morais tradicionais na África.[3] A primeira é a *lei da harmonia*: todas as coisas devem trabalhar juntas em harmonia em um mundo no qual os universos espiritual e físico são interdependentes. Quando uma ação resulta em ruptura dessa harmonia cósmica, ela é vista como moralmente errada. A segunda é a *lei do Espírito*: como visto acima na compreensão tradicional da realidade externa, toda a vida é vista através de uma lente espiritual. O objetivo de uma pessoa em vida é encontrar o sentido espiritual, alinhado com os poderes e forças impessoais, seres espirituais, divindades e deuses que devem ser mantidos felizes. Qualquer ação que não conduza a esse objetivo é considerada moralmente errada. A terceira é a *lei do poder*: os seres humanos têm a necessidade de assegurar o poder devido à natureza impessoal, invisível e imprevisível do mundo. Este poder é adquirido dos seres espirituais, e quanto maior for o ser espiritual de quem se obtém o poder, mais poderoso se torna. A moralidade de alguém é questionável se ele/ela não lida com seus problemas através da aquisição de tal poder. A última é a *lei do parentesco*: os indivíduos são parte de uma comunidade interdependente com objetivos comuns. A moralidade é julgada pela manutenção ou não da harmonia comunitária.

Essas leis significam que a formação moral nas sociedades tradicionais africanas focou nos valores que se encaminharam para harmonia na comunidade, incluindo o respeito pela autoridade e a reverência aos seres sobrenaturais. Assim, a moralidade era regida pelos valores, modos e costumes da comunidade[4]

3 Summarized from Turaki, *Foundations*, 43–49.

4 Parrinder. *Religion*, 89.

e os agentes nesse processo de formação moral incluíam a família, várias fases etárias e os antepassados.

Considerando que a comunidade desempenha um papel tão importante na formação moral, alguns autores sugeriram que os africanos são tão absorvidos pela comunidade que não "possuem" valores morais. Em outras palavras, os africanos não têm senso de responsabilidade pessoal. Isso é um equívoco. Os africanos tradicionais reconheceram que é difícil o desenvolvimento de valores corretos se o indivíduo estiver isolado de outras pessoas e da comunidade. É preciso haver interações interpessoais e sociais para desenvolver um sistema de valores saudável. No entanto, a formação moral individual também é fomentada e admite-se que todos têm uma consciência moral pessoal. Como Bujo escreve:

> Quando o africano respeita as autoridades e proibições herdadas dos ancestrais, observando seus ritos, palavras e gestos ensinados pela tradição do antepassado, ele não o faz cegamente ou automaticamente; as normas hereditárias, pelo contrário, colocam diante do indivíduo a escolha de vida ou morte, a decisão pelo bem ou pelo mal, ou seja, pelo fortalecimento ou pela diminuição da vida da comunidade. O indivíduo é sempre obrigado a refletir sobre o que é benéfico para si mesmo e para a comunidade como um todo.[5]

Assim, embora se espere que os indivíduos ajam em solidariedade com outros membros da comunidade, também se exige que reflitam sobre os valores que possuem. Dada a inclinação prática da visão de mundo africana, os africanos enfatizam a conexão entre a moralidade e o comportamento. Por exemplo, as regras e regulamentos tradicionais regeram a conduta sexual entre os jovens. Entre os Gikuyu do Quênia, o contato íntimo entre jovens solteiros, chamados de amor platônico e carícias, foi encorajado para que o instinto natural sexual não esteja atrofiado.[6] Entretanto, as relações sexuais reais entre indivíduos não casados eram consideradas tabu. Esse tabu era imposto por punições sociais.

Cada sociedade usa sanções (ou seja, recompensas ou punições) para exercer controle e encorajar os indivíduos a fazer o que é certo. Na África, essas

• • • • • • •

5 Bujo, Benezet. *African Christian Morality at the Age of Inculturation* (Nairobi: St. Paul Publications, 1990), 97.

6 Kenyatta. *Facing Mount Kenya*, 155.

sanções assumiram a forma de aprovação ou desaprovação por parte da comunidade, incluindo os ancestrais que também faziam parte do grupo social. No caso de relações sexuais fora do casamento, por exemplo, a não observância do tabu trouxe vergonha não só para os indivíduos, mas também para toda a família e clã. Esta sanção foi tão eficaz que as relações sexuais e a gravidez fora do casamento eram raras.

Há muitas semelhanças entre a visão de mundo africana e a bíblica em relação à moralidade. Como no modelo de comunidade descrito acima, o pecado tem consequências e os fiéis são responsáveis uns pelos outros dentro da comunidade de fé. Vemos isso claramente demonstrado na história de Adão e Eva e sua expulsão do jardim do Éden (Gn 3). A responsabilidade comunitária é refletida nas palavras de Paulo aos Gálatas ao instar a comunidade de fé a restaurar aqueles pegos no pecado (Gl 6:1). Além disso, o sistema de valor de honra é também uma parte da visão bíblica do mundo. Quebrar qualquer lei de Deus era considerado desonroso e provocava vergonha não só para o indivíduo, mas também para a comunidade, como demonstra a história de Acã (Js 7).

Mas também há várias diferenças significativas. A mais importante é a base da moral. Enquanto a moral africana deriva dos valores comunitários, a moral bíblica está enraizada no caráter imutável de Deus e de seus mandamentos. Preste atenção nos Dez Mandamentos (Êx 20:1-17). Os quatro primeiros enfatizam nossa relação vertical com Deus; os seis restantes, nossas relações horizontais com os outros. Outro exemplo chave é observado na reformulação de Deuteronômio 6:5 por Jesus. Jesus revela que o maior mandamento é amar a Deus com todo o coração, alma, mente e força e depois o próximo como a si mesmo (Mc 12:30-31; ver também Mt 22:37-40; Lc 10:27). A ordem mostra que a moralidade não se trata apenas de relações humanas, mas inicia com nossa relação com o próprio Deus.

A segunda diferença entre a moral tradicional africana e a moralidade bíblica tem a ver com o caráter universal da autoridade bíblica da moral. Se nossa moralidade está enraizada no caráter de Deus, que é imutável, segue-se que deve haver princípios ou leis morais universais que se "aplicam a todos os seres humanos, independentemente de quando ou onde tenham vivido. E devem ser objetivos no sentido de que sua verdade seja independente da preferência e do desejo humano".[7]

• • • • • • •

7 Nash. *Worldviews*, 42.

O padrão ideal de Deus para a moral é baseado em sua vontade para com todos os seres humanos, revelada através das Escrituras (Rm 2:12-16). Todos os seres humanos, pelo fato de serem feitos à imagem de Deus (Gn 1:26-27), possuem conhecimento inato do que é moralmente bom e do que não é e não pode haver uma verdadeira moralidade sem Deus. Assim, ao contrário da opinião popular, a moral não é relativa.

A moralidade na África moderna

Com a modernização e a globalização, nosso ambiente social e cultural está mudando rapidamente. Essas mudanças também afetam nossas relações, e como a moralidade na África foi definida em grande parte em termos de relações, qualquer mudança nessa dinâmica também afeta nossa compreensão da moral. Agentes morais como família ampliada não são mais eficazes devido à mudança na definição de família na África moderna. A família nuclear tem se tornado cada vez mais o fator organizador principal da sociedade e a principal provedora de apoio social. As sanções da moral parecem ter se tornado praticamente irrelevantes. O crescente individualismo na sociedade resultou em menosprezo pela aprovação ou desaprovação da comunidade. Sem uma estrutura de responsabilidade comunitária, os meios para testar e incentivar normas e valores foram fragilizados.

Essas mudanças levaram a conflitos entre valores, tradições, crenças e práticas, resultando em problemas tanto em nível comunitário quanto individual. A opinião seguinte, expressa por Jomo Kenyatta já em 1938, demonstra o dilema no qual nós africanos nos encontramos em um mundo moderno:

> As regras morais são quebradas com a impunidade, pois no lugar de uma moralidade tribal unificada, existe agora, como os leitores antropológicos bem sabem, uma fonte de influências, regras e sanções intrigantes, cujo resultado concreto apenas é que um Gikuyu não sabe o que pode ou não pode, deve ou não deve fazer ou acreditar, mas que não o deixa em dúvida alguma sobre ter quebrado a moralidade original de seu povo.[8]

É estranho viver nesta era moderna. Sabemos que valores como integridade, honestidade, uma boa ética de trabalho, bondade e generosidade, cortesia e

8 Kenyatta. *Facing Mount Kenya*, 155.

respeito devem ser abraçados e praticados desde muito cedo e, no entanto, mesmo em países com alto percentual de cristãos, a corrupção e a impunidade parecem ter tomado conta.

Nossa exposição a pessoas com diferentes sistemas de valores de várias partes do continente e do mundo, assim como a influência da Internet e da mídia, também nos mostram indícios diversos que muitas vezes contradizem nossos valores tradicionais. Com ânsia de adotar valores estrangeiros, raramente paramos para avaliar seu mérito. Além disso, muitas vezes não conseguimos identificar que as culturas estrangeiras têm suas próprias repreensões que regem o comportamento, e assim acabamos vivendo como se não houvesse sanções morais sobre o comportamento.

A falta de referências apropriadas para a geração mais nova, como evidenciado por numerosos escândalos dentro da igreja envolvendo corrupção, pornografia, adultério e questões relacionadas a drogas, agravou o problema. Muitos de nós nos consideramos comprometidos. Para alguns de nós, isto causa desconforto, porque sentimos instintivamente que a moral não é negociável. É quase como se percebêssemos que ir contra nossos valores irá de alguma forma perturbar o equilíbrio das relações e trazer punições. Para outros, no entanto, isto não parece suscitar nenhum conflito interno.

Implicações para a hermenêutica

Como essa compreensão da moral afeta a forma como interpretamos as Escrituras? Uma história bíblica que podemos facilmente relacionar é a de Acã, um israelita que pecou ao levar itens proibidos de um campo inimigo. Como resultado, Israel começou a ser derrotado em batalha. Sob estritas instruções de Deus, Josué investigou quem havia trazido este problema para eles. O pecado de Acã foi descoberto e severamente punido:

> *Então, Josué e todo Israel com ele, levaram Acã, filho de Zerá, a prata, o manto, a barra de ouro, seus filhos, suas filhas, seus bois, seus burros, suas ovelhas, sua tenda e tudo o que lhe pertencia, ao vale de Acor. E Josué disse: "Por que você nos desgraçou? O Senhor vos causará sofrimento neste dia". E todo Israel os apedrejou; e os queimaram com fogo depois de os terem apedrejado* (Js 7:24-25).

O resultado, na verdade, não nos surpreende como leitores africanos. Em primeiro lugar, como observado acima, a moral nunca é teórica, mas sempre prática, por isso sabemos que Acã estava no caminho errado. Segundo, o fracasso em defender os valores morais sempre abala o equilíbrio das relações e resulta em punição. Portanto, ao acompanharmos a história, aprendemos que a ação de Acã não escapou de advertência. E por fim, mesmo que a estrutura comunitária em nossas comunidades não seja tão forte quanto costumava ser, a responsabilidade comunitária por transgressões ainda é muito evidente em algumas sociedades. A humilhação de uma pessoa na comunidade é a humilhação de todos e, portanto, a punição comunitária não é surpreendente. Neste caso, nossa visão de mundo tem um efeito positivo, pois nos ajuda a entrar no contexto cultural e histórico da Bíblia, para que possamos ler o texto sem julgamento negativo.

Sofrimento

Por que Deus permite o sofrimento? Por que coisas ruins acontecem com pessoas boas? Deus está no controle durante os momentos de sofrimento? Ele é talvez um Deus cruel que gosta de ver pessoas sofrendo? Estas são questões feitas com frequência, e para as quais temos poucas respostas satisfatórias. Nossa compreensão de realidade última e nossa visão de mundo determinam como respondemos ao sofrimento e às dificuldades, e se o sofrimento leva a uma crise de fé.

Compreensões tradicionais de sofrimento

No contexto tradicional africano, o sofrimento deve ser compreendido através da lente de relações. Se existe sofrimento em uma comunidade, significa que alguma relação deve ter se rompida. Nesta visão de mundo, ofender alguém do círculo de relações, ofende automaticamente o Ser Supremo, despertando sua ira e atraindo castigos. Por exemplo, irritar os ancestrais fazendo ou dizendo coisas que ocasionassem rompimento na família ou na comunidade, era inevitável resultar em um julgamento rápido sob a forma de doença ou de alguma catástrofe natural. Assim, quando chegasse o infortúnio, a comunidade recorreria aos adivinhos para descobrir quem havia ofendido a Deus, espíritos ou ancestrais.[9]

Os desastres naturais, como fome, seca, enchentes etc., eram considerados punição direta do Ser Supremo. A resposta correta era oferecer sacrifícios e orações para obter sua bênção sob a forma de chuva e uma boa colheita, ou para acabar com as inundações. Como Mbiti destaca:

9 Mugambi. *African Heritage*, 62.

> Calamidades públicas como a seca, epidemias, invasões de gafanhotos, guerras e enchentes estão além do fator ou controle humano individual. São geralmente atribuídas à atividade de Deus, ou a um ser espiritual. Se se pensa que Deus é responsável, muitas vezes se pensa que Ele está punindo as pessoas por seus males.[10]

Acreditava-se também que as doenças e acidentes tinham uma causa espiritual e não física. Eles eram vistos como punições por ofensas morais.

No entanto, nem todas as sociedades tradicionais africanas têm a mesma compreensão do sofrimento. Entre os Akamba do Quênia, por exemplo, o sofrimento é atribuído à feitiçaria e não ao Ser Supremo.[11] Outras culturas nunca associam o Ser Supremo ao mal, uma vez que ele é completamente bom. O mal está, portanto, associado a divindades menores, espíritos e bruxas ou feiticeiros. Consequentemente, "morte, relâmpagos, doenças, abortos, sofrimento e toda outra miséria humana são atividades diretas desses espíritos malévolos, com os quais alguns seres humanos podem estar associados".[12]

A teologia de retaliação que molda o pensamento africano sobre o sofrimento é semelhante àquela vista nos livros bíblicos de Deuteronômio aos Reis. O tema geral desses livros é que o pecado resulta em punição, e o arrependimento leva à gratificação. Por exemplo, Deuteronômio 28 apresenta uma difícil escolha entre viver em obediência e assim desfrutar de bênção/vida, ou viver em desobediência e suportar uma maldição/morte. Entretanto, é um erro ler este capítulo como uma aplicação mecanicista da punição. Em vez disso, o que este capítulo e o resto destes livros retratam é a relação com o Deus vivo.[13] Portanto, o que é realmente comum às visões de mundo africanas e bíblicas é a ênfase que dão à importância das relações, não o aspecto de retaliação. Assim, a Bíblia deixa claro que o sofrimento nem sempre é uma consequência do pecado. As histórias de Jó e do homem que nasceu cego (Jo9) ilustram essa verdade. Embora nem sempre possamos explicar o sofrimento, podemos saber que Deus está sempre no controle e que o sofrimento é parte de seu propósito maior.

• • • • • • •

10 MBITI, John S.. *African Religions and Philosophy* (Nairobi: East African Educational Publishers, 1969, repr. 1992), 44.

11 GEHMAN. *African Traditional Religion*, 80.

12 KUNHIYOP. *Foundations*, 17.

13 EVANS, Mary J. "Blessing/curse," *New Dictionary of Biblical Theology*, 399.

O sofrimento na África moderna

Pobreza, conflito, doença, opressão - tudo isso é familiar para os africanos modernos. Muitos de nós agora dão o sofrimento por certo, sem nenhuma análise, aceitando que ele é simplesmente parte da vida. No entanto, a teologia da retribuição continua definindo como respondemos ao sofrimento. Muitos ainda acreditam que o sofrimento é um castigo por desagradar a Deus, e por isso nossa primeira resposta, quando aparece sofrimento, consiste em examinar nossas vidas em busca de atitudes ou comportamentos pecaminosos. Essa resposta pode também refletir nossa abordagem transacional da religião. Não interpretamos nossa experiência à luz da relação, mas apenas em termos de pecado e punição.

O sofrimento imerecido é às vezes visto como um ataque de espíritos malévolos, imposto por bruxaria. Consequentemente, alguns cristãos escolhem consultar feiticeiros para combater essa agressão, em vez de confiar em Deus. Esta crença está relacionada com a lei do poder/força, discutida na seção sobre a moral. As pessoas procuram insistentemente o poder a fim de manipular o universo espiritual e assim ganhar controle sobre suas vidas.

Implicações para a hermenêutica

Nosso entendimento do sofrimento como retribuição influencia muito a forma como lemos a Bíblia. Ao chegarmos ao livro de Jó, por exemplo, podemos compreender a perspectiva de amigos de Jó que sustentam que ele deve ter pecado, porque uma pessoa boa prospera sempre enquanto uma pessoa má sofre. Por isso, argumentaram que Jó precisava buscar a Deus e se comprometer com Ele. Assim, ele desfrutaria das bênçãos tradicionais de paz, prosperidade, uma grande família e uma longa vida (5:8-27). Mas, o livro de Jó desafia essa hipótese e nos obriga a pensar mais seriamente no sofrimento das pessoas justas ou inocentes e na justiça e amor de Deus em meio ao que parece ser um tratamento injusto. Nesse caso, nossa visão tradicional do mundo funciona tanto positiva quanto negativamente. Ela nos ajuda a compreender o mundo do pensamento dos amigos de Jó, mas pode nos fazer menos propensos a aceitar a verdade bíblica de que Deus às vezes nos permite passar por sofrimento por suas próprias razões.

História e tempo

Como vivemos no tempo, é importante que tentemos entender nossa relação com ele. Estamos cheios de perguntas. O que é o tempo? O passado é importante ou estamos simplesmente vivendo para o futuro? Estamos avançando no tempo ou a vida é um ciclo que se repete infinitamente? E como Deus está envolvido com o tempo neste mundo? Ele tem Sua mão na história humana ou estamos simplesmente passando por movimentos sem sentido à medida que avançamos no tempo? E como nossa compreensão do tempo influencia a forma como vivemos?

Interpretações tradicionais da história e do tempo

A compreensão tradicional africana do tempo difere da compreensão ocidental do tempo. Isso tem causado muitos equívocos. Os ocidentais têm até reclamado que os africanos não têm noção do tempo, mas isso não é o caso. O tempo para nós não é uma questão de "exatidão cronométrica", segmentado simplesmente em horas, segundos e minutos.[14] Assim, ao agendarmos um evento, nos concentramos no evento em si e não em sua duração exata. As interações sociais que ocorrem por causa do evento são vistas como mais importantes do que seu começo e seu fim exato. Como em todas as coisas africanas, o mais importante é a construção de relações.

Essa compreensão do tempo é semelhante à compreensão bíblica do tempo. Na Bíblia, a palavra "dia" é usada para se referir não apenas a um período de vinte e quatro horas, mas também a um evento, lugar ou pessoa ligado a algum trecho de tempo. Por exemplo, os profetas falavam com frequência do "dia do Senhor". Ao se referir a períodos prolongados no passado ou no futuro, a Bíblia usa termos vagos como "por um longo tempo" ou "eternidade"[15]

Quando se trata de compreender a relação do passado, presente e futuro, algum pensamento tradicional africano é bidimensional: reconhece um passado longo e um presente, mas nenhum futuro.[16] Para outros, o futuro existe, mas é apenas uma continuação do presente, de modo que pode ser referido como o presente em potência.[17] O conceito ocidental de tempo como linear, com um passado indefinido, um presente e um futuro indefinido, não existe no pensamento tradicional africano.

Como, então, o passado, o presente e o futuro estão relacionados? O passado é de longe o mais importante, pois as circunstâncias presentes podem sempre ser explicadas olhando para o passado. A causa de toda calamidade reside no passado de um indivíduo - nada acontece sem uma razão. Conse-

• • • • • • •

14 Mugambi. *African Heritage*, 79.

15 Banks, Robert J.. "Time," *New Dictionary of Biblical Theology*, 820.

16 Mbiti. *African Religions*, 78.

17 Mugambi. *African Heritage*, 83.

quentemente, nos apoiamos fortemente na tradição. Nossas tradições orais utilizam erros do passado para nos ensinar como viver no presente.

Ao mesmo tempo, o destino é pensado como regente de toda vida, de modo que certos eventos sejam pré-determinados. O destino de uma pessoa é fixo e não pode ser mudado, embora poderes sobrenaturais possam impedir que as pessoas cumpram seu destino.[18]

A ideia de que a história avança em direção a um objetivo último está ausente no pensamento africano. O universo foi criado pelo Ser Supremo "a fim de funcionar de acordo com padrões, ritmos e movimentos regulares ... Se o homem preservar suas perfeitas relações com o próximo e com a natureza, o universo continuará fazendo como sempre fez, a menos, é claro, que Deus opte por mudar o curso dos acontecimentos"[19]. O futuro é entendido como uma extensão do presente. E, assim, aos que vivem sabiamente no presente, será garantido um amanhã próspero. No entanto, os que vivem de forma insensata, certamente enfrentarão as consequências de suas escolhas no futuro próximo.

Ao contrário, a compreensão bíblica de tempo está enraizada na soberania de Deus ao longo do tempo. Em outras palavras, Deus está no controle da história humana e o passado, presente e futuro contribuem todos de alguma forma para o propósito eterno de Deus. Alguns entendem esta progressão como linear, avançando do passado para presente e para futuro.[20] Outros dizem que o tempo é cíclico e que as experiências e os erros de nosso passado são continuamente repetidos. Talvez seja mais certeiro dizer que, ao avançar, o tempo assim o faz em um padrão cíclico e linear, muito parecido com uma espiral.[21] Podemos repetir as mesmas experiências e cometer os mesmos erros que nossos antepassados, mas também progredimos em nossa capacidade de aprender com nosso passado. Os registros bíblicos testemunham o fato de que Deus estava constantemente remetendo seu povo de volta aos erros do passado ao encorajá-lo a fazer as mudanças necessárias e seguir em frente. Vemos isso especialmente nas histórias de Moisés, Josué e dos profetas no Antigo Testamento

18 TURAKI. *Foundations*, 40.

19 MUGAMBI. *African Christian Theology*, 127.

20 SIRE. *The Universe Next Door*, 43.

21 This is a view that was first suggested to me by Dr Jack Willsey during my studies at Corban University School of Ministry (formerly Northwest Baptist Seminary). [Esta é uma visão que me foi sugerida pela primeira vez pelo dr. Jack Willsey durante meus estudos na Escola de Ministério da Universidade de Corban (anteriormente Seminário Batista do Noroeste)].

e nas cartas de Paulo no Novo Testamento. Consequentemente, o passado é importante porque o estudamos e o aplicamos ao presente e futuro.

Ao contrário da visão de mundo africana, a visão de mundo bíblica não tem lugar para o destino. Embora o mundo seja ordenado, não é completamente pré-determinado ou pré-programado – podemos, portanto, tomar decisões reais e significativas.[22] Consequentemente, o tempo deve ser usado com sabedoria.

Da perspectiva bíblica, a história não pode ser vista como uma série de eventos desconexos, que não têm nenhum sentido último. Ela deve ser vista como parte do plano de Deus para conduzir toda criação a um fim triunfante. Os fiéis possuem esperança futura por causa da obra sacrificial de Cristo. No entanto, para os infiéis (descrentes), o futuro só traz tormento e castigo à medida que eles experimentam a realidade de um julgamento final (Hb 9:27; Ap 20:12-13).

História e tempo na África moderna

O conceito de tempo baseado em eventos ainda é muito real na África hoje. Embora se possa esperar que a África urbana seja diferente, este não é o caso. Ao invés disso, vivemos com uma visão fragmentada ou dicotomizada do tempo. Em um ambiente profissional, valorizamos o tempo cronológico e assim comparecemos a tempo para trabalhar; em um ambiente social, estamos felizes em interagir com pessoas independentemente de quanto tempo o evento dure. Não importa se um evento social começa "a tempo" porque esperamos atrasos. O tempo gasto na espera não é um desperdício, porque proporciona uma oportunidade a interações valiosas e construção de relações com os outros participantes do evento.

Implicações para a hermenêutica

João 14:2-3 apresenta bom exemplo de como as concepções africanas de tempo afetam nossa interpretação das Escrituras:

> *A casa de meu Pai tem muitos cômodos; se não fosse assim, eu teria dito a vocês que vou lá para preparar lugar para vocês? E quando eu for e preparar um lugar para vocês, voltarei e os levarei comigo para que vocês também possam estar onde eu estiver.*

• • • • • • •

22 SIRE. *The Universe Next Door*, 32.

Jesus estava falando com seus discípulos no final de sua vida. Ele os encorajava a manterem firmemente sua fé, pois sua fidelidade seria recompensada. Mas aqui a visão africana de futuro funciona de forma negativa. Embora sejamos capazes de visualizar a realidade futura, na qual Jesus preparou lugar para habitarmos, esta perspectiva provavelmente não será forte motivação para a vida presente. Dada nossa tradicional falta de interesse pelo futuro, a recompensa parece estar muito distante. Esta é uma das razões pelas quais os cristãos africanos podem ter problemas de interpretação de textos que têm significado escatológico, ou seja, textos que falam de nosso futuro destino eterno.

As artes

A última categoria de visão de mundo que vamos analisar é a das artes. Como as canções, as histórias, as artes visuais, as artes dramáticas etc., refletem e afetam a forma como vemos a vida? É possível conceber uma realidade onde elas não existem? Deus se preocupa com a beleza ou Ele se preocupa apenas em fazer as coisas funcionarem? Esta categoria tem sido basicamente ignorada nas discussões de visão de mundo, mas fazer isso é perder um elemento importante, uma vez que as artes são parte de nossa experiência diária. Elas desempenham papel poderoso em qualquer visão de mundo, pois demonstram que uma visão de mundo consiste em mais que ideias abstratas ou conceitos teóricos.[23] As artes nos permitem expressar os valores humanos de uma forma concreta e, consequentemente, são parte integrante da vida.

Compreensões tradicionais das artes

Música e dança, tradições orais como histórias, lendas, mitos e provérbios, e artes visuais como escultura e pintura, há muito tempo, têm sido bem importantes na África. Eram meios pelos quais as ideias eram transmitidas de uma geração para a outra. Ao analisá-los, temos um vislumbre de nossa visão de mundo africana. Sua importância é mais um exemplo da forma como o processamento africano de informações difere da abordagem ocidental. O pensamento africano, como a maioria do pensamento nãoocidental, é holístico, que visualiza nitidamente o todo e não as partes fragmentadas. A abordagem ocidental tende a ser analítica, separando os elementos isolados.

23 Ryken, Leland. "The Creative Arts," in *The Making of a Christian Mind: A Christian World View and the Academic Enterprise*, ed. Arthur Holmes (Downers Grove: InterVarsity Press, 1985), 105.

Dentro do contexto comunitário, a narrativa ou narração de histórias era central e era frequentemente dramatizada com canções e danças. Era uma forma de comunicar as crenças teológicas e a visão de mundo. Como observa Mugambi, "a teologia na tradição africana era articulada não em tratados e manuais, mas em nomes e frases descritivas, mitos de origem, bênçãos e maldições, saudações e expressões de gratidão, rituais, orações, ditados religiosos informais, e em comentários e explicações comuns."[24] Mugambi não menciona explicitamente outros gêneros como narrativas, canções, enigmas e provérbios, mas certamente caberiam em sua lista.

Histórias eram frequentemente usadas para comunicar valores morais. A história inteira era a moral e todos em uma comunidade compreendiam as nuances que formavam a visão plena. Mas, se você não fizesse parte dessa cultura, você poderia perder detalhes preciosos. Imagine a seguinte história comum:

> Um dia, a tartaruga desafiou a lebre para uma corrida. Como era de se esperar, a lebre foi muito divertida porque sabia que era muito mais rápida do que a tartaruga. Entretanto, ela concordou com o desafio e, no dia marcado, ela e a tartaruga partiram para a corrida. O que a lebre não sabia era que a tartaruga tinha pedido aos membros de sua família que a ajudassem. Eles se posicionaram ao longo de todo o caminho que a corrida iria tomar. Assim, para surpresa da lebre, não importava quão rápido ela corria, cada vez que virava uma curva ela via o que pensava ser a tartaruga à sua frente. O que foi um incômodo a reviravolta da prova para a lebre, ela perdeu a corrida para a tartaruga.

O que essa história nos ensina? Os ocidentais podem pensar que se trata de truques e trapaça, mas não é o caso. Para os africanos, essa história é sobre o valor da cooperação. A tartaruga solicitou a ajuda de sua família, enquanto a lebre optou por correr por conta própria. Portanto, o objetivo da história é tudo sobre solidariedade *versus* individualismo. Não é um ponto que se deixa claro apenas em uma parte da história - no final - para que possamos dizer na conclusão: "E a moral da história é ...". Ao contrário, a moral é trazida à tona ao longo de toda a história.

24 MUGAMBI. *African Heritage*, 59.

Como a visão bíblica de mundo em relação às artes se compara com o que temos na África? Conforme Sire aponta, "A inventividade artística é um reflexo da capacidade ilimitada de Deus de criar."[25] Para começar, a própria Bíblia é uma forma literária, escrita sob a orientação do Espírito Santo.[26] Em suas páginas, percebemos que as artes foram parte significativa da visão de mundo do povo do Antigo e do Novo Testamento. Como na África, as artes eram consideradas parte normal da vida cotidiana. A arquitetura da torre de Babel é um bom exemplo (Gn 11,1-9). Embora tenha sido um projeto mal orientado, testemunhou a criatividade artística dos seres humanos desde o início dos tempos. A música e a dança eram parte integrante do culto. Os salmos expressam as experiências de vida dos indivíduos e da comunidade através da poesia e do canto. Salomão contratou artistas para trabalhar em projetos arquitetônicos, e os aspectos estéticos de sua obra recebem muita ênfase. A Bíblia fala de indivíduos talentosos nas artes criativas. Davi, por exemplo, compôs numerosos salmos e se registra que ele dançou exuberantemente diante do Senhor (2Sm 6:14). Os livros de Jó e Isaías incluem tanto narrativa quanto poesia. No Novo Testamento, vários escritores bíblicos usam a poesia e a canção para expressar sua mensagem. Lemos o Magnificat de Maria e as doxologias de Paulo. O próprio Jesus usou gêneros artísticos para comunicar sua mensagem através de parábolas.[27] Os fiéis são exortados a cantar "salmos, hinos e cânticos espirituais" (Ef 5:15-20). De fato, a Bíblia revela que a capacidade de recitar, esculpir e cantar é dada pelo próprio Deus.[28]

As artes na África moderna

Com a vinda dos missionários, as artes tradicionais africanas foram dissuadidas por se pensar que estas interfeririam na capacidade dos africanos de abraçar propriamente o Deus cristão. Além disso, a educação ocidental introduziu uma abordagem científica que começou a influenciar nossos padrões de pensamento. O resultado foi que começamos a demonstrar uma abordagem mais analítica da vida, colocando menos ênfase nas artes. Essa afirmação é confirmada por pesquisas que mostram que no Quênia os estudantes urbanos têm um padrão de pensamento mais analítico do que os estudantes rurais.[29]

• • • • • • •

25 SIRE. *The Universe Next Door*, 35.

26 SEERVELD, Calvin. "Art, the Bible and," Dictionary for Theological Interpretation of the Bible, 63.

27 SEERVELD, " Art, the Bible and," 64.

28 SEERVELD, 64.

29 O'DONOVAN, Wilbur. *Biblical Christianity in Modern Africa* (Carlisle: Paternoster, 2000), 9.

Contudo, alguns de nós não abandonaram nossa inclinação africana para as artes, mas a complementaram com uma educação ocidental. Embora reconhecendo que a Bíblia contém a verdade proposicional (ou seja, fatos que podem ser detalhados), não a reduzimos a um manual teológico seco, projetado para dar instruções para cada situação de vida. Identificamos valor enorme e deleite nas narrativas das Escrituras. Elas são lidas não apenas com o propósito de extrair princípios, mas por alegria de fazer parte da história. Além disso, a adoração para nós é uma experiência dinâmica de exuberante canto, aplausos e danças. Sem este envolvimento total do corpo, da mente, da vontade e das emoções, sentimos que falta um elemento vital na adoração a Deus. As artes, portanto, continuam a ser parte integrante de nossas vidas.

Implicações para a hermenêutica

Nossa apreciação africana das artes tem implicações positivas quando se trata de interpretar as Escrituras. Ao lermos a Bíblia, temos uma profunda apreciação de várias formas de arte com as quais deparamos, porque são parte essencial de nossa visão de mundo. O ritmo e a linguagem figurativa dos Salmos, por exemplo, tocam um acorde em nossos corações que nos atrai para o fundo do texto. Preste atenção nos Salmos 51:8-12. É um salmo de arrependimento cantado por Davi depois que Natan o confronta sobre seu pecado de assassinato e adultério:

Devolve-me a alegria e a felicidade! Tu me quebraste; agora, permite que eu exulte outra vez. Não continues a olhar para meus pecados; remove as manchas de minha culpa. Crie em mim, ó Deus, um coração puro; renova dentro de mim teu Santo Espírito. Restaura em mim a alegria de tua salvação e torna-me disposto a te obedecer (NVT). A linguagem figurativa, tom de arrependimento, total quebrantamento e angústia que detectamos por trás das palavras, tudo culminou em uma mensagem poderosa que vai além da mera comunicação verbal. À medida que somos atraídos pela dor de Davi, tomamos consciência do caráter de um Deus santo que não tolera o pecado. Identificamo-nos com Davi, suplicando intimamente por sua restauração. Esta forma de leitura, tornada possível pelo caráter poético do texto, não é estranha para nós. Orientamo-nos automaticamente de modo a compreender tanto a arte quanto as palavras do texto, reconhecendo que ambas compõem a mensagem.

Conclusão

Esses dois capítulos demonstraram que a visão de mundo influencia, de fato, a forma como interpretamos as Escrituras. Retomando o poema sobre o elefante, com o qual o capítulo anterior começou, os cristãos da África, Europa, América e Ásia devem perceber que, embora as partes que tocamos possam ter formas diferentes, a textura e o cheiro do elefante são os mesmos! Para nós, o elefante representa a metanarrativa bíblica ou toda a história de Deus, conforme se desdobra na Bíblia. Nossa tarefa é descobrir como nossas percepções se encaixam na visão mais ampla da totalidade do "elefante". Para isso, devemos ter a crença de controle, ou seja, uma verdade básica que serve como teste para todas as ideias discutidas nestes dois capítulos. A boa crença de controle para a cosmovisão cristã é a "existência de Deus revelada nas Escrituras" (ênfase minha).[30]

A cosmovisão bíblica começa com o entendimento de que somos parte de uma história. Temos a conexão íntima não apenas com os crentes, os quais compartilhamos o mesmo espaço e tempo, mas também com aqueles que seguiram em frente. Uma vez entendido isso, reconheceremos, mais importante do que expressar nossa fé cristã, que essa expressão deve ser verdadeiramente bíblica. Ao invés de focar nas diferenças de perspectivas culturais, precisamos concentrar em nos livrarmos das inconsistências, onde nossas próprias visões de mundo conflitam com a visão de mundo bíblica. Desta forma, estaremos mais próximos da interpretação, compreensão e aplicação mais precisas do texto bíblico.

No próximo capítulo, voltamos a atenção para um modelo hermenêutico que nos mostrará como a compreensão de nossa visão de mundo africana pode nos ajudar na interpretação bíblica.

Perguntas para revisão

1. Em um ou dois parágrafos, identifique sua própria visão de mundo com relação ao conhecimento, à moral, ao sofrimento, à história , ao tempo e às artes.
2. De que maneiras específicas esses aspectos de sua visão de mundo influenciam na forma como você interpreta e aplica a Bíblia (seja positiva ou negativamente)? Cite textos específicos.
3. Contextualização significa que a expressão da fé cristã parece ser diferente em diferentes culturas. Explique como você identificaria e corrigiria uma doutrina ou prática sincretista.

30 Nash. *Worldviews*, 52.

4

HERMENÊUTICA AFRICANA: UMA BANQUETA DE QUATRO PERNAS

Até agora, discutimos sobre como elementos essenciais de nossa visão de mundo afetam nossa compreensão do texto bíblico, e mostramos que os efeitos podem ser tanto positivos quanto negativos. Agora, é hora de começarmos a sistematizar nossa abordagem, desenvolvendo um modelo de abordagem hermenêutica que funciona para nós como leitores africanos das Escrituras.

Como se observou no início deste livro, a hermenêutica é a arte e a ciência da interpretação e envolve tanto a teoria quanto a prática. Como qualquer arte ou ciência, ela requer o uso de certos métodos ou técnicas para produzir resultados confiáveis. O método que funciona bem no contexto africano pode ser descrito usando a metáfora de uma banqueta de quatro pernas. Neste capítulo, explicaremos como esta metáfora (que chamaremos de "um modelo") funciona no processo de interpretação, e depois, nos capítulos seguintes, aplicaremos este modelo a diferentes tipos de textos bíblicos.

Banqueta é um objeto familiar na África, tanto no passado quanto no presente. Assim como um bom banco é estável e suporta nosso peso, também a banqueta hermenêutica será um banco no qual poderemos colocar nosso peso, confiantes de que ele fornecerá a interpretação sólida ou precisa do texto bíblico. Para isso, requer quatro etapas que, neste caso, são (a) paralelos ao contexto africano, (b) o contexto teológico, (c) o contexto literário e (d) o contexto histórico. Essas etapas suportam o assento, que representa a etapa final da interpretação - a aplicação.

Imagem de banqueta:

Etapa 1: Paralelos ao contexto africano
Etapa 2: Contexto teológico
Etapa 3: Contexto literário
Etapa 4: Contexto histórico-cultural

Ao iniciarmos nosso processo de interpretação, devemos sempre começar pela etapa 1 (o contexto africano), porque é o que conhecemos, e ter isso bem colocado nos permitirá passar do conhecido para o desconhecido. A partir daí, nos deslocaremos, de forma sequencial, da etapa 2 a 4. Porém, as etapas não são independentes umas das outras e vamos descobrir que deslocaremos para frente e para trás entre elas enquanto tentamos encontrar o equilíbrio certo. Cada etapa influencia as outras e faremos ajustes constantes à medida que adquirirmos maior compreensão da passagem que estamos considerando. Da mesma forma, um carpinteiro ajustará as pernas de uma banqueta de madeira, garantindo que elas trabalhem juntas para apoiar o assento e que nenhuma delas seja fraca ou deformada.

Outra imagem que, às vezes, é usada para descrever nosso crescimento na compreensão do texto bíblico é a espiral hermenêutica.[1] Essa imagem deixa claro que a interpretação é um processo interativo e contínuo. À medida que continuamos a olhar para diferentes aspectos do texto, nos aproximamos cada vez mais de seu significado pretendido. Isto porque quanto mais adquirirmos informações, nossas suposições sobre o texto mudarão e nossa compreensão crescerá.

Imagem de espiral:

Proposições iniciais
Proposições informadas por compreensão

Vamos agora olhar mais de perto cada uma das quatro etapas da banqueta hermenêutica.

Etapas 1: Paralelos ao contexto africano

A primeira parte da banqueta, lugar onde começamos nossa busca pelo conhecimento, envolve identificar contextos teológicos e culturais, que são prin-

1 Osborne, Grant. *The Hermeneutical Spiral: A Comprehensive Introduction to Biblical Interpretation* (Downers Grove: InterVarsity Press, 2010), 22–23.

cipais contribuintes para nossa própria visão de mundo, bem como quaisquer características relevantes de nossos contextos sociais, políticos e geográficos. Os capítulos anteriores constataram que nossa visão de mundo é nossa estrutura para compreender a vida e, portanto, também nossa estrutura para entender as Escrituras. Vimos que essa estrutura, às vezes, nos ajuda a entender o texto e, às vezes, se interpõe no caminho (se torna obstáculo) na compreensão do texto. Quando nossas suposições não estão de acordo com as suposições bíblicas, base da cosmovisão cristã, devemos deixar de lado nossas próprias suposições e dar prioridade à cosmovisão bíblica.

Há duas razões pelas quais esta primeira etapa é tão importante. Primeira, ela nos permite começar a compreender o texto bíblico a partir de uma opinião familiar. Isso é importante porque a hermenêutica envolve passar do conhecido para o desconhecido. Segunda, analisar nossa própria visão de mundo e contexto nos coloca em posição de reconhecer onde nossas suposições não se encaixam com o texto. Se não soubermos o que estamos supondo, como reconheceremos, sequer, quando nossas suposições estiverem erradas?

Até há bem pouco tempo, a hermenêutica enfatizava o contexto histórico da Bíblia e prestava pouca atenção ao contexto do leitor. Foi erroneamente assumido que o contexto do leitor não contribuía positiva ou negativamente para a interpretação. No entanto, estudiosos reconhecem cada vez mais a natureza bifacetada do condicionamento histórico. O que isso significa? Significa que enquanto a Bíblia está num contexto e tradição históricos, o leitor também está. O contexto bíblico e o contexto do leitor estão em constante engajamento um com o outro[2], como vimos nos dois capítulos anteriores.

Ukachukwu fala sobre isso em termos de interesses mútuos compartilhados. Ele ressalta que nas culturas orais não pode haver comunicação e compreensão precisas de uma história sem certas semelhanças entre o narrador e seus ouvintes.[3] Esses interesses mútuos, que podem ser ou não declarados explicitamente pelo narrador, são a chave interpretativa crucial para o ouvinte. Como assim? Eles definem o escopo dentro do qual o significado pode começar a ser determinado. O narrador não pode começar a contar uma história que não tem absolutamente nenhuma conexão com seu público. Os interesses mútuos guiam o ouvinte quanto à forma de ouvir e interpretar a história. Esses inte-

2 Thiselton, A. C.. *The Two Horizons: New Testament Hermeneutics and Philosophical Description with Special Reference to Heidegger, Bultmann, Gadamer, and Wittgenstein* (Carlisle: Paternoster, 2005), 11.
3 Ukachukwu. *Intercultural Hermeneutics*, 25.

resses mútuos também formam a base sobre a qual o narrador ganha o direito de ser ouvido por seu público. Como isso se aplica a nossos textos bíblicos? Sem estes interesses mútuos, o leitor é deixado no escuro, não compreendendo integralmente o significado e nem a aplicação do texto.

A primeira etapa de nossa banqueta hermenêutica, portanto, nos orienta a identificar os pontos de contato com o texto bíblico. Veja a história da mulher pega em adultério (Jo 7:53-8:11). Como esta história se relaciona com nosso contexto africano? Podemos identificar duas relações.

A primeira é a questão do adultério. Embora a poligamia fosse uma característica de vida tradicional, geralmente se entendia que o sexo fora da relação conjugal era tabu. Na verdade, adultério era uma ofensa punível que implicava severas multas e, às vezes, até mesmo punição física. Consequentemente, podemos facilmente nos relacionar com uma história que envolve adultério.

A segunda: podemos reconhecer elementos do sistema de valores de honradez que estão presentes nesta história. Mesmo com a crescente tendência de urbanização, modernização e globalização, permanecem vestígios desse sistema de valores, particularmente em áreas rurais que ainda têm um modelo comunitário vibrante. Em um sistema de honradez, o adultério é considerado não apenas moralmente errado, mas também vergonhoso. Os adúlteros trazem vergonha para sua comunidade e estão mesmos expostos à vergonha pública. Assim, conseguimos entender algo sobre o que acontece quando a mulher, que foi pega em adultério, é exposta à vergonha pública. Temos interesses mútuos com o narrador do texto bíblico.

Ou tomemos a história de Ana (1Sm 1-2), na qual vemos a esterilidade tratada como maldição, algo de que se envergonhar, e não como condição médica. Mesmo na África moderna, conseguimos nos identificar com essa ideia. Também, a esterilidade é motivo de vergonha. Aqui, alguns maridos escolhem achar outra esposa para justificar sua "masculinidade". Não faltam pontos de contato entre esta história e a visão de mundo africana.

Nos dois exemplos acima, as semelhanças entre a cultura africana e a bíblica e a visão de mundo nos facilitam a compreensão dos textos. Mas e nos casos em que nossa visão de mundo funciona de forma negativa quando se trata de interpretar uma passagem? Tomemos o exemplo de Hebreus 12:1. O contexto deixa claro que a "nuvem de testemunhas" refere-se a pessoas que já morreram. Isso aborda a questão da visão africana de morte. Na África tradicional, a morte não é um fim, mas apenas uma passagem para um outro âmbito, no qual os mortos são separados dos vivos por uma cortina. A este respeito, há alguma semelhança com a visão de mundo bíblica, que também sustenta que a morte não é o fim. Todavia, na África, a morte é de certa forma continuação da vida, e os mortos ainda estão em contato com os vivos. De fato, os mortos vivos desempenham um papel fundamental na vida da comunidade. O ensino da Bíblia sobre a natureza da vida após a morte é muito diferente e não permite qualquer tentativa de interagir com aqueles que já se foram. Isto significa que ao continuarmos com o processo de interpretação deste versículo, precisamos ser cautelosos para não aplicar nossa visão de mundo africana sobre a morte ao contexto bíblico. Neste caso, a primeira parte da banqueta hermenêutica nos permite reconhecer nossas suposições equivocadas sobre a morte e começar a corrigi-las com a perspectiva bíblica.

É pertinente ressaltar que podemos não estar sempre em condições de analisar inteiramente nosso contexto e nossa visão de mundo nesta fase. O importante, no entanto, é reconhecer que existem e considerá-los à medida que lemos o texto bíblico. Depois, podemos recorrer às etapas 2, 3 e 4 da banqueta para investigar o contexto específico da Bíblia.

Para resumir: *A primeira etapa da banqueta hermenêutica é identificar conscientemente nosso próprio contexto e descobrir os pontos de contato entre ele e o contexto bíblico. Desta forma, podemos identificar pistas que permitirão uma interpretação mais precisa do texto através de um processo de comparação dos dois contextos e de análise dos resultados.*

Etapas 2: Contexto teológico

A segunda parte de banqueta hermenêutica é procurar compreender as ênfases teológicas de um texto e como elas são expressas em relação à seção e ao livro em que se encontra e, em última instância, em relação a toda a Bíblia.

Alguns podem perguntar por que passamos direto para as preocupações teológicas e não para o contexto histórico-cultural do texto? A resposta é que os africanos tendem a ser muito religiosos, mesmo na África moderna. A dimensão espiritual da vida é sempre um fator em nossa interação com o mundo ao nosso redor. Devido a essa inclinação, a maioria dos leitores africanos se concentra inicialmente nas ênfases teológicas do texto e permite que elas determinem sua interpretação. Em poucas palavras, quando nós, africanos, lemos a Bíblia, tendemos a procurar questões relacionadas a Deus e à fé e como elas afetam nossa vida cotidiana. A este nível, portanto, alguns pontos preliminares de aplicação já começam a se apresentar. Mas não devemos nos apegar muito a estas aplicações iniciais. Devemos nos permitir passar por todo o processo, analisando as quatro etapas da banqueta hermenêutica, para que nossa aplicação seja fundamentada por uma análise completa.

Gerald West faz uma observação semelhante quando diz que, na África, a hermenêutica bíblica não pode ser separada da reflexão teológica, pois a ênfase geralmente está na abordagem de realidades contextuais dentro da cultura africana[4]. Essa ênfase levou ao que se conhece como fusão de dois horizontes na hermenêutica. Esses "dois horizontes" são apenas outra forma de falar sobre os dois contextos mencionados acima - o contexto da Bíblia e o do leitor. Quando esses contextos são fundidos, presumimos que o sentido do texto para leitores originários é idêntico ao que significa para leitores de hoje. A interpretação e a aplicação se confundem.

Assim, por exemplo, em vez de tentar entender o que Paulo estava dizendo a seus leitores efésios, um intérprete africano poderia dizer: "O que Paulo está dizendo para mim é ...". Esta abordagem é prejudicial à interpretação, porque estamos ignorando o contexto da Bíblia e dando prioridade a nosso próprio contexto.

Muitos estudiosos têm apontado que a Bíblia pode ser vista como literatura, uma obra literária que tem durado séculos. No entanto, mesmo sendo uma obra literária, ela é inicialmente um documento espiritual. Isso é evidente em toda Bíblia – desde o Antigo Testamento, que começa com origens de toda vida e passa para ação de Deus na vida da humanidade em geral, sua escolha de uma nação específica, através da qual trará a salvação, sua ação na vida de seu povo através de vários agentes, a continuação desta história de salvação no Novo Testamento através de Jesus Cristo e da igreja, e por fim o último capítulo do Apocalipse, que descreve eventos que levam esta vida, como a conhecemos, para seu fim triunfante no julgamento e na redenção. Deus está presente em cada capítulo e versículo, quer seu nome seja ou não expressamente mencionado. Além disso, o objetivo da Bíblia é levar os incrédulos à fé e desenvolver a fé nos crentes para que possam viver suas vidas de maneira piedosa. Trata-se de uma preocupação espiritual. Portanto, a chave para o processo de interpretação é uma compreensão correta de ênfases teológicas de um texto.

Os paralelos revelados acima na etapa 1 constituem uma articulação decisiva na compreensão da teologia do referido texto, pois tanto as semelhanças como as diferenças cruciais são ponderadas. Por exemplo, quando lemos o evangelho de Marcos, logo nos damos conta da grande ênfase teológica de que Jesus é o Filho de Deus respeitável, que faz milagres. Há referências estratégicas a ser Filho de Deus em Marcos 1:1, 11; 3:33; 5:7; 9:7; 12:6; 13:32; 14:61

4 West. "African Biblical Hermeneutics," 4.

e 15:39. De fato, o Evangelho de Marcos começa e termina com esse tema. O versículo inicial declara que Jesus é o Filho de Deus, e no final um centurião romano reconhece: "Certamente este homem era o Filho de Deus" (Mc 15:39). O autor constrói teologicamente sua narrativa em termos de Jesus ser o Filho de Deus. Não é coincidência, já que o público de Marcos era a igreja em Roma. Sabemos que por volta daquela época os imperadores romanos insistiam que fossem referidos como deuses. Marcos, portanto, desviou a atenção de seus leitores desses falsos deuses para o verdadeiro Filho de Deus. Esse entendimento teológico deve guiar nossa interpretação de todo Evangelho de Marcos, os outros textos deste Evangelho contribuem com esse tema principal de diferentes ângulos. Mas se alguém se equivocar em pensar que a maior ênfase teológica do Evangelho de Marcos é que Jesus é o Messias judeu prometido no Antigo Testamento, ele vai ler esse entendimento no texto.

Como assim? Enquanto o conceito de Messias (Cristo para os leitores gregos) é mencionado, outrora, como um nome próprio em Marcos 1:1 e depois como um título em 8:29; 9:41; 12:35; 13:21; 14:61; 15:32, a forma como a história se desenrola não coloca grande ênfase em como o leitor romano entenderia esse termo. De fato, o foco neste aspecto seria contraproducente, já que o contexto romano era muito diferente do contexto judeu. Por exemplo, um texto sobre cura, como em Marcos 7:31-37, não teria o impacto certo se o autor enfatizasse que Jesus era o Messias judeu. Mas, ao olharmos o contexto romano, notamos que geralmente se acreditava que imperadores romanos como Vespasiano eram divinos e podiam curar.[5] A correta compreensão do tema teológico nos permite compreender a história da maneira como o autor pretendia. Não se trata de afirmar a messianidade de Jesus, mas de desafiar a crença romana na divindade dos imperadores. A correta compreensão do tema teológico nos permite compreender a história da maneira como o autor pretendia. Não se trata de afirmar a messianidade de Jesus, mas de desafiar a crença romana na divindade dos imperadores.

É importante ter muito cuidado ao examinar esta segunda etapa da banqueta hermenêutica. Não devemos admitir conclusões prematuras sobre destaques teológicas do texto para impor a forma como entendemos as outras etapas. Em outras palavras, embora nossa interpretação não deva contradizer a teologia expressa através do texto, nossas suposições sobre a teologia de um texto específico ou de um livro inteiro não devem ser permitidas para deter-

5 Evans, C. A.. "Mark," *New Dictionary of Biblical Theology*, 272.

minar nossa interpretação sem considerar outros contextos. É aconselhável a abordagem holística. Os dicionários teológicos são um bom ponto de partida.

Para resumir: *A segunda etapa da banqueta hermenêutica envolve garantir que o contexto teológico seja identificado antes de passar a outros aspectos de interpretação. É crucial que as ênfases teológicas forneçam as diretrizes dentro das quais o significado deve ser buscado. No entanto, as outras etapas da banqueta hermenêutica ainda devem poder afetar as conclusões a que se chegou aqui.*

Etapa 3: Contexto literário

A terceira etapa da banqueta hermenêutica é identificar as características literárias da passagem que estamos interpretando. Como a Bíblia não é apenas um documento espiritual, mas também uma obra de literatura, precisamos estabelecer o gênero da passagem que estamos lendo, quais técnicas literárias estão sendo usadas, detalhes da gramática e sintaxe da linguagem utilizada e como esta passagem se encaixa com o texto ao redor. A interpretação inicial e a aplicação experimental a que chegamos ao trabalharmos as etapas 1 e 2 serão modificadas e esclarecidas à medida que nos envolvemos com o contexto literário.

Gênero literário

Identificar o gênero de um texto é simplesmente atribuir-lhe uma categoria específica de escrita. Por exemplo, podemos decidir se o que lemos é poesia ou drama ou história. É importante fazer isso porque uma vez que sabemos o gênero do que estamos lendo, temos alguma ideia de como devemos abordar o texto a fim de entender o que o autor está comunicando.

Não é uma questão extremamente complexa, pois já fazemos uso de gêneros em nossa vida cotidiana. Quando queremos comunicar emoções, usamos canção ou poema. Se quisermos transmitir a importância de um traço particular de personagem, contamos história ou conto popular. Se queremos estimular alguém a pensar criticamente sobre o que faz, simplesmente lembramos-lhe de provérbio. Por exemplo, quando vemos alguém ficar tão apegado a coisas materiais ao ponto de tomar decisões loucas ou mesmo imorais, podemos citar o provérbio queniano: "A sabedoria é melhor que a riqueza".

Assim como selecionamos gêneros precisos para comunicar tipos específicos de informações, também os autores da Bíblia selecionaram gêneros que melhor transmitiriam sua mensagem. Assim, o gênero literário funciona como uma chave interpretativa vital no processo hermenêutico.

> Em termos literários, um texto que não apresenta semelhanças de estrutura, conteúdo ou algo parecido com qualquer coisa escrita anteriormente não pode ser compreendido pelo leitor. Não só o gênero é reconhecível nas perspectivas do leitor, mas também direciona os autores enquanto compõe o texto. Define ou coage os escritores para que suas composições possam ser apreendidas e transmitidas ao leitor.[6]

Talvez uma das melhores metáforas para entender o papel do gênero na interpretação seja aquela proposta por Hirsch. Ele sugere que o gênero deve ser entendido como um jogo. Há regras que determinam como os jogos são jogados. Por exemplo, muitos de nós entendemos como o futebol é jogado e conhecemos as regras que o fazem funcionar. Da mesma forma, existem regras que um autor segue ao escrever. O leitor está ciente destas regras e espera que o autor as tenha seguido.[7] Esta metáfora nos ajuda a entender não apenas o que é gênero, mas também como ela ajuda o leitor a interpretar o texto da forma como o autor pretendia. Se você sabe como o jogo é jogado, então você pode participar dele.

Mas imagine se alguém pensasse que as regras do futebol também se aplicam ao rúgbi e ao críquete. A pessoa ficaria muito confusa ao ver o que jogadores fazem em campo. Da mesma forma, precisamos saber que regras diferentes se aplicam ao interpretar gêneros diferentes. Não podemos abordar histórias da mesma forma que fazemos poesia, ou entender provérbios como fazemos profecia.

Embora textos escritos no mesmo gênero tenham certas características em comum,[8] também é verdade que gêneros literários não são estáticos ou universais, pois mudam com o tempo.[9] Os motivos e vocabulário também podem ser emprestados de um gênero e incorporados em outro para fazer um novo gêne-

• • • • • • •

6 Longman III, Tremper. *Literary Approaches to Biblical Interpretation, in Foundations of Contemporary Interpretation* (Grand Rapids: Zondervan, 1987), 77. Em português:[Longman, Tremper III. *Abordagens Literárias à Interpretação Bíblica*. Tradução de Edson de Faria Francisco. São Paulo: Vida Nova, 2012].

7 Hirsch, E. D.. *Validity in Interpretation* (New Haven: Yale University Press, 1967), 72. Em português: [Hirsch, E. D. *Validade na Interpretação*. Tradução de Ivone Castilho Benedetti. São Paulo: Editora Unesp, 2003].

8 Hurtado, Larry. "Genre," Dictionary of Jesus and the Gospels, 277.

9 Hurtado, "Genre," 227.

ro.[10] Por exemplo, a tendência crescente na escrita e performance musical africana é misturar hip hop com ritmos africanos. Isso criou um gênero conhecido como fusão africana. Este ponto tem uma aplicação importante. Nem sempre podemos supor que nossos gêneros modernos se apliquem a textos antigos. Por exemplo, não devemos presumir que os Evangelhos sejam escritos como biografias modernas - eles estão em um gênero diferente. Portanto, quando identificamos o gênero de uma obra escrita, precisamos estar cientes dos gêneros que existiam na época em que a obra foi escrita, bem como das "regras" literárias que se aplicavam naquela época. Portanto, embora possamos achar útil considerar as categorias tradicionais africanas ao começarmos a identificar os diferentes gêneros usados na Bíblia, também precisamos considerar o que outros escritores estavam fazendo naquela época e como eles entendiam o que estavam fazendo.

Técnicas literárias

As técnicas literárias que o autor utiliza podem variar dependendo se o material apresentado é oral ou escrito. Quando é oral, o narrador pode usar uma variedade de técnicas, incluindo mímica, canções e narração dramática de histórias. A performance é essencial para o engajamento entre o narrador e o ouvinte. Ao comentar sobre uma dança da África Ocidental, por exemplo, Finnegan aponta que quando aparece impresso, é apenas uma sombra. De qualquer modo, conseguimos identificar algumas de suas imagens e a forma como as palavras estão associadas umas às outras, mas sentimos falta da "expressividade do tom, do gesto, da expressão facial, do uso dramático da pausa e do ritmo, da interação da paixão, da dignidade ou do humor, da receptividade às reações do público etc., etc."[11] Sem considerar integralmente esses mecanismos, pode não ser possível obter o efeito pleno do poema.

Outra característica chave da literatura oral é que ela envolve a escuta holística e interação entre o artista e o público. Como afirmam Scheub e Gunner,

> O público [...] torna-se parte integrante da história ao se tornar parte do processo metafórico que passa a ter sentido. E o significado, portanto, é muito mais complexo do

10 DAVIES, Margaret. *Rhetoric and Reference in the Fourth Gospel*, JSNTSup 63 (Sheffield: JSOT, 1992), 69.

11 FINNEGAN, Ruth. Oral Literature in Africa, World Oral Literature Series 1 (http://www. oralliterature.org/collections/rfinnegan001), 5.

> que um sermão óbvio que pode estar facilmente presente na superfície do conto [da história].[12]

A escuta holística envolve pelo menos três coisas:

- Escuta ativa: A escuta não é, de forma alguma, passiva. Os ouvintes participam ativamente da narrativa, não apenas visualizando o que está acontecendo e dando ao narrador sua atenção indivisível, mas também com comentários. Isso dá vida à narração à medida que os ouvintes se tornam, por assim dizer, parte da história. Os mecanismos literários são conhecidos e os ouvintes estão cientes de seu papel no avanço da narrativa.
- Escuta comunitária: A escuta não é uma questão individual; mas é comunitária, escuta comunitária.
- Escuta reativa: As diversas formas de literatura africana exigem uma resposta. A história não termina quando o narrador se cala. Ela continua porque se espera que o público aplique os vários aspectos da história a suas vidas. Por exemplo, uma história que enfatiza a bravura encoraja os ouvintes a desenvolver essa qualidade em suas vidas.

O estilo também é extremamente importante quando se trata de histórias ou narrativas orais. Recursos, tais como enredo, cenário e caracterização de personagens, têm um papel importante na transmissão do significado. Há repetição constante de palavras e de temas-chave, e interação constante entre narração e diálogo, o que garante que o leitor se torne parte da história, identificando-se primeiro com um personagem, e depois com outro.

Os recursos acima da literatura oral africana são importantes, para nós, na interpretação das Escrituras, pois a grande parte deles surgiu como literatura oral ou como texto escrito para ser lido em voz alta em locais públicos e não por um leitor solitário. Igual aqueles que escutam histórias africanas, os que ouvem histórias contadas na Bíblia deveriam responder de alguma forma. Por exemplo, sempre que a história do êxodo fosse recontada, ouvintes recordariam a fidelidade de Deus a seus antepassados, renovada em sua própria fé. Devido à presença de idolatria em suas vidas, a história era um lembrete para

12 Scheub, Harold and Gunner, Elizabeth Ann Wynne. African Literature (http://www.britannica.com/art/African-literature#toc57038). Acesso em:

abandonar falsos deuses e voltar a se comprometer com o verdadeiro Deus (ver, por exemplo, Josué 24:1-25).

Outros mecanismos literários aos quais precisamos prestar atenção são imagens e simbolismo (que podem ser realistas ou fantásticos). Este é outro momento em que técnicas literárias africanas se cruzam com a literatura da Bíblia. Ambas estão cheias de imagens na forma de metáforas e analogias. A metáfora é uma figura de linguagem que compara duas coisas que não estão relacionadas, mas que têm algumas coisas em comum. O objetivo é expressar a ideia ou conceito de uma forma que se conecte melhor com o leitor. A metáfora não deve ser confundida com a analogia, que também compara duas coisas, mas usa palavras "igual" ou "como". A Bíblia tem muitos exemplos de uso de imagens, especialmente nas partes mais poéticas. Por exemplo, homem justo é comparado a uma árvore plantada por cursos de água no Salmo 1:3. O simbolismo é outra técnica comum. O uso de animais, em particular, é bastante comum tanto no simbolismo bíblico quanto no africano. Mugo wa Kibiru, vidente profético do Quênia, descreveu a chegada da ferrovia usando o simbolismo de uma enorme cobra ondulando pelo país. Na Bíblia, a simbologia animal é usada em livros como Daniel e Apocalipse.

Devemos também notar a vivacidade com que um autor escreve. Na literatura africana, essa vividez é reforçada pelas constantes referências à natureza. Quase todas as canções africanas, poemas, enigmas, histórias etc., são contadas dentro de um cenário no qual as imagens da narrativa são sustentadas por aspetos da natureza. A compreensão desses dados é fundamental para compreender o sentido da comunicação em si.

Outro ponto em que as técnicas literárias africanas se sobrepõem às técnicas encontradas na Bíblia é que as histórias africanas tendem a ter uma abordagem não direta. Elas não identificam claramente a moral da história, como fazem algumas fábulas ocidentais. As histórias africanas não são puramente lineares, de modo que tudo o que precisamos fazer é ler a introdução e a conclusão. Ao contrário, toda história traz a mensagem e cada componente tem um papel a desempenhar. Esta abordagem permite chegar ao significado da história a partir de muitos ângulos diferentes. As chaves interpretativas necessárias estão embutidas na própria estrutura da história. Igual a pedras preciosas, elas devem ser mineradas e amarradas juntas para revelar a intenção do narrador à medida que a história avança. Algumas das histórias da Bíblia nos fornecem bom exemplo disso. A história de José em Gênesis 37 conta como ele foi maltratado por seus irmãos e acabou sendo vendido como escravo. Em nenhuma parte do texto lemos explicitamente que isso era errado ou que Deus estava dirigindo o futuro de José. É somente quando continuamos lendo que sentimos que os irmãos eventualmente terão que prestar contas do mal que fizeram e que, ainda mais importante, Deus esteve sempre no controle (Gn 45:5, 8).

Língua

É fundamental que prestemos atenção a temas como gramática, sintaxe e estudos detalhados de palavras. Como todos sabemos, a língua consiste em palavras combinadas em formas que transmitem o significado. Assim, por exemplo, a frase «O homem tem um cão» usa exatamente as mesmas palavras da frase «O cão tem um homem», mas seus sentidos são muito diferentes. Obviamente, não só as palavras são importantes, mas também como elas se relacionam umas com as outras. Linguistas se referem a este aspecto de língua como gramática e sintaxe. O significado das palavras muda dependendo de como elas são usadas no contexto de uma frase e o significado das frases muda dependendo de seu contexto dentro de um parágrafo, e assim por diante. Palavras e frases, amarradas juntas para criar um texto, são todas partes de um todo. Jamais devemos focar muito em palavras e detalhes isolados que nos fazem perder o sentido do todo. Se desconsiderarmos a gramática e a sintaxe, corremos o risco de não entender o significado completo do texto.

No que diz respeito à Bíblia, a análise da língua ajuda a esclarecer as ênfases teológicas e aperfeiçoa nossa compreensão de texto. Por exemplo, como devemos entender Atos 16:30-31? Neste texto, o carcereiro faz uma pergunta específica a Paulo e Silas: "Senhores, o que devo fazer para ser salvo?". Eles respondem: "Acredite no Senhor Jesus e você será salvo - você e sua casa". Devido à ênfase na comunidade na África (e à referência à família), o leitor africano pode concluir que acreditar é um ato comunitário e que a aprovação do grupo é necessária antes que o indivíduo possa decidir acreditar e ser salvo. Esta interpretação se encaixaria com a visão de mundo africana, na qual os indivíduos só existem porque existem outros. Essa visão de mundo pode parecer negar a liberdade e autonomia pessoal (veja a discussão no capítulo anterior) e indica que chegar à salvação deve ser uma decisão comunitária e não individual. Mas era o que Paul e Silas estavam dizendo? Quando olhamos para o texto em inglês, o "you" pode ser singular ou plural, de modo que a interpretação é possível. Mas quando olhamos para o texto original grego, vemos que o "you" está na segunda pessoa do singular, assim como o verbo. Paulo e Silas pediam resposta individual de fé, não uma resposta comunitária. Exemplos como este deixam claro porque precisamos conhecer línguas originais em que a Bíblia foi escrita ou ter acesso a ferramentas para nos ajudar a interpretar o que lemos. Concordâncias bíblicas, dicionários e léxicos, bem como ferramentas de linguagem eletrônica, como *BibleWorks*, são úteis aqui. Comentários que trabalham com texto em hebraico ou grego também são boas ferramentas.

Fluxo literário

Contadores de histórias africanas são extremamente hábeis em garantir que não haja quebra no fluxo de história. Embora narração de história não seja linear, há um desenvolvimento linear cíclico que permite que a história flua suavemente do início ao fim. Os detalhes necessários para a compreensão são dados quando exigidos para permitir que o público possa interpretar a história. Tomemos o seguinte exemplo, que veremos com mais detalhes depois no livro.

> O povo Gikuyu acredita que nos dias de longa duração, muito tempo atrás, quando o Bom Senhor N'gai fez seus planos para todas as criaturas sobre sua terra, ele fez o hipopótamo como um animal das florestas e planícies. Mas o hipopótamo era ganancioso e, encontrando muita comida à sua volta e nenhum inimigo com o qual se preocupar, engordou mais e mais. E quanto mais gordo ele ficava, mais sofria com o calor do sol equatorial do meio-dia.

Essa narrativa inicial apresenta o cenário da história e começa a desenvolver o caráter do hipopótamo. Aprendemos que ele era ganancioso. Esta é uma visão importante, pois nos ajuda a entender o resto da narrativa e o diálogo que se segue. Consequentemente, quando chegamos à parte da história que mostra a negociação do hipopótamo com *N'gai* para permitir que ele viva na água com os peixes, não nos surpreende que *N'gai* exija provas de que ele não vai comê-los. O contexto já nos preparou para tal resposta.

Da mesma forma, o princípio básico da hermenêutica bíblica é que "o significado pretendido de qualquer passagem é o significado coerente com o sentido do contexto literário em que ela ocorre".[13] Em outras palavras, o significado de um texto específico não pode contradizer o significado transmitido pelo contexto maior. O contexto literário estabelece o fluxo do pensamento e nos ajuda a determinar o significado exato das palavras.

• • • • • • •

13 KLEIN, William W.; BLOMBERG Craig L.and HUBBARD JR, Robert L.. *Introduction to Biblical Interpretation*, rev. ed. (Nashville: Thomas Nelson, 2005), 214.

Na leitura dos Evangelhos, o contexto literário é muito importante para nos ajudar a determinar as relações corretas entre as unidades de pensamento. Por exemplo, quando comparamos histórias semelhantes (também chamadas de perícopes), logo fica evidente que o assunto que vem logo antes e depois destas histórias ou, em outras palavras, contexto literário, difere de Evangelho para Evangelho. Portanto, quando lemos uma história em um Evangelho, precisamos considerar o que está sendo feito no contexto desse Evangelho (a leitura "vertical"). Somente depois de termos feito isso, podemos começar a comparar a maneira como a história é tratada em diferentes Evangelhos (a leitura "horizontal").

Para resumir: *A terceira etapa da banqueta hermenêutica é garantir que o contexto literário seja identificado e analisado. Ao descobrir o significado de qualquer texto, é crucial que gênero, técnicas literárias, língua e fluxo do texto orientem o processo e comecem a confirmar o sentido do texto até o momento. Outros fatores que se seguem no processo irão então reforçar ou corrigir as conclusões alcançadas nesta etapa.*

Etapa 4: Contexto histórico-cultural

A quarta parte da banqueta hermenêutica consiste em compreender como o texto que estamos vendo foi esclarecido e moldado pelas circunstâncias socioculturais, políticas e econômicas em que foi escrito e pela mentalidade do autor. Isto se aplica a todos os textos. Escrevendo sobre literatura oral africana, Finnegan comenta:

> Muito mais seriamente do que com formatos escritos, palavras vazias não podem falar por si mesmas, pela simples razão de que na obra literária, propriamente dita, tanto mais coisa está, necessariamente e profundamente, envolvida. Com este tipo de literatura, conhecimento de todo contexto literário e social, relacionados a várias questões de atuação, audiência e contexto, é, por mais difícil que seja, de suma importância.[14]

Assim, qualquer interpretação deve considerar o contexto histórico e cultural do texto. Estes fatores são tanto parte de uma história, enigma, provérbio ou

14 Finnegan. *Oral Literature*, 17.

canção quanto seus aspectos teológicos e literários. À medida que crescemos na compreensão deste contexto, aperfeiçoamos os pontos de aplicação que identificamos ao trabalhar as etapas 1, 2 e 3.

Ao apresentar a etapa 1 da banqueta hermenêutica, falamos de interesses mútuos compartilhados. Os contextos históricos e culturais se enquadram nesta categoria, pois se supõe que o narrador e o ouvinte vivem no mesmo contexto. De fato, eles compreendem as questões históricas e culturais quase instintivamente, já que são tão familiares a ambos.

Eles também compartilhariam a mesma compreensão da forma como a língua é usada. Em outras palavras, a língua se desenvolve dentro do contexto social específico, e os que vivem nesse contexto a compreendem. Refere-se a palavras e expressões, usadas nesse contexto específico, que poderiam não ser usadas em outro lugar. Por exemplo, uma frase Kiswahili comum usada entre amigos na África Oriental é *ume potea sana* [você está muito perdido]. Literalmente, isto não significa que você está perdido; significa que a pessoa que fala não te vê há muito tempo. Fora do contexto social, no qual essa frase se desenvolveu, ela não faz sentido. Esta natureza socialmente condicionada da linguagem deve ser considerada como uma pista importante para desvendar antecedentes históricos e culturais.[15] Devemos, portanto, fazer um esforço para entrar no mundo do narrador se quisermos compreender adequadamente sua comunicação.

Mas isso é difícil de fazer quando se trata do texto bíblico. Vivemos no século XXI e textos bíblicos foram escritos há muitos séculos em uma cultura que é diferente da nossa. Existem, portanto, barreiras temporais e culturais entre nós e a Bíblia. Essas barreiras provavelmente dificultam nossa compreensão total daquilo que foi escrito e, por isso, nós, leitores modernos, precisamos aprender o máximo possível sobre o mundo dos autores e seu público original. Se nosso objetivo na interpretação é compreender a mensagem pretendida pelo autor, então esse contexto deve ser descoberto e explicado em termos que compreendamos.

Porter observa o seguinte:

> Qualquer texto, independentemente da forma artística ou literária, tem uma historicidade inerente, pelo menos em termos do fato de que o autor o escreveu em um

• • • • • • •

15 MULHOLLAND, Robert. "Sociological Criticism," in *New Testament Criticism & Interpretation*, ed. David Alan Black and David S. Dockery (Grand Rapids: Zondervan, 1991), 302.

> determinado lugar ou tempo usando uma variedade de língua de alguma comunidade linguística e foi lido pelo menos inicialmente por leitores em um determinado contexto histórico que conheciam ou entendiam a língua, ou pelo menos o suficiente para pensar que estavam fazendo sentido a isso.[16]

Em outras palavras, nenhum texto surge do nada. Todos os textos surgem de um contexto cultural e histórico que precisa ser compreendido para que o texto possa ser interpretado com precisão. Nossa tarefa inclui, portanto, reconstruir situações específicas que suscitaram a necessidade do texto. Precisamos tentar compreender a perspectiva e a mentalidade do autor.[17] Estas raramente são explicitadas na escrita, pois tanto o autor quanto seu público viveram ao mesmo tempo e no mesmo contexto cultural, e assim compartilharam perspectivas semelhantes.

Quais áreas produzem dados mais interessantes para reconstruir este contexto? Podemos considerar geografia, política, economia e história, incluindo conflitos, práticas culturais e costumes religiosos. Podemos encontrar informações valiosas em dicionários bíblicos, enciclopédias, atlas, e assim por diante. Também podemos fazer deduções de comentários de escritores antigos feitos sobre Antigo Testamento, das antigas fontes judaicas conhecidas como literatura do Segundo Templo, e podemos considerar paralelos de fontes *Qumran*, rabínicas e gregas.[18]

Pesquisar essa informação histórica pode ser fascinante e, por isso, é prudente atentar para o perigo de colocar mais ênfase no histórico do que na mensagem transmitida pelo texto estudado. No entanto, quando se leva em conta a perspectiva do autor, pode-se muito bem perder o drama de uma cena e o sentido que o autor pretendia passar.[19] Veja a cena de lava-pés em João 13. É útil saber que a lavagem de pés era habitualmente a tarefa dos escravos não judeus. Pessoas que eram socialmente inferiorizados lavavam os pés de seus

16 PORTER, S. E.. "Literary Approaches to the New Testament: From Formalism to Deconstruction and Back," in *Approaches to New Testament Study*, ed. Stanley E. Porter and David Tombs (Sheffield: Sheffield Academic Press, 1995), 116.

17 These categories derive from Klein et al.[Essas categorias derivam de Klein et al] *Biblical Interpretation*, 229–30.

18 OSBORNE, See. *Hermeneutical Spiral*, 127–139.

19 OSBORNE, 127–139.

superiores: nunca foi feito ao contrário. Sem o entendimento cultural de que esta tarefa era considerada degradante demais para discípulos de Jesus, ou mesmo para os escravos judeus, perdemos o sentido da ação de Jesus ao lavar os pés de seus discípulos. Ele estava demonstrando um serviço radical aos outros, do tipo esperado de todos seus seguidores.[20] Outro exemplo diz respeito ao êxodo. Não entender o significado do êxodo como acontecimento central ou fundamental na história de Israel também afeta nossa interpretação. Isso resulta em uma incapacidade de entender a inclinação do judeu para Deus, sua relação com povos de outras nações, e sua identidade como nação. Os textos lidos sem esse entendimento não podem ser totalmente compreendidos. Por exemplo, ao lermos a história de Jesus e da mulher cananeia (Mt 15:22-28), vemos Jesus insistindo que a salvação é para judeus. Pode parecer estranho que Jesus esteja relutante em curar a filha dela. Entretanto, o conhecimento da história dos judeus, sempre entendida através da lente de sua libertação física através do êxodo, nos dá uma base para entender seu lugar especial na relação de Deus com a humanidade no que diz respeito à libertação espiritual.

E quanto à mentalidade? Ao ler um texto, tenta-se compreender não apenas o conteúdo apresentado, mas também o propósito por trás da comunicação, bem como o impacto emocional pretendido.[21] Há detalhes sobre o texto que são incompreensíveis, a menos que saibamos algo sobre o período. Vejamos a discussão entre Boaz e o homem que é legítimo guardião-redentor de Rute em Rute 4:7-8. Ao final da discussão, o guardião-redentor retira sua sandália. Não entenderemos o significado disto a menos que saibamos que, naquele momento, a remoção de uma sandália legalizou transações relacionadas ao resgate e transferência de propriedade de uma parte para outra. Hoje, legalizamos uma transação assinando um contrato, não muito tempo atrás um aperto de mão era suficiente, mas no período em que o livro de Rute foi escrito, a remoção da sandália tinha a mesma função.

Fee e Stuart dão um excelente exemplo de como se relacionar com a mentalidade do autor em seu relato da parábola do bom samaritano, encontrada em Lucas 10:29-37.[22] Eles a relatam usando categorias modernas com as quais

• • • • • • •

20 KÖSTENBERGER, Andreas J.. "John," *Baker Exegetical Commentary on the New Testament*, vol. 4 (Grand Rapids: Baker Academic, 2004), 403–405.

21 KLEIN et al. *Interpretação bíblica*, 230-231.

22 FEE, Gordon D. and STUART, Douglas. How to Read the Bible for All Its Worth (Grand Rapids: Zondervan, 1993),147. Em português:[FEE, Gordon D., STUART, Douglas. *Como Ler a Bíblia Livro por Livro*. Traduzido por Carlos Osvaldo Cardoso Pinto. São Paulo: Vida Nova, 1994].

nós, como leitores, podemos nos relacionar mais facilmente. O homem que os ladrões se deparam é representado por uma família pobre, presa à beira da estrada, o sacerdote é representado pelo bispo local, o levita pelo presidente do clube Kiwanis (uma organização caritativa focada no desenvolvimento da comunidade) e o samaritano por um ateu local bem conhecido. O choque para o leitor é perceber que é o ateu que demonstra compaixão. Esta forma de contar a história capta o efeito da parábola de Jesus. Não foram os líderes religiosos que fizeram a coisa certa, mas o samaritano odiado.

Como a língua é socialmente condicionada, o estudo do contexto histórico-cultural é a principal maneira de desvendar a mentalidade do autor. Uma vez compreendida a intenção inicial do escritor e o que sua mensagem teria significado para os ouvintes originais, podemos interpretar com mais precisão a mensagem do texto para o nosso tempo. Esta é a tarefa de aplicação para a qual agora voltamos nossa atenção.

Para resumir: *A quarta parte da banqueta hermenêutica implica reconhecer que a Bíblia não pode ser entendida isoladamente de seu contexto histórico-cultural. O objetivo crucial de nosso estudo da Bíblia é compreender o que o texto significava em seu contexto original. Para isso, devemos entrar no mundo do autor e permitir que esse mundo guie nossa compreensão.*

Assento: Utilização/aplicação

Analisemos agora as quatro etapas da banqueta. Elas não existem de forma isolada uma das outras. Como em qualquer projeto de carpintaria, as pernas precisam ser constantemente ajustadas umas às outras para garantir que estejam bem equilibradas e forneçam a base sólida para a utilização que vai repousar sobre elas. Nossa banqueta não deve vacilar! Todas as quatro pernas devem estar em constante contato com o assento da banqueta e devem suportá-lo.

Em nosso modelo, assento é a aplicação/utilização do texto no contexto do leitor moderno africano. Esta etapa final confirma a aplicação provisória do texto que discernimos ao trabalharmos as etapas 1 a 4. Dada a abordagem africana holística, a aplicação deve ser entendida como aquilo que está acontecendo de forma subconsciente a partir do ponto em que começamos a nos envolver com o texto. De fato, o texto deve trazer à tona não apenas uma resposta mental ou emocional, mas também uma resposta prática. Este último passo é, portanto, apenas uma confirmação de como o texto deve ser corretamente aplicado em nossos atuais contextos. É nesta etapa final que a aplicação é refinada, com base nos dados que foram descobertos em todas as etapas anteriores.

Como observamos acima, estamos separados do autor do texto pelo tempo e pela cultura. Isso significa que há inúmeros desconhecidos, de modo que nem sempre é fácil determinar o que o autor quis dizer. Entretanto, se fizemos o trabalho necessário nas etapas 1 a 4 de nossa banqueta, é possível chegar ao sentido provável pretendido pelo autor. Observe que uma de nossas suposições básicas neste livro é que o texto só pode ter um sentido pretendido – ou seja, o sentido que o autor pretendia comunicar quando escreveu para seu público original. Isto é conhecido como a intenção autoral. O sentido é, portanto, entendido como sendo único e determinado pelo autor do texto.

Mas o sentido não é o mesmo que a aplicação. A aplicação refere-se ao significado do texto para o público moderno. Isto significa que, enquanto o texto pode ter apenas um sentido, ele pode ter múltiplas aplicações. Uma vez compreendido o que o autor pretendia comunicar a seu público original, podemos legitimamente aplicar esta mensagem a nossos múltiplos contextos. Nosso modelo, portanto, faz uma distinção entre sentido (tal como destinado aos leitores originais) e significado/relevância (tal como aplicado ao leitor moderno).

Essa distinção é observada em outras teorias hermenêuticas modernas. Hirsch a define da seguinte forma: "Um texto interpretado é sempre levado a representar algo, mas esse algo pode sempre estar relacionado a um outro algo. Significado é sentido-relacionado-a-algo-mais"[23] Nós, leitores, devemos, portanto, reconhecer que o sentido é a representação determinada ou fixada de um texto para um intérprete, enquanto o significado é mais flexível.

Na narração de histórias africanas, essa distinção entre sentido e significado está relacionada à autoridade que o contador de histórias conquistou durante sua carreira porque a comunidade aprendeu a confiar nele. Ukachukwu se refere a isso como autoridade narrativa.[24] Uma consequência de autoridade narrativa é que os ouvintes não podem impor suas suposições sobre a história ou fazer com que ela signifique o que quiserem, de uma forma pós-modernista. O ouvinte deve permitir que a história se revele, saia de seu casco, desenrole suas asas a fim de nos permitir captar sua verdadeira realidade. História significa algo, mas esse algo não pode ser interpretado fora da intenção do narrador. Mesmo que nós, os ouvintes, nos tornemos parte da história, não fazemos a

• • • • • • •

23 Hirsch, E. D.. *The Aims of Interpretation* (Chicago: University of Chicago Press, 1978), 79–80. Em português:[Hirsch, E. D. *Os Objetivos da Interpretação*. Tradução de Gilson César Cardoso de Souza. São Paulo: Editora Unesp, 2014].

24 Ukachukwu. *Intercultural Hermeneutics*, 26.

história "à nossa imagem". Devemos permitir que ela primeiro nos guie para sua verdadeira estrutura e forma antes de aplicá-la em nossos contextos.

A literatura oral na África surgiu sempre em resposta a um contexto específico, compreendido tanto pelo narrador quanto pelos ouvintes. No entanto, embora a história, a canção ou enigma se destinassem a ser aplicados a uma realidade contemporânea específica, era entendido que contextos similares poderiam surgir no futuro e se beneficiariam de uma reaplicação dessa sabedoria. Na África, o presente é sempre visualizado dentro do contexto do passado. E, embora a conexão entre passado e presente possa, às vezes, ser tão estreita que pareça quase ser um só, ainda há sempre uma distinção entre eles. Isto significa que, embora o sentido do texto permaneça constante, o significado ou a relevância atual do texto para diferentes gerações, grupos culturais e até mesmo indivíduos podem mudar.

Como, então, devemos abordar esta tarefa final de aplicação? Como observamos acima, o sentido é comunicado de uma forma cultural específica. Portanto, a aplicação requer que separemos a mensagem da forma cultural em que é comunicada para que possamos entender o que o texto significa em nossos contextos africanos modernos. O que estamos fazendo aqui é contextualizar a mensagem bíblica.

> A contextualização é a aplicação válida das Escrituras em qualquer contexto tempo-espacial para que a verdade bíblica seja praticada, demonstrada, formulada ou comunicada sem mudança no conteúdo ou sentido, nos padrões culturais, linguísticos e mentais desse contexto.[25]

A contextualização reconhece que para preencher a lacuna entre o mundo bíblico e o mundo moderno, o intérprete deve ter uma compreensão de ambos. Assim se espera que os processos hermenêuticos acima engajados tornem isso possível.

Observe que a contextualização não é o mesmo que sincretismo. Como foi apontado no primeiro capítulo, o sincretismo é o resultado de quando misturamos elementos bíblicos e culturais sem preservar a verdade bíblica. Para evitar o sincretismo, precisamos estar atentos à diferença entre as verdades ligadas à cultura e as verdades transcontextuais.

25 Willsey, Jack. "Essays in Biblical Hermeneutics," Northwest Baptist Seminary, 2004.

Certas verdades são relativas e aplicáveis apenas em um contexto bíblico específico. Referimo-nos a elas como verdades vinculadas à cultura. Muitas ordens em Deuteronômio e Levítico se enquadram nessa categoria, pois se aplicam apenas ao povo de Deus recém- libertado. Veja, por exemplo, Deuteronômio 22:11 (veja também Lv 19:19): "Não use roupas de lã e de linho costurados juntos". Insistir que os cristãos de hoje não devem usar linhas poliéster, pois são feitas com uma mistura de têxteis, é interpretar completamente mal a aplicação desse verso. Ao invés disso, deve-se procurar o princípio por trás dessa ordem e aplicá-lo. Tomada no contexto da lista de outras proibições, esta proibição em particular era para ser uma lição/advertência sobre objeto, lembrando aos israelitas que Deus não queria que seu povo misturasse ideias de outras religiões com sua adoração a ele. Deus estava exigindo a santidade de seu povo.

Outras verdades, entretanto, são absolutas e se aplicam a qualquer cultura em qualquer momento da história. Referimo-nos a elas como verdades transcontextuais. Por exemplo, os Dez Mandamentos encontrados em Êxodo 20:1-17 são transcontextuais. Ao contrário das verdades ligadas à cultura, as verdades transcontextuais podem aparecer como se pudessem ser diretamente aplicadas a nossas sociedades modernas. Isto porque elas são formuladas em termos gerais. Por exemplo, Êxodo 20:12 declara: "Honrai vosso pai e vossa mãe, para que possais viver muito tempo na terra que o Senhor vosso Deus vos está dando". A ideia de honrar os próprios pais é uma verdade transcontextual. Entretanto, a maneira como esta honra é expressa na África moderna pode não ser idêntica à maneira como foi expressa entre os israelitas. Devemos, portanto, procurar reformular a aplicação de uma forma que seja relevante para os africanos modernos.

Ao lidar com verdades transcontextuais, enfatizamos o engajamento do leitor com ambos os mundos. Portanto, é importante entender que as verdades transcontextuais expressas em formas culturais bíblicas se encaixam precisamente na sociedade bíblica, mas não se encaixam igualmente bem na sociedade africana. Portanto, essas verdades transcontextuais devem ser desculturizadas ou descontextualizadas das formas culturais bíblicas e depois reculturizadas em formas culturais africanas específicas, a fim de se enquadrarem na sociedade africana.[26] O mesmo pode ser feito para outros contextos.

• • • • • • •

26 Adapted, with some changes, from Seto's model of contextualizing in Asian society, Seto [Adaptado, com algumas alterações, do modelo de contextualização de Seto na sociedade asiática], "An Asian Looks at

Em termos de metodologia, é necessário tomar as seguintes medidas ao desenvolver uma aplicação (continuaremos com o exemplo de Êx 20:12):

I) Distinguir o conteúdo transcontextual do cristianismo e suas formas e expressões correspondentes na cultura africana. O conteúdo transcontextual neste caso é o conceito de honrar os pais (ver também Dt 5:16). Este conceito também é conhecido na cultura tradicional africana, onde honrar os pais assumiu a forma de obediência, respeito, cuidado com os pais na velhice e conduta adequada para não trazer vergonha ao nome da família.

II) Tentativa de desvincular as doutrinas transcontextuais (ou não culturais) do cristianismo das formas culturais bíblicas. Na cultura judaica, a honra tinha a ver principalmente com a obediência. Por exemplo, um pai tinha o direito de dar sua filha em casamento (ver Dt 22:16; Js 15:16; Jz 12:9). Se ela, recusasse esta união, estaria desonrando seus pais. É uma forma cultural dessa ordem.

III) Reformular estas verdades transcontextuais em formas e expressões culturais africanas.[27] De que forma reenquadrar a obediência como honra de modo que seja relevante para os africanos? Por exemplo, embora a concepção judaica de casamentos arranjados seja semelhante à prática na cultura tradicional africana, a cultura africana moderna está mudando. A obediência aos pais ainda é esperada, mas, em geral, as mulheres em idade matrimonial são livres para escolher seus próprios cônjuges. Honrar os pais não se estenderia, portanto, a aceitar um cônjuge que o pai tenha escolhido. Entretanto, fugir ou não seguir as formalidades prescritas relacionadas ao casamento seria uma desonra. Os pais ainda podem esperar que o valor da noiva seja atribuído e que haja visitas formais ao lar do homem para iniciar um relacionamento a nível familiar.

Ao realizarmos a tarefa de aplicação, devemos ter o cuidado de não tratar as verdades transcontextuais como verdades relativas ou de tornar as verdades ligadas à cultura aplicáveis a todos, sem levar em consideração o fato de que

Contextualization and Developing Ethnotheologies," 138.

27 Adapted with some changes from James O. Buswell, III [Adaptado, com algumas alterações, de James O. Buswell, III], "Contextualization: Theory, Tradition and Method," in *Theology and Mission*, ed. David J. Hesselgrave (Grand Rapids: Baker, 1978), 103.

estas verdades se aplicavam a uma situação específica na vida dos ouvintes originais. É mais uma razão pela qual precisamos determinar o sentido de um texto para seus leitores iniciais antes de chegarmos a uma determinação final de sua aplicação ao nosso atual contexto. Esta aplicação deve ser expressa em termos que entendemos na sociedade africana.

Conclusão

Este capítulo forneceu uma estrutura teórica para a hermenêutica bíblica africana intercultural. O modelo de banqueta de quatro pernas/pés propõe cinco etapas na análise de textos bíblicos:

Etapa 1: Paralelos ao contexto africano
Etapa 2: Contexto teológico
Etapa 3: Contexto literário
Etapa 4: Contexto histórico e cultural
Assento: Aplicação

Todas essas etapas são necessárias para descobrir o sentido original pretendido de qualquer texto e sua aplicação à vida de um fiel africano de hoje.

Na segunda parte deste livro, oferecemos uma breve visão geral do contexto da Bíblia como um todo antes de fornecermos diretrizes para a interpretação de vários gêneros literários e dar interpretações práticas para cada um deles, usando exemplos da literatura africana, bem como da Bíblia.

Questões para revisão

1. Em suas próprias palavras, explique a importância de compreender as quatro etapas da banqueta hermenêutica.
   - Paralelos ao contexto africano
   - Contexto teológico
   - Contexto literário
   - Contexto histórico-cultural
2. Quais são alguns dos perigos que podemos enfrentar em nossa doutrina e prática se não procurarmos primeiro entender o texto em seu contexto original?
3. Como você recontaria a história do bom samaritano em seu próprio contexto.

PARTE 2

PRINCÍPIOS ESPECÍFICOS DA HERMENÊUTICA

Na seção anterior, observamos que muitos cristãos africanos vivem vidas dicotomizadas, porque são incapazes de entender como sua fé esclarece sua vida cotidiana. Consequentemente, nosso cristianismo é corrompido por práticas culturais erradas. Como solução para esse problema, propusemos uma abordagem da hermenêutica que incorpora o contexto africano. Enfatizamos que conhecer nossas culturas africanas e visões de mundo é o primeiro passo valioso para interpretar a Bíblia. Também reconhecemos que nossas pressuposições nos influenciam positiva ou negativamente ao interpretarmos a Bíblia. Usando esse conhecimento como base, desenvolvemos um modelo para abordar o texto da Bíblia. Este modelo de banqueta de quatro etapas usa nosso contexto africano como uma ponte para nos mover, como leitores, de nossa conhecida visão de mundo para o mundo desconhecido da Bíblia.

Agora, é momento de aplicar o que foi discutido na primeira metade do livro a vários gêneros de textos encontrados na Bíblia. Antes de fazermos isso, porém, precisamos entender o que estamos estudando. Tendo compreendido nosso próprio contexto africano, devemos também compreender o contexto da Bíblia para garantir uma interpretação precisa. Assim, esta seção começa com uma breve introdução ao contexto da Bíblia antes de discutir os gêneros de histórias, literatura sapiencial, canções e letras. Embora existam outros gêneros que poderíamos ter identificado, essas quatro amplas categorias cobrem a maioria delas e estabelecem uma base para um estudo mais aprofundado.

5

COMPREENDER O CONTEXTO DA BÍBLIA

Este capítulo fornece uma breve introdução ao contexto da Bíblia - fornecendo nomeadamente uma compreensão básica do que a Bíblia é de uma perspectiva teológica, literária e histórica/cultural. Essas três categorias estão intimamente relacionadas com as etapas 2, 3 e 4 do modelo de banqueta de quatro etapas. Assim, focaremos apenas em áreas que aumentem significativamente nossa capacidade de realizar a tarefa hermenêutica, usando o modelo exposto neste livro. Analisaremos a forma como a Bíblia está organizada e como os três contextos (teológico, literário e histórico/cultural) contribuem para uma melhor compreensão de seu conteúdo.

A importância de estudar a Bíblia

A Bíblia é um livro antigo que ainda tem grande significado na África do século XXI, porque é a própria revelação de Deus. Assim, a única maneira de saber e compreender o que Deus pretende para seu povo é estudar sua Palavra. Grande parte desta revelação é dada no contexto de relações de Deus no passado, mas a Bíblia também trata de nosso presente e nosso futuro como crentes. Assim, ela tem tanta relevância hoje como no passado e nos fornece respostas para as questões da vida.

Como vimos na Parte I deste livro, nossa visão de mundo africana influencia nossas percepções de vida. Algumas dessas percepções podem estar certas e outras erradas, mas a única maneira de identificá-las é testá-las em relação à Bíblia. O estudo da Bíblia nos força a confrontar nossas pressuposições sobre a vida e a desenvolver uma visão bíblica do mundo. Também nos permite evitar o sincretismo na prática de nosso cristianismo africano.

Enfim, o estudo da Bíblia é um meio de estabelecer e fortalecer a comunidade de fé. Permite-nos conectar com os crentes hoje, bem como com nossos grandes predecessores africanos, tais como Orígenes e Agostinho. Podemos e devemos continuar sua tradição de excelência.

O Antigo Testamento

A Bíblia está dividida em duas partes, o Antigo e o Novo Testamento. O Antigo Testamento compreende as Escrituras que Deus deu ao povo hebreu (também conhecido como israelitas ou judeus) ao longo de muitos séculos. A maior parte do Antigo Testamento foi originalmente escrita em hebraico, embora alguns capítulos de livros como Daniel estejam em aramaico. Esses escritos foram produzidos durante um período superior a mil anos, de cerca de 1200 a.C. a 200 a.C. Grande parte do Antigo Testamento é composta de histórias de tradições orais do povo que veio a ser conhecido como Israel.[1]

Organização

O Antigo Testamento é dividido tradicionalmente em cinco partes:

1. A Lei (ou o Pentateuco), que consiste nos cinco primeiros livros da Bíblia - Gênesis, Êxodo, Levítico, Números e Deuteronômio.
2. Livros históricos - Josué, Juízes, Rute, 1 e 2 Samuel, 1 e 2 Reis, 1 e 2 Crônicas, Esdras, Neemias e Ester.
3. Livros poéticos - Jó, Salmos, Provérbios, Eclesiastes e Cântico dos Cânticos.
4. Profetas Maiores, isto é, escritos proféticos mais longos - Isaías, Jeremias, Lamentações, Ezequiel e Daniel.
5. Profetas Menores, ou seja, escritos proféticos mais curtos - Oseias, Joel, Amós, Obadias, Jonas, Miqueias, Naum, Habacuque, Sofonias, Ageu, Zacarias e Malaquias.

Dado o número e o alcance dos livros que contém, podemos descrever o Antigo Testamento como uma biblioteca. Sempre que interpretamos um texto do Antigo Testamento, é importante identificar a seção da qual ele provém. Isto é muito útil, particularmente na identificação do gênero.

1 TULLOCK, John H.. *The Old Testament Story* (Upper Saddle River, NJ: Pearson Prentice Hall, 2001), 5.

Contexto teológico

O Antigo Testamento, portanto, é mais do que uma biblioteca; é também um documento espiritual. É espiritualmente fidedigno porque os escritores bíblicos e até o próprio Jesus o reconheceram como tal quando se referiram a ele. É importante que compreendamos suas ênfases teológicas, pois essas são importante guia de interpretação, enquanto trabalhamos na segunda parte de nossa banqueta hermenêutica. Devemos ter cuidado para não chegar à interpretação de uma passagem do Antigo Testamento que se contrapõe à teologia do Antigo Testamento.

Dos muitos temas teológicos do Antigo Testamento, pelo menos seis se destacam por sua importância e porque se repetem constantemente:

1. Deus: Deus é introduzido logo no primeiro capítulo da Bíblia. Sua existência é tida como certa e seu papel como criador é amplificado ao longo desse primeiro capítulo do Gênesis. O resto da Bíblia revela mais sobre sua identidade, natureza e caráter. Ele é mostrado como soberano sobre sua criação. Seus atributos incluem autoexistência, autossuficiência e autossustentação, assim como onisciência, onipresença, transcendência e imanência. Seu caráter é revelado em sua santidade, graça e amor.
2. Pecado: O pecado também é introduzido no primeiro livro do Antigo Testamento. Em Gênesis, lemos sobre o início do pecado, sua natureza e suas consequências. O Antigo Testamento também documenta a escalada contínua do pecado, bem como a intervenção e a promessa de uma solução definitiva ao pecado através do Messias.
3. A fé: Ao longo do Antigo Testamento, os autores bíblicos documentam o papel da fé na vida do povo de Deus. Indivíduos como Noé, Abraão, Moisés, Rute, Davi, Neemias e Isaías demonstraram fé através de suas ações, ensinando o que significa viver a vida de fé, particularmente em meio a testes.
4. Promessa/Aliança: Este é um tema que perpassa o Antigo Testamento. Deus é apresentado como um Deus fiel que faz pactos com seu povo, assegurando a eles que suas promessas serão honradas.
5. Exílio e restauração: O tema do exílio se revela muito cedo no texto bíblico do Gênesis. Deus advertiu seu povo que se o desobedecesse, ele o castigaria permitindo que nações inimigas o governassem e o levassem cativo. Entretanto, ele também prometeu que quando ele se arrependesse e retornasse a ele, ele o restauraria à terra.

6. Salvação: O Antigo Testamento fala de salvação física e espiritual. No livro de abertura do Antigo Testamento, Deus promete enviar o Salvador com poder de derrotar Satanás. O Salvador, que se revela um rei da linhagem de Davi, é mencionado em vários lugares ao longo do Antigo Testamento.

Contexto literário

Gêneros do Antigo Testamento

Os gêneros do Antigo Testamento podem ser categorizados de diferentes maneiras. Em geral, porém, há pelo menos quatro gêneros principais que compõem o Antigo Testamento: narrativa, poesia, sabedoria e profecia.[2]

1. Narrativa: Em poucas palavras, narrativa é uma história. Grande parte do Antigo Testamento consiste em histórias que contam as relações de Deus, primeiro, com seres humanos em geral e depois com o povo de Israel, e a seguir, por extensão, com nações estrangeiras que tinham relações com Israel. Este gênero é dominante de Gênesis a 2 Reis. Também é encontrado em grandes porções dos livros proféticos, incluindo Isaías, Jeremias, Ezequiel, Jonas, Ageu, Zacarias e Malaquias, e em 1 e 2Crônicas, Esdras, Neemias, Ester, Daniel e Rute. É importante lembrar que classificar essas passagens como narrativas ou histórias não significa que elas não sejam relatos históricos.[3]
2. Poesia: Este gênero é dominante em Salmos e no Cântico dos Cânticos. No entanto, se encontra também em várias seções narrativas do Antigo Testamento. Por exemplo, o Êxodo 15 inclui as canções de Moisés e Miriam após a separação do Mar Vermelho. Além disso, extensas seções de livros proféticos, como Isaías, incorporam a poesia.
3. Sabedoria: A literatura sapiencial poderia ser categorizada como uma forma de poesia, mas como aborda um único assunto, ela é geralmente tratada por si só. A literatura sapiencial expõe o tema de como viver sabiamente no meio de ideias concorrentes e conflitantes. Ela é representada por livros como Provérbios, Jó e Eclesiastes, mas também pode ser encontrada em outros livros do Antigo Testamento. Este

2 Veja as categorias listadas por Klein et al., *Interpretação bíblica*, 323-397. Embora eles também listem a lei como uma categoria principal, ela não é isolada e é geralmente incorporada à narrativa.

3 Klein et al., 326.

gênero varia de poemas de sabedoria extensos até provérbios de uma linha (em hebraico).[4]

4. Profecia: A literatura profética é proeminente nas divisões das Escrituras, conhecidas como Profetas Maiores e Menores. Enquanto a palavra "profecia" pode sugerir que esse gênero de literatura se concentra em predizer atos de Deus no futuro, grande parte dela se concentra em "dizer", ou seja, em anunciar os julgamentos de Deus no presente ou no futuro próximo.[5] Como gênero narrativo, há vários tipos de profecia.

Literatura associada ao Antigo Testamento

Grande parte da literatura associada ao Antigo Testamento foi produzida por autores judeus durante o chamado Segundo Templo. Este período se estende desde a reconstrução do templo em Jerusalém após o exílio até a destruição desse mesmo templo pelos romanos. Assim, cobre o período aproximadamente entre 530 a.C e 70 d.C. Os escritos produzidos nesse período incluem traduções das Escrituras Hebraicas, assim como expansões e reescritas dessas Escrituras. Conhecemos esses trabalhos por *Septuaginta* (Antigo Testamento em grego), Apócrifos, pseudepígrafos e Pergaminhos do Mar Morto.

A primeira coisa que deve ser enfatizada é que, além da maioria dos livros da Septuaginta, a segunda literatura do Templo não é canônica na tradição protestante. No entanto, ela nos dá uma visão do que estava acontecendo na vida do povo judeu naquele período. Ela também nos permite apreciar as lutas que eles enfrentavam, particularmente no que diz respeito à sua fé. Esta é uma base valiosa para compreender o ministério de Jesus e as questões em torno da fundação da igreja primitiva. A literatura também fornece dados históricos e culturais cruciais que são um recurso inestimável na tarefa hermenêutica.

Contexto histórico e cultural

Antes que o Antigo Testamento chegasse à forma em que o temos hoje, passou por um processo conhecido como canonização. A palavra *cânon* é derivada da palavra hebraica *quaneh*, que significa literalmente uma haste reta. Originalmente, se referia a uma palheta usada para medir, como uma bitola.[6] Com o

• • • • • • •

4 TULLOCK. *The Old Testament Story*, 3.

5 KLEIN et al. *Biblical Interpretation*, 359.

6 ARNOLD, Bill T. and BEYER, Bryan, *Encountering the Old Testament* (Grand Rapids: Baker Academic, 1999, 2008), 22. Em português: [ARNOLD, Bill T., BEYER, Arnold. *Introdução ao Antigo Testamento*. Tra-

tempo, ela veio a ser usada no Antigo Testamento e na literatura bíblica em geral, para indicar uma régua que servia de padrão, porque era considerada sagrada. O processo de canonização do Antigo Testamento foi longo e ocorreu aproximadamente entre 400 a.C. e 90 d.C. A forma final do cânon do Antigo Testamento foi oficialmente reconhecida pelo Conselho de Jamnia (90 d.C.), contudo, geralmente, admite-se que esse conselho não determinou quais livros pertenciam ao Antigo Testamento; ao contrário, confirmou os livros que tinham sido reconhecidos como ortodoxos por gerações.

O cenário histórico/cultural dos eventos registrados no Antigo Testamento é o Israel antigo, que fazia parte de uma região maior conhecida como Antigo Oriente Próximo. Essa região, também conhecida como Crescente Fértil, se estende desde a Mesopotâmia ao norte, passando pela Síria-Palestina, até o Egito. Hoje, essa região é conhecida por Oriente Médio.

É difícil estabelecer uma cronologia exata para todo o Antigo Testamento, pois este se desenvolveu durante um período de dois mil anos e os historiadores não têm dados suficientes para uma datação precisa. Tanto o contexto histórico quanto o cultural varia muito, desde Gênesis à literatura profética posterior. O período referido abrange grandes mudanças tecnológicas como a invenção da escrita e a ascensão da metalurgia, e muitas mudanças nas relações internacionais. Todas elas influenciaram a vida social, econômica, legal, política, militar e religiosa de Israel.

O Novo Testamento

O Novo Testamento é a segunda parte da Bíblia. Em termos de conteúdo, ele é muito menor do que Antigo Testamento. Foi escrito muito mais tarde em relação ao Antigo Testamento e durante um período muito mais curto. Aproximações mais conservadoras de datas de escrita variam entre 58 e 100 d.C. O Novo Testamento é geralmente considerado a principal fonte de doutrina para a igreja.

Organização

O Novo Testamento tem quatro partes principais:

1. Os quatro Evangelhos - Mateus, Marcos, Lucas e João.
2. Um livro histórico - os Atos dos Apóstolos.
3. inte e uma Cartas, que podem ser subdivididas em três grupos:

• • • • • • • • • • • • • •

duzido por Carlos Osvaldo Cardoso Pinto. São Paulo: Vida Nova, 2015].

- Epístolas paulinas - Romanos, 1 e 2 Coríntios, Gálatas, Efésios, Filipenses, Colossenses, 1 e 2 Tessalonicenses, 1 e 2 Timóteo, Tito, Filemon.
- Epístolas Joanina - 1, 2 e 3 João.
- Epístolas gerais - Hebreus, Tiago, 1 e 2 Pedro, Judas.

4. Um apocalipse - Revelação.

Contexto teológico

Assim como o Antigo, o Novo Testamento pode ser considerado uma obra literária com toda a arte e beleza que a designação implica. Entretanto, é muito mais que isso - é também um documento espiritual que conta a história da vida salvadora e do ministério de Jesus Cristo, da instituição e crescimento da igreja primitiva, dos desafios enfrentados por primeiros crentes e da instituição do governo da igreja. E culmina com promessa da redenção futura e glorificação dos crentes enquanto Deus opera seus propósitos na história.

Os seguintes principais temas teológicos emergem de um estudo do Novo Testamento:

- Deus: Enquanto a natureza, atributos e caráter de Deus são explorados em profundidade no Antigo Testamento, é no Novo Testamento que a natureza trinitária de Deus se revela de forma mais completa. O nascimento de Cristo e a dramática chegada do Espírito Santo, particularmente em Atos, demonstram com mais detalhes a relação entre o Pai, o Filho e o Espírito Santo e mostram como os fiéis devem adorar à luz dessa revelação. Jesus Cristo representa a revelação peculiar e pessoal de Deus à humanidade.
- Salvação: O primeiro capítulo do Antigo Testamento descreve a chegada do pecado no mundo com capítulos e livros subsequentes documentando seu crescimento explosivo e seu efeito na relação entre Deus e os seres humanos e nas relações entre as pessoas. O Antigo Testamento contém dicas sobre a solução para o pecado. O Novo Testamento expõe esta solução, oferecendo a salvação que faz ponte entre a disparidade de seres humanos e Deus. Essa salvação, como nos é dito desde o primeiro Evangelho, vem na pessoa de Jesus Cristo. É inteiramente a obra da graça de Deus em Cristo, por meio da qual resgata seres humanos da condenação eterna e os salva da pena e do poder do pecado.
- Sacrifício: O conceito de sacrifício é introduzido e exposto no Antigo Testamento, especialmente no livro de Levítico. O Novo Testamento

completa nossa compreensão de sacrifício, destacando a morte sacrificial de Jesus Cristo como a única expiação pelo pecado da humanidade, satisfazendo completamente as exigências de Deus e restaurando nossa relação com Ele. Os fiéis não precisam mais oferecer sacrifícios físicos; entretanto, espera-se que à medida que crescerem em maturidade espiritual, se ofereçam como sacrifícios espirituais.

- Fé: Embora a fé em Deus seja claramente vista nas narrativas do Antigo Testamento, é no Novo Testamento que ela encontra sua máxima expressão. A fé na pessoa de Jesus Cristo é um dos temas principais do Novo Testamento. De fato, é essencial, pois, como diz o autor de Hebreus, "sem fé é impossível agradar a Deus" (Hb 11:6). A fé é frequentemente contrastada com as obras, mas conforme apontam Tiago e Paulo, as obras são a expressão de uma fé autêntica, verdadeira.
- Santificação: A santificação é um dos temas mais ricos em todo o Novo Testamento e é, muitas vezes, entendida em relação à santidade. Os fiéis são encorajados a crescer em maturidade espiritual e a dar frutos que durem. Desde os Evangelhos, as cartas de Paulo e até o Apocalipse, há uma exigência de que os crentes permitam que o Espírito Santo trabalhe em suas vidas para convencê-los daquilo que não é aceitável a Deus. O objetivo da santificação é crescer na semelhança com Cristo, permitindo que o Espírito Santo transforme todos os aspectos de nossas vidas. A santificação é tanto uma obra de Deus quanto uma obra humana.
- Missão: Uma das principais características da igreja do Novo Testamento é a ênfase na missão. Os crentes não devem acumular sua fé, mas devem sair para o mundo, fazendo discípulos de todas as nações (Mt 19:28). Esta última ordem dada por Jesus, pouco antes de sua ascensão, é refletida em todos os escritos dos autores do Novo Testamento. Deus deseja restaurar sua relação com os povos do mundo, reconciliando-os consigo mesmo através de Jesus Cristo.
- Nova Criação: Enquanto o Antigo Testamento inicia o tema da criação, o Novo Testamento revela a natureza e os meios da nova criação de Deus. Ele começa com a vida, morte e ressurreição de Jesus Cristo e culmina com a segunda vinda triunfante, como descrito no livro do Apocalipse. Ao longo do Novo Testamento, os autores bíblicos deixam claro que os crentes possuem a esperança futura e que esta vida presente, com todas as suas provações e lutas, um dia será eliminada. Deus certamente fará todas as coisas novas.

Contexto literário

Gêneros do Novo Testamento

Assim como o Antigo, o Novo Testamento contém vários gêneros de escrita. Os três principais são os seguintes:

- Narrativa: Este é o gênero principal encontrado nos Evangelhos e nos Atos dos Apóstolos. Como no Antigo Testamento, este gênero é usado para transmitir informações em forma de história. No Novo Testamento, as histórias focalizam Jesus e a instituição da igreja primitiva.
- Epístola (ou cartas): Este gênero domina o Novo Testamento. As cartas tendem a ser contextuais, pois são escritas, geralmente, em resposta a um problema ou situação particular.
- Apocalipse: O único documento apocalíptico do Novo Testamento é o livro do Apocalipse, que tem um conteúdo tão distinto que merece sua própria categoria. Os apocalipses se preocupam principalmente com revelações sobrenaturais de Deus, muitas vezes transmitidas através de visões. Em geral, eles se preocupam com "as turbulências iminentes que culminam no fim deste mundo e com a nova criação"[7]. O livro do Apocalipse é único no sentido de que, embora seja principalmente um apocalipse, é também uma profecia que é apresentada sob a forma de uma carta.

Literatura associada ao Novo Testamento

Como no Antigo Testamento, há muitas obras associadas ao Novo Testamento, porque foram escritas em grande parte ao mesmo tempo e na mesma cultura. As mais significativas são: os apócrifos do Novo Testamento e os pseudepígrafos, assim como escritos do historiador judeu Josefo. Outras incluem várias versões e expansões das Escrituras escritas pelos Pais da Igreja, escritos rabínicos e targums, bem como obras apócrifas e pseudepigráficas.[8]

Esta literatura associada fornece uma base valiosa para contextos culturais, políticos, sociais e religiosos nos quais o Novo Testamento foi gerado. Ela também permite aos leitores modernos compreender a natureza da literatura da época, particularmente com relação ao gênero. Isto fornece algumas pistas sobre como esse tipo de literatura era compreendida. Algumas dessas literaturas,

7 Collins, John J.. "Apocalyptic Literature," *Dictionary of New Testament Background*, 40.

8 DeSilva, David A. "Writing and Literature: Jewish," *Dictionary of New Testament Background*, 1289.

como a apócrifa do Novo Testamento, também revelam a resposta dos primeiros crentes a várias situações. Além disso, fornece informações essenciais sobre as lutas dentro do judaísmo, que nos ajudam a entender o ministério de Jesus, bem como as lutas com grupos de judeus antagônicos que moldaram o texto do Novo Testamento e sua teologia.

Contexto histórico e cultural

Acredita-se que antes do Novo Testamento como o conhecemos, os primeiros cristãos reuniam coleções de escrituras do Antigo Testamento que usavam para apoiar seus ensinamentos e pregações. Vemos exemplos disso em Romanos 9:25-29; Romanos 10:18-21 e Hebreus 1:5-13.[9] Eles também parecem ter desenvolvido suas próprias frases, expressões de credo, hinos, confissões e orações. Podemos ver evidências disso na referência de Paulo ao "que recebi" (1 Co 15:3), seu uso da oração aramaica *maranatha* (1 Co 16:22) e daquilo que parece ser uma frase (expressão) de credo cristã judaica inicial em Romanos 1:3-4, e o resumo citado da história de Jesus em Filipenses 2:5-11.[10].

Nessa etapa, parece que a mensagem do evangelho ainda era transmitida, em grande parte, na forma oral. Entretanto, com o tempo, os primeiros cristãos tomaram consciência da necessidade de escrever sua mensagem (e finalmente formar uma coleção considerada canônica). Os seguintes fatores moldaram seu pensamento:[11]

1. A morte de testemunhas oculares e dos apóstolos despertou a consciência da necessidade de preservar o testemunho oral da vida de Cristo e o crescimento da igreja primitiva.
2. Os desafios colocados pela distância no tempo em relação a Jesus histórico podem ter levantado a necessidade de registro de seus ensinamentos.
3. A igreja sentiu a necessidade de preservar livros que eram considerados valiosos, pois foram escritos por um apóstolo ou profeta.
4. Os problemas teológicos e éticos na igreja primitiva indicavam que os crentes precisavam saber quais livros deveriam ser usados nas igrejas e quais não. Por exemplo, já em 140 d.C., o herético Marcião aceitou

9 WITHERINGTON. *New Testament Story*, 14-17.
10 WITHERINGTON, 14–17.
11 WITHERINGTON, 100.

apenas capítulos limitados do cânon do Novo Testamento e eliminou partes que ele considerava inaceitáveis.

5. Do lado positivo, houve estímulo missionário. A rápida difusão do cristianismo significava que a Bíblia precisava ser traduzida para outros idiomas. Já na primeira metade do segundo século, a Bíblia foi traduzida para o siríaco e para o latim antigo.
6. As perseguições e a política conduziram a fase final de reconhecimento pleno e geral de todo o cânone dos escritos do Novo Testamento. As perseguições sob Diocleciano e Maximiliano (AD 302/303-13) forneceram uma forte motivação para a conclusão do cânon. Este proporcionaria uma fonte padronizada de fé para que aqueles sob perseguição não caíssem na heresia.

Os vinte e sete livros que compõem o Novo Testamento foram formalmente reconhecidos no Conselho de Cartago em 387 AD. No entanto, igual ao Conselho de Jamnia e o Antigo Testamento, este Conselho não decidiu quais livros deveriam ser considerados canônicos, mas confirmou os livros que tinham sido reconhecidos como inspirados e autorizados desde o final do primeiro século. A canonização pode ser definida como processo criativo e histórico pelo qual estes livros passaram a ser reconhecidos como sagrados.

As informações sobre o ambiente sociopolítico do Novo Testamento são valiosas quando se trata de interpretar o texto bíblico. Por exemplo, é importante reconhecer que os eventos do Novo Testamento aconteceram durante o tempo de domínio romano. Os judeus não eram governados por um rei judeu, mas estavam sujeitos a um governador romano e obrigados a pagar impostos a Roma. Eles frequentemente se rebelavam contra o domínio romano, pois esperavam por um salvador (libertador) físico. Embora Jesus tenha vindo como salvador (libertador) espiritual, muitos de seus contemporâneos não entenderam isso. Mesmo seus aliados mais próximos, seus discípulos, chegaram a questionar (após sua ressurreição) se ele planejava restaurar o reino de Israel, mostrando sua contínua expectativa de libertação física (At 1:6).

A compreensão do ambiente religioso também é significativa para o estudo do Novo Testamento. Os judeus não eram um grupo homogêneo, mas incluíam os judeus da diáspora (ou dispersão), hebraístas e helenistas, assim como os escribas, fariseus, saduceus e o povo comum. Os grupos mais proeminentes da literatura bíblica são os fariseus e os saduceus, que se opunham a Jesus a cada momento.

Conclusão

Para garantir uma interpretação precisa, devemos compreender não apenas nosso contexto africano, mas também o contexto da Bíblia. Este capítulo proporcionou uma breve discussão deste contexto, enfocando perspectivas teológicas, literárias e histórico-culturais. Estas são as categorias importantes ao utilizar o modelo hermenêutico exposto neste livro. Nos próximos capítulos, usaremos este entendimento como base ao aplicarmos o modelo de banqueta de quatro etapas a vários gêneros encontrados na Bíblia.

6

INTERPRETANDO HISTÓRIAS

A maioria das pessoas não precisa de explicação sobre o que é a história. Quando crianças, fomos continuamente expostos a histórias em casa e na escola. Se lhe perguntassem, você provavelmente poderia facilmente identificar uma história favorita. Você também saberia que a história não é o poema ou a canção, embora certamente possa incluir uma delas em sua narração. Mas, quando se trata de hermenêutica e da interpretação de histórias, precisamos ser capazes de dar uma definição mais detalhada do que é a história, e de como e por que as histórias são contadas. Como diz Osborne, "A interpretação da narrativa tem duas tarefas: a poética, que estuda a dimensão artística ou a maneira como o texto é construído pelo autor; e o sentido, que recria a mensagem que o autor está transmitindo"[1]. Isto significa que quando lemos ou ouvimos uma história, devemos levar em conta a maneira como ela é organizada, bem como o sentido que ela transmite. Neste capítulo, veremos como isto funciona na prática em relação às histórias africanas e às histórias da Bíblia.

O gênero História

Se tivéssemosque definir história ou narrativa, diríamos que é um arranjo artístico de conteúdo específico para transmitir algum sentido (e/ou emoção) através do desdobramento de cenas ou episódios. Este conteúdo pode ser fictício ou pode refletir eventos reais, e pode ser apresentado por escrito ou em forma oral, sendo este último mais comum na África.

1 Osborne. *The Hermeneutical Spiral*, 154.

O elemento chave de histórias é que elas envolvem dois mundos distintos, mas interligados. Há o mundo do narrador e do ouvinte (a quem poderíamos chamar de agentes de comunicação), e o mundo dentro da própria história. Na interpretação de histórias, é preciso entender como esses dois mundos funcionam e interagem para transmitir o sentido de história. Ambos ajudam a levar a história adiante até sua conclusão. Portanto, embora possamos falar sobre eles separadamente, deve-se entender que estão em constante interação um com o outro.

O mundo dos agentes de comunicação

O mundo do narrador e do ouvinte é mais evidente quando falamos de histórias orais, pois se visualiza cenas em que um pai ou ancião da comunidade conta histórias para um público atento. No entanto, este mundo também está presente em histórias escritas como as que encontramos na Bíblia. Muitas das histórias que lemos na Bíblia eram originalmente histórias orais, valorizadas pelo povo de Israel. Outras histórias bíblicas podem ter sido escritas, mas foram escritas em um contexto em que seriam lidas em voz alta para os outros (veja, por exemplo, as instruções de Moisés em Deuteronômio 31:11-13 e a leitura pública da lei de Esdras em Neemias 8:1-8). Além disso, muitas histórias bíblicas ainda são contadas nas igrejas e nas escolas dominicais até hoje. Portanto, os agentes de comunicação ainda são relevantes quando se olha para a Bíblia.

O narrador

O narrador é a pessoa que está contando a história. Esta pessoa é importante, pois a autoridade do narrador é essencial para a narração bem-sucedida da história. As histórias tradicionais não poderiam ser contadas por qualquer pessoa da comunidade. Elas só poderiam ser contadas por pessoas de autoridade comprovada. Além disso, o narrador terá algum propósito em contar a história, mesmo que esse propósito seja apenas para entreter. É importante notar que na narração de histórias tradicionais africanas, uma história só pode ter o sentido que o narrador pretende indicar. Nós, os ouvintes, não temos permissão para construir nossos próprios sentidos, mas devemos permitir que o narrador transmita o sentido através do veículo história.

O ouvinte

Enquanto o narrador faz a narração, o ouvinte faz a escuta. Na maioria das culturas, não é apenas o cenário social (o tempo e o lugar onde a história é contada) que determina o tipo de história e como ela é contada. Os ouvintes, sejam crianças, jovens ou adultos, também desempenham um papel.[2]

O papel de ouvinte pode ser menos óbvio ao ler uma história escrita (embora não esteja ausente - se os leitores não se envolverem com a história, eles deixarão de lê-la). Mas é impossível não perceber o papel de ouvinte na narração oral de história. A escuta na África não é uma questão passiva. Como explicado no capítulo 4, ela é holística ou ativa e envolve escuta comunitária, visualização, respostas entusiasmadas, e assim por diante. Também vemos evidências disso na Bíblia quando os ouvintes reagiram à leitura da lei por Esdras (Ne 8:9).

O mundo da história

O mundo de história está preocupado com o que acontece dentro da própria história, desde sua abertura até suas palavras finais (pois as histórias têm um início e um fim definidos). Ela inclui a trama de história, que gira em torno dos personagens principais e é o veículo que impulsiona a história de um ponto ao outro até chegar à sua conclusão lógica.

O mundo de história também inclui a caracterização, que é como os personagens de uma história são apresentados e desenvolvidos. Alguns personagens menores quase não são mencionados, enquanto outros personagens são desenvolvidos de forma bastante significativa, de modo que poderíamos chamá-los de personagens de pleno direito. A caracterização é, às vezes, realizada através do uso do diálogo. Partes de história podem ser contadas por um narrador em suas próprias palavras, mas em outros momentos os personagens da história podem falar por si mesmos.

O tempo também é um elemento dentro do mundo da história. Ele pode passar rápido ou lentamente, com eventos que parecem acelerar em certos pontos e abrandar em outros, dependendo daquilo que o narrador deseja que o ouvinte preste atenção. Aspectos de uma história que não são vistos como cruciais podem ser cobertos em uma única declaração ("passaram mil anos"). Ou, o narrador pode escolher abrandar o tempo narrativo quase ao ritmo de um caracol. ("Tick, tick, tick - Musa olhou para o relógio novamente. Apenas um minuto havia passado, embora parecesse horas").

• • • • • • •

2 Kipury, Naomi. *Oral Literature of the Maasai* (Nairobi: East African Educational Publishers, 1983), 10.

Histórias africanas

Para a maioria dos africanos, histórias e outras formas de arte fazem parte de nossa vida diária e da maneira como devemos viver. Elas cumprem muitas funções, incluindo preservar a cultura de uma civilização, explicar fenômenos naturais, transmitir informações históricas e sociais e ensinar lições morais e éticas.[3] Para nossos propósitos, pode-se identificar quatro funções principais a seguir:

Transmissão de valores morais. Histórias são meios importantes de construir caráter e assegurar a coesão dentro da comunidade. É através delas que os ouvintes começam a compreender os valores e normas culturais valorizados em sua comunidade específica. Sem elas, como se poderia sequer começar a compreender a necessidade de valores sociais e traços de caráter como honestidade, integridade, moralidade, justiça e respeito pelos mais velhos.

Transmissão de informações. Histórias transmitem informações históricas necessárias para que a comunidade compreenda seu patrimônio. Saber de onde viemos como povo é importante quando se trata de determinar nosso futuro passo. algumas histórias podem transmitir informações teológicas ou material profético, como na seguinte história contada pelo povo Gikuyu. Ela usa uma linguagem simbólica, pois fala da construção da ferrovia, da presença de aviões e das armas dos colonialistas:

> *Muhang'u* costumava narrar a seu filho o que o futuro reservava para o país, conforme previsto por *Mugo wa Kibiru*, o grande vidente. "Um dia,um homem branco, cuja pele se assemelha à de um sapo, chegará à nossa terra. Ele trará consigo uma longa serpente que embarcará em uma longa jornada, começando pelo grande oceano no leste e terminando no grande lago no oeste. A serpente significará o advento do homem branco. Ele também trará consigo borboletas que voarão alto no céu e desaparecerão no horizonte, enquanto o sol viaja de leste a oeste. O homem branco estará armado com um bastão que cospe fogo e fumaça e mata na hora". O grande vidente aconselhou de forma veemente a não ir para a guerra com este homem. "Ele é forte demais para resistirmos de

3 Taylor, E. K.. *Using Folktales* (Cambridge: Cambridge University Press, 2000).

> forma efetiva. Ele nos governará por muitas estações, mas por fim, quando a figueira (*Mugumo*) em Thika secar, ele irá, mas não sem lutar"[4].

Transmitindo a mitologia. Os mitos e lendas de um povo geralmente são histórias que explicam suas origens e as origens de fenômenos naturais.

Ouvintes recreativos. Embora as três primeiras categorias de histórias tenham todas um propósito didático ou pedagógico, a última é meramente para divertimento.[5] Algumas histórias são contadas simplesmente para divertimento e entretenimento.

Embora categorizações como essas possam ser úteis, é importante lembrar que histórias africanas não são rígidas quanto à função. Elas são flexíveis e sua função pode variar dependendo do narrador e da ocasião. Assim, embora o sentido de uma história não mude, ela pode ser usada para várias funções diferentes.[6]

Lembremos que, embora histórias de toda África tenham tramas, temas e às vezes até personagens semelhantes, essas semelhanças superficiais não devem nos levar a ignorar as diferenças críticas de tonicidade e personagem. Finnegan nos dá um bom exemplo disso. Ela reconta a história de desgraças da galinha, narrada por contadores de histórias do Quênia e de Serra Leoa. A história do Quênia explica por que os abutres se aproveitam das galinhas. A história de Serra Leoa explica por que águias se aproveitam das galinhas. Embora ambas as histórias tenham a mesma estrutura geral, o enredo se desdobra de maneira diferente, e a história de Serra Leoa inclui um personagem adicional, um tentilhão. Na história do Quênia, a galinha é descuidada e não cumpre sua promessa para com a águia. Na história de Serra Leoa, o tentilhão é o verdadeiro culpado, mas consegue colocar a culpa na galinha. Em ambas as histórias, embora a "viagem" seja diferente, o resultado é o mesmo - as galinhas se tornam presas.[7]

Neste ponto também devo ressaltar que histórias africanas incluem muitos tipos de personagens. Em algumas delas, personagens principais são animais, enquanto em outras são seres humanos (históricos ou não). Há também his-

4 As extracted from James M. Waiyaki, The Story of Muhang'u: A Precolonial Look, forthcoming.

5 Finnegan, Ruth. *Oral Literature in Africa* (Oxford: Oxford University Press, 1976 (1994 printing), 321.

6 Finnegan. *Oral Literature in Africa*, 320.

7 Finnegan, 328–333.

tórias que apresentam personagens de fantasia, como ogros. Não é raro encontrar vários tipos diferentes de personagens em uma história, assim como uma divindade. Cada tipo de personagem serve a um propósito específico na história. Personagens de ficção, por exemplo, muitas vezes comunicam certos valores. Por exemplo, o ogro que aparece frequentemente nas histórias de *Kalenjin* simboliza o engano, a destruição e o poder do mal.[8]

Embora histórias africanas devam ser lidas de forma holística, é bom aproveitar o tempo para apreciar sua beleza e seu aspeto artístico, assim como a forma como elas se comunicam. Quando fazemos isso, reconhecemos como os detalhes da história e a técnica do narrador nos proporcionam uma chave interpretativa. Uma vez que aprendemos a usar esta chave na história africana que se segue, podemos também usá-la para desvendar a história bíblica seguinte.

Interpretando a história africana

Mergulhe no conto abaixo. Permita-se entrar no mundo do narrador, assumindo primeiro um personagem, depois o outro. Tudo o que deve ser apreciado como narração foi colocado em itálico, enquanto todo discurso direto está em fonte regular. Nesta história, como é comum nas histórias populares da África, o hipopótamo tem a capacidade de usar a linguagem como meio de comunicação.

> *O povo Gikuyu acredita que nos dias, há muito, mas há muito tempo, o Bom Senhor N'gai fez seus planos para todas as criaturas sobre sua terra, ele fez o hipopótamo um animal das florestas e planícies. Mas o hipopótamo era ganancioso e, encontrando muita comida à sua volta e nenhum inimigo com o qual se preocupar, engordou mais e mais. E quanto mais gordo ele ficava, mais sofria com o calor do sol equatorial do meio-dia.*
>
> *Dia após dia, quando ele descia ao rio para beber, ele olhava com inveja para os peixinhos que nadavam na piscina resfriada pela neve derretida do longínquo Monte Quênia.* "Oh", *ele suspirava,* "como seria maravilhoso se eu pudesse viver como o peixinho de N'gai, na água clara, fresca e refrescante!"

8 CHESAINA, C.. *Oral Literature of the Kalenjin* (Nairobi: East African Educational Publishers, 1991), 11.

O hipopótamo refletiu sobre seus problemas por muitos dias, e finalmente decidiu se aproximar do senhor de toda a criação. "Por favor, bom Senhor N'gai", *ele gritou alto aos céus em um dia particularmente quente,* "permita-me deixar florestas e planícies". Deixe-me viver nas águas claras e frias de seus rios e lagos, pois o calor do sol ardente está me matando!"

"Não", *respondeu Senhor N'gai,* "pois meus peixinhos são muito queridos para mim, e se você fosse viver nos rios e lagos, você estaria propenso a mudar seus hábitos alimentares e começar a comer esses peixinhos. Isso nunca seria suficiente. Não, você deve continuar a viver na terra seca".

Assim, o hipopótamo ficou tristemente em sua casa nas florestas e planícies, onde o sol continuava a bater impiedosamente em seu couro desprotegido. "Isto é mais que eu posso suportar!", *gemeu a pobre criatura.* "Por favor, por favor, bom Senhor N'gai, deixe-me sair das florestas e planícies, e tornar-me uma criatura dos rios e lagos; prometo muito fielmente que não comerei seus peixinhos."

O Grande Senhor N'gai pensou no assunto, enquanto olhava para planícies assando ao calor do sol tropical e, por fim, seu coração amoleceu. "Muito bem", concordou ele, "vou permitir que você viva em meus rios e lagos, mas como você vai provar para mim que não vai comer meus peixinhos?"

"Deitar-me-ei na água fria de dia e à noite percorrerei pelas margens dos rios e nos vales", *respondeu o hipopótamo.* "Prometo que não comerei seus peixinhos."

"Mas isso não será prova para mim de que você está cumprindo sua promessa", *apontou o Grande Senhor N'gai.*

"Bem, então", *respondeu o hipopótamo,* "sairei da água toda vez que o alimento passar pelo meu corpo, e espalharei meu esterco sobre a terra com minha cauda. Tudo o que comi será espalhado à sua vista, e você mesmo verá que não há espinhas de peixe. Certamente isto será prova suficiente".

É por isso que, até hoje, o hipopótamo sai de água para espalhar seu esterco enquanto olha para o céu e diz: «Olhe

> N>gai, sem peixe!» - e é por isso que os hipopótamos não comem peixe!

Mesmo uma história simples como esta transmite muita coisa. Tomaremos consciência disso ainda mais, à medida que a examinarmos, baseando-nos em alguns dos elementos referidos no modelo de banqueta de quatro etapas que discutimos no capítulo 4.

Gênero

Esse exemplo, obviamente, é uma história contada por um narrador. Embora não consigamos identificar o narrador na forma impressa da história, a maneira de contar mostra evidência de uma medida de autoridade. Presume-se que esse narrador seja uma pessoa íntegra, porque a história sustenta claramente aspectos da cultura e da visão de mundo *Gikuyu*. A intenção do narrador também é clara. Ele ou ela quer explicar por que hipopótamos são vegetarianos e especificamente por que eles não comem peixe. Não há outro sentido oculto para ler nas entrelinhas, embora possamos extrair princípios relacionados ao autocontrole e à gula e deduzir certas coisas sobre o personagem de *N'gai*.

Pode-se facilmente imaginar um público arrebatado, assimilando cada palavra da história do hipopótamo, aplaudindo ou lamentando enquanto a história se desenrola, compadecendo em tom audível com o tormento do hipopótamo, e até mesmo acenando em concordância com o julgamento de *N'gai*.

O mundo da história

O mundo da história se preocupa com o que acontece dentro da própria história, desde a formulação inicial, "Há muito, muito tempo" até a formulação final, "e é por isso...". Uma série de técnicas literárias funcionam em conjunto para colaborar com o mundo da história e com a beleza e a arte com a qual ela é apresentada. Elas também ajudam a transmitir o sentido da história.

Trama

A trama de muitas histórias africanas pode ser descrita como linear cíclica. Em outras palavras, embora a trama esteja constantemente movendo a história para frente, há momentos em que as coisas parecem estar indo para trás, particularmente quando o elemento surpresa é introduzido.

Na história acima, a trama começa com a ganância do hipopótamo que o leva a se tornar obeso. Seu crescente desconforto desencadeia seu pedido a *N'gai* de permitir que ele viva no lago. Esse pedido surpreende ouvintes africanos que sabem que *N'gai* é transcendente e tem uma relação distante apenas com este mundo. É por isso que o hipopótamo não toma decisão de abordar *N'gai* pessoalmente, de forma leve, mas pondera seus problemas por muitos dias antes de fazê-lo.

A trama continua a se desenrolar com a recusa de N'gai ao pedido do hipopótamo. Conhecendo tanto seu personagem quanto o do hipopótamo, os ouvintes não esperam que *N'gai* mude de ideia. Assim, a trama parece recuar para onde começou, com o hipopótamo suportando o desconforto duradouro ao ponto de reiterar seu pedido. Os ouvintes estão novamente surpresos que, desta vez, N'gai atenda o pedido do hipopótamo. Todavia, o hipopótamo recebe permissão para viver na água somente sob a condição de que ele cumpra sua promessa de não comer peixe. Ele provará que é obediente ao dispersar seu esterco para que seu conteúdo possa ser examinado.

Aparentemente, cada ação nesta história gera uma outra, movendo a história para frente (e às vezes aparentemente para trás!) até chegarmos à conclusão.

Cenário

O cenário de uma história é seu contexto em termos de tempo, espaço e visão de mundo. É a chave para compreender o contexto histórico/cultural, que é a quarta parte de nossa banqueta hermenêutica de quatro etapas. A compreensão do cenário também nos permite visualizar a história de forma mais nítida e localizar os personagens à medida que a história avança.

1. Tempo: O tempo em que esta história acontece é identificado como "nos dias, há muito, mas há muito tempo atrás". Acontece muito antes do tempo do narrador e de seus ouvintes.
2. Espaço: Não nos é dito exatamente onde a história acontece. No entanto, aparentemente, é uma região quente da África equatorial, em algum lugar nas proximidades do Monte Quênia, que é mencionado como a fonte da água fria. É uma região onde há rios, lagos, florestas, planícies e vales.
3. Visão de mundo: A visão de mundo dos personagens de uma história e de quem a conta contribuem para a compreensão fidedigna de uma história. Na história acima, a visão de mundo não é explicitamente identificada, mas dado que a história é contada pelo povo Gikuyu, podemos supor que o narrador e os ouvintes originários compartilharam a visão de mundo Gikuyu. Para os Gikuyu, a religião era de natureza transacional e envolvia a forma de teologia de retaliação. Se

fizesse coisas boas, poderia esperar o bem da divindade, e se fizesse o mal, seria punido. A compreensão desta visão de mundo a torna ainda mais surpreendente que o hipopótamo se atrevesse a abordar *N'gai*, sabendo muito bem que ele tinha feito mal ao se tornar obeso. Como esse contexto compartilhado estaria na mente dos ouvintes originários dessa história, a interação e o diálogo entre N'gai e o hipopótamo teria sido ainda mais significativo.

Repetição

A repetição é talvez o recurso estilístico mais difundido e amplamente reconhecido da literatura narrativa africana. Isso porque as histórias africanas geralmente tendem a ter uma estrutura linear cíclica e abordam o sentido principal da história a partir de muitos ângulos diferentes. A repetição se estende a palavras, sequências de palavras, temas, imagens, sinais e cenas. Na história acima, por exemplo, há numerosas alusões ao calor escaldante do sol, à ganância de Hipopótamo e à soberania de *N'gai*. Esta repetição de palavras e temas aumenta o impacto da história à medida que ela avança.

Narração e diálogo

A interação de narração e diálogo é uma característica essencial de histórias africanas. É a voz do narrador que fala conosco, contando-nos a história. O diálogo ocorre em pontos cruciais, fornecendo-nos respostas dos personagens em suas próprias palavras. Dito de forma simples, a narração é o relato de história e o diálogo são personagens que falam em suas próprias vozes. Uma boa história faz com que a narrativa flua suavemente, seja desacelerando ou aumentando a tensão, quando necessário.

Essa interação é trazida à tona no recontar da história acima, onde os elementos narrativos estão em itálico enquanto o discurso direto está em uma fonte regular. A história começa com a narração, que nos fornece o cenário e começa a desenvolver o personagem dohipopótamo. A narrativa também é utilizada em breves introduções formuladas de oradores, usando frases como "ele suspirava", "ele chorou alto", "respondeu o Senhor N'gai", "respondeu o hipopótamo", e assim por diante. Aqui, a narração está desempenhando um papel de apoio ao que os personagens realmente dizem.

Note que quase metade da história é contada em diálogo, tudo escrito na primeira pessoa, assim como critério com frases que refletem discurso direto. Além de contribuir para nossa compreensão de personagens dos participantes, o diálogo proporciona um sentido de "reali-dade" e imediatismo à narrativa.

Por fim, observe o texto em negrito no final da história. Não é nem narração nem diálogo, mas é um comentário editorial apresentado pelo narrador. Ele permite ao narrador fornecer detalhes que são significativos para nossa compreensão da história, colocando a pergunta que motivou a história - Por que os hipopótamos não comem peixe?

Tempo narrativo

Na história acima, a lenta passagem do tempo é transmitida por elementos como "*dia após dia*, quando ele desceu ao rio ... O hipopótamo ponderou sobre seus problemas *por muitos dias* . . . o sol *continuou a bater* impiedosamente em sua pele desprotegida". Este hábil uso do tempo narrativo permite ao ouvinte visualizar a eternidade da agonia que o hipopótamo está vivenciando.

O diálogo, entretanto, tende a imitar o "tempo real", uma técnica que o narrador utiliza para sinalizar ao ouvinte que é importante o que personagem está dizendo. Ele também pode ser usado para retardar o tempo em uma história. Conhecemos a passagem mais lenta do tempo enquanto N'gai toma decisão e o hipopótamo começa a vivenciar algum alívio.

Caracterização

Na narração de histórias africanas, animais frequentemente aparecem como personagens principais. Estes personagens podem não parecer tão bem desenvolvidos quanto personagens da literatura ocidental, mas isto se deve em parte ao fato de que histórias como esta são destinadas a ser dramatizadas pelo narrador.[9]

Uma coisa é certa sobre o personagem do hipopótamo - ele é ganancioso! De fato, sua obesidade pode ser diretamente imputada ao seu amor pela comida. O outro aspecto de seu personagem que transparece é que ele é persistente e disposto a fazer o que for preciso para encontrar uma solução para seu problema.

E o personagem de N'gai? A análise da história mostra que ele é soberano (ele criou todas as coisas, inclusive o próprio hipopótamo), é justo com toda a sua criação, compassivo e misericordioso, mesmo quando a punição parece justificada. Além disso, ele é inteligente e não pode ser enganado pelo hipopótamo. Sua rejeição do pedido inicial do hipopótamo revela o aspecto moral de seu personagem, abordando a questão do certo ou errado na história. Preservar a vida dos peixes é importante para ele.

9 Finnegan. *Oral Literature*, 373.

O narrador desta história faz uso notável do diálogo contrastivo para trazer à tona os personagens hipopótamo e N'gai. Suas vozes são distintas. Seus diferentes modos de expressão servem como espelhos em seus personagens, dramatizando a profunda diferença entre eles. A voz pleiteante de Hipopótamo é claramente distinta da voz da divindade que tem autoridade.

Vividez

As histórias africanas tendem a ser muito vívidas, atraindo sem esforço o ouvinte para a ação. Há referências constantes à natureza, e quase todas as histórias são contadas dentro de um cenário no qual as imagens da narrativa são sustentadas por detalhes terrenos. A compreensão destes detalhes é crucial para a compreensão da própria história. Por exemplo, na história acima, há referências ao sol escaldante equatorial, à neve no Monte Quênia, ao rio e suas margens, às florestas, planícies e vales. Estes detalhes criam um quadro mental vívido que permite ao ouvinte vivenciar a história quase em primeira mão. A imagem do hipopótamo espalhando seu esterco com sua cauda para mostrar que não há espinhas de peixe assume tal vivacidade em nossas mentes que quase podemos sentir o cheiro dos efeitos de sua ação!

Outros aspectos que contribuem para a vividez incluem o convite implícito do narrador a nós, ouvintes, para que nos coloquemos nos bastidores. Quando nos é permitido o acesso à conversa que ocorre entre o hipopótamo e N'gai, a história de repente começa a assumir cores, matizes e formas diferentes. O exagero no apelo do hipopótamo: "o calor do sol ardente está me matando!" traz uma vivacidade à narrativa que não seria possível se ela fosse simplesmente narrada. Ficamos com uma imagem de uma criatura desesperada, incapaz de sobreviver mais um dia neste ambiente duro e intransigente. A eloquência de seu pedido não se perde nos ouvintes. Não temos escolha a não ser simpatizar com sua situação difícil, mesmo sabendo que ele mesmo é responsável por ela. Através dos apelos desesperadores do hipopótamo, o ouvinte é estimulado a se envolver emocionalmente. Se você se lembra, dissemos que a escuta narrativa na África envolve o ouvinte em todos os níveis. Portanto, na verdade, não ficamos surpresos quando N'gai finalmente muda de ideia. Afinal de contas, quem pode se afastar de tal desespero? Nós certamente não podemos! Mais importante ainda, quando a história é terminada, já nos relacionamos tão intensamente com o hipopótamo que também decidimos praticar as características positivas de comportamento enfatizadas na história.

Linguagem figurativa

Linguagem figurativa, como metáforas, simbolismo, imagens e expressões idiomáticas são comumente usadas na África.[10] Essa linguagem aumenta a vivacidade de uma história, mas também pode servir a outras funções, incluindo a comunicação de ideias abstratas.[11] Na história acima, a personificação é empregada no sentido de que N'gai e o hipopótamo têm vozes e falam. Há também a hipérbole (exagero), particularmente no grito do hipopótamo: "o calor do sol ardente está me matando!"

Abordagem nãodireta

Para concluir, é importante enfatizar que na narrativa africana, toda a história carrega a mensagem e cada parte dela tem um papel a desempenhar. Em outras palavras, não há uma identificação clara da "moral" da história. Não se pode simplesmente buscar o ponto de partida para entender a mensagem da história. A narrativa não é, portanto, linear, mas cíclica; a história avança, mas não em uma linha reta. É algo parecido com isto:

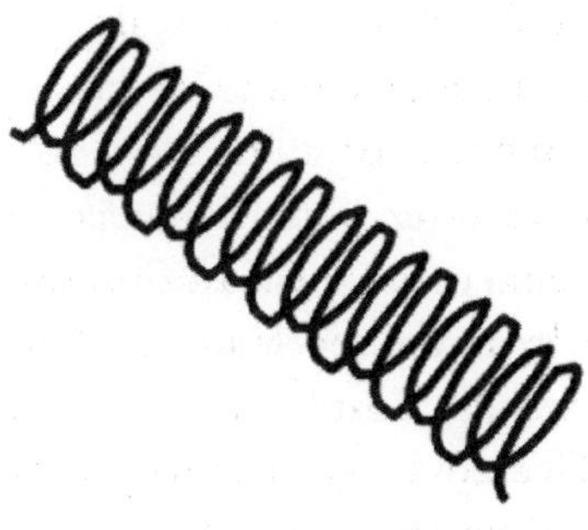

Por exemplo, embora a história acima pareça ter um ponto final ("e é por isso que os hipopótamos não comem peixe"), se você ler com atenção, perceberá que a história em sua totalidade é a mensagem! O sentido da história é uma explicação da natureza vegetariana do hipopótamo. Entretanto, a «aplicação» da história vai além do simples fato de que os hipopótamos são vegetarianos para revelar o personagem e a natureza de N›gai e como devemos responder a ele. Em muitos casos, tais histórias servem para enriquecer a visão de mundo

10 SEE, for example, the Maasai folk stories in Kipury, *Oral Literature of the Maasai*, 14.
11 FINNEGAN. Oral Literature, 61.

dos ouvintes africanos, já que vários aspectos da divindade são revelados na forma como ele se relaciona com sua criação.

Tendo analisado como as histórias funcionam na África e como devemos interpretá-las, agora voltamos nossa atenção para as histórias da Bíblia. Nesta seção, aplicaremos o modelo de banqueta de quatro etapas a uma história bíblica, enquanto nos baseamos nos princípios específicos que se relacionam com as histórias africanas.

Histórias na Bíblia

Como muitos estudiosos têm apontado, a maior parte da Bíblia está escrita no gênero história. No Antigo Testamento, isso inclui o Pentateuco, os livros históricos e até mesmo grandes porções dos livros proféticos. No Novo Testamento, isso inclui os Evangelhos e Atos. As parábolas de Jesus são também histórias e, assim, em certo sentido, também o livro do Apocalipse. Esse livro inclui cartas, mas é essencialmente uma história contada com simbolismo detalhado e transmitindo uma mensagem profética - um estilo que não é desconhecido, porque é semelhante à maneira como as mensagens proféticas foram transmitidas na África.

A função de histórias na Bíblia

Embora o material histórico nas Escrituras seja, muitas vezes, escrito em modo narrativo, sua função não é apenas informativa ou estética. As histórias também devem ser vistas como teológicas (nos dando uma compreensão de Deus em nossos contextos), doxológicas (nos levando a adorar a Deus) e didáticas (nos ensinando a viver).[12] Portanto, elas exigem resposta do leitor em termos de mudança de valores, atitudes e comportamentos. As histórias bíblicas nos dão uma visão de mundo, na qual Deus é visto como atuando na história para moldar eventos para seu maior propósito. As histórias transformam nossa visão de mundo, tanto individual quanto comunitária. Os respectivos eventos podem ser descritivos (descrevendo o que aconteceu) ou prescritivos (prescrevendo o que fazer). Uma análise cuidadosa de cada história é necessária a fim de distinguir em que modo ela está operando. Por exemplo, no livro de Atos, as pessoas falavam muitas vezes em línguas depois que os apóstolos pregaram o evangelho. Os estudiosos continuam a debater se esses relatos devem ser lidos como descritivos ou prescritivos.

12 LONGMAN. *Literary Approaches*, 68–71.

Analisar uma história bíblica

A história de Rute no Antigo Testamento é uma história familiar. É ambientada no tempo em que os juízes governavam e a fome havia assolado o país. A fome foi a catalisadora que provocou a migração de alguns dos personagens de Judá para Moabe. Esses personagens são Elimeleque, sua esposa Noemi (que desempenha um papel importante na história) e seus dois filhos, Maalon e Quelion.

Elimeleque morre em Moabe e os dois filhos de Noemi se casam com mulheres moabitas. Leitor crítico, que conhece a visão de mundo da Bíblia, perceberá que isso, na verdade, é um ato de desobediência. Deus havia ordenado aos israelitas que não se casassem com mulheres estrangeiras. Após cerca de dez anos, os dois filhos de Noemi morrem e ela fica com duas noras moabitas, Orfa e Rute.

O(A) narrador(a) não nos dá nenhuma informação específica sobre a situação delas - seja positiva ou negativa - enquanto estavam em Moabe, mas é evidente que as coisas não estão indo bem. Noemi mantém a teologia da retaliação que prevalecia na época e ela acredita que Deus a afligiu ao privá-la cruelmente de seus dois filhos (1:13, 20-21).

Desesperada, ela ouve que Deus mudou a situação em Judá e decide deixar Moabe com suas duas noras. Não é dito quão longe elas viajam juntas, mas em algum momento ela as libera da obrigação de voltar para casa com ela. Não está claro por que ela faz isso, pois de acordo com o costume judaico, as duas mulheres faziam parte de sua casa. Pode ser que ela as estivesse testando, ou talvez tendo sentido a dor de viver em uma terra estrangeira, ela não deseje que elas sofram a mesma dor. Quaisquer que sejam suas razões, ela não apenas as libera, mas as abençoa em qualquer novo casamento em que elas possam entrar. Depois de uma conversa emocional, Orfa volta para sua casa. Rute, entretanto, promete fidelidade a Noemi. Mais importante ainda, ela promete renunciar a seus próprios deuses e servir o Deus de Noemi.

A história continua com seu retorno a Belém durante a colheita da cevada. O leitor crítico perceberá essa informação evidentemente como casual. É a indicação de abundância após a fome e prepara o cenário para Rute iniciar o contato com Boaz.

O(A) narrador(a) nos diz que quando chegaram a Belém, a cidade inteira tomou conhecimento de sua chegada. É provável que as mulheres que as conheceram no seu retorno tivessem testemunhado a partida de Noemi e de seu marido e filhos há mais de dez anos. O fato de que ela está voltando sem sua família é um choque. Noemi já é uma mulher muito amarga - tanto que ela muda seu nome de Noemi, que significa "agradável", para Mara, que significa "amarga".

A vida, de volta a Belém, logo começa a ganhar um ritmo estável. Rute passa seus dias colhendo espigas, trabalho feito por indigentes. Por "casualidade", ela colhe espiga nos campos de um homem chamado Boaz que, por acaso, é um parente próximo do falecido marido de Noemi, Elimeleque. Ele é, portanto, um de seus parentes-redentores, ou seja, um parente masculino próximo, responsável por agir em favor de um parente do sexo feminino, para prover seu sustento e resgatá-la de quaisquer circunstâncias negativas. As responsabilidades de um parente-redentor se estendem até mesmo ao casamento, o que preservaria o nome do marido morto. Boaz observa Rute e ordena a seus colhedores a não assediá-la e a dar-lhe água quando estiver com sede. A bondade dela para com sua sogra foi notada e Boaz deseja reconhecê-la.

Depois de um tempo, Noemi cria um plano para encontrar um marido para Rute. Seguindo precisamente as orientações de Noemi, Rute se veste com suas melhores roupas e usa perfume. Sabendo onde Boaz vai passar a noite, ela surpreendentemente deita-se a seus pés (já isso era contra as normas do dia). Em algum momento da noite, Boaz acorda e se assusta ao sentir alguém deitado ali. A conversa que se segue estabelece que Rute pede que ele a tome como sua esposa, já que é um parente-redentor. Boaz aceita, mas com a condição de que ela permita que um parente mais próximo tenha a primeira chance. Esta é uma surpreendente reviravolta na trama. A introdução de um novo personagem, neste ponto, nos deixa com uma sensação de incerteza. Se existe um parente mais próximo, por que ele não se mostrou? E por que Boaz tem que instigá-lo a cumprir seu dever? E mais importante, ele irá honrar o costume ou não?

As coisas continuam a se desenrolar, com o parente-redentor mais próximo declinando a oportunidade de se casar com Rute, e assim Boaz toma Rute como sua esposa. Rute, antes estéril, logo concebe e dá à luz um filho, a quem dão o nome de Obede. A genealogia que se segue revela que ele, por fim, se torna o pai de Jessé, que por sua vez se torna o pai de Davi, rei de Israel.

Aplicando o modelo de banqueta de quatro etapas

Como lembrete, o modelo de banqueta de quatro etapas reconhece a importância de basear toda a interpretação nas quatro "etapas", explicadas no capítulo 4. São correspondentes ao contexto africano, contexto teológico da história, contexto literário e contexto histórico/cultural. Somente depois que estas quatro "etapas" estiverem no lugar, poderemos chegar a uma aplicação definitiva da história.

Etapa 1: Paralelos ao contexto africano

As histórias bíblicas têm muitas das mesmas funções de histórias africanas. Elas também envolvem narradores e ouvintes e exigem resposta de seus leitores. Além destas semelhanças genéricas, existem outros pontos específicos de contato entre a história de Rute e nossas realidades africanas.

Relações familiares: A família, incluindo a família ampliada, é muito importante na África. Admiramos a forte ligação de Noemi com suas noras (e vice-versa) e a determinação de Boaz em cumprir suas responsabilidades familiares. Na África tradicional, qualquer ruptura nas relações familiares contrairia a ira do deus, dos espíritos e da comunidade. Os leitores africanos modernos não se surpreendem, portanto, com o testemunho desta proximidade em uma família tradicional. De fato, em muitas sociedades da África Oriental, considera-se que uma mulher casada deixou sua família natal e se tornou membro da família de seu marido. Ela permanece assim mesmo após a morte dele. Não é raro que surjam disputas se uma viúva quiser se casar novamente, porque os filhos e os bens que seu marido lhe deixou passariam para a família de seu novo marido.

Casamento Levirato: A tentativa de Noemi de organizar um casamento entre Rute e um parente próximo de seu filho morto não é uma ideia estranha aos africanos. Entre grupos como o *Luo* do Quênia, existe uma tradição semelhante de casamento levirato. Quando uma mulher perde seu marido, espera-se que seu cunhado assuma a responsabilidade pela família de seu irmão morto, casando-se com ela. Embora esta tendência esteja em declínio, a prática ainda é prevalecente em algumas regiões, particularmente nas áreas rurais.

Sofrimento: Os africanos compreendem extremamente bem a experiência do sofrimento. Falta de alimento, fome, pobreza e guerras são aspectos constantes da vida africana. Não achamos difícil nos identificarmos com Noemi e poucos a culpariam por sua crescente amargura. No entanto, o que realmente liga a experiência de sofrimento dela à África é a crença de Noemi de que Deus a está castigando. Como foi mencionado no capítulo sobre a visão de mundo, muitos africanos têm uma teologia de retaliação que vê o sofrimento como um castigo por má ação.

A *esterilidade*: Na cultura africana, a esterilidade é a origem de alto constrangimento. É considerado vergonhoso para uma mulher não dar filhos a seu marido - independentemente de quem é responsável clinicamente pelo problema. Esposas estéreis são frequentemente descartadas em favor daquelas mais férteis que trarão honra ao marido ao dar-lhe filhos. Não sabemos há quanto tempo Rute estava casada com Maalon, mas ela obviamente não lhe tinha dado filhos.

Na cultura judaica, ela teria sentido vergonha semelhante àquela vivida por uma mulher africana que continua sem filhos. Embora os elementos identificados acima não sejam os únicos paralelos com o contexto africano, eles fornecem um ponto de partida para começar a se relacionar com a história bíblica. Eles podem ser usados como pontes para promover a compreensão, internalização e aplicação do texto bíblico. Como mencionamos nos capítulos anteriores, nosso objetivo é passar do nosso mundo conhecido para o desconhecido da Bíblia, usando elos de comunicação.

Etapa 2: Contexto teológico

Como referido em nossa discussão sobre o segundo aspecto da hermenêutica, embora os africanos enxerguem as coisas de forma holística, eles tendem a dar preferência aos aspectos teológicos da história. No caso da história de Rute, podemos identificar alguns temas teológicos contrastantes.

Apostasia vs. fidelidade:

É significativo que, logo no início, nos é dito que essa história se passa no tempo dos juízes, quando «cada um fazia o que era certo a seus próprios olhos» (Jz 17:6; 18:1; 19:1; 21:25). Foi um tempo de grande maldade e apostasia, época em que o povo de Israel havia se afastado de seu pacto com Deus. Considerando a condição apóstata de Israel, é provável que o próprio Elimeleque tivesse deixado de seguir os caminhos de Deus. Ele deixou Belém em Judá durante um período de fome, levando consigo sua família de um lugar vazio ou estéril em busca de um lugar onde suas necessidades seriam atendidas. Escolheu ir para Moabe, viver e, por fim, morrer lá (1:2-3). Boaz, por outro lado, era um seguidor de *Yahweh* (Javé), como é evidente em sua saudação aos seus ceifeiros. O fato de ele também ter aderido às leis sobre a colheita de espiga (Lv 23,22) sugere que ele, ao contrário de muitos na terra, era um seguidor fiel de Deus (2,3-9).

Vazio vs. plenitude:

Há um tema recorrente de vazio e perda. Noemi perde primeiro seu marido e depois seus dois filhos, que morrem sem filhos. Tendo entrado na terra de Moabe cheia (pelo menos em um sentido), ela perde tudo. Ela vê as coisas desta maneira, mesmo tendo Rute a seu lado, nos lembrando de quanto a cultura judaica desvalorizou as mulheres, e especialmente as estéreis. Entretanto, suas circunstâncias são invertidas no final do livro, onde ela se alegra quando Rute dá à luz um filho. As circunstâncias de Rute também são invertidas. Seu casamento com Maalon não tinha gerado nenhum filho e ela teria suportado a vergonha da esterilidade. Quando chegou em Belém com Noemi, esta foi recebida, mas Rute foi ignorada. No entanto, no final do livro, ela não é mais uma viúva sem filhos, mas a esposa de um homem proeminente e a mãe de um menino. Ela também é altamente respeitada pelos habitantes da cidade, pois as mulheres atestam que ela é melhor do que sete filhos (4:15).

A providência de Deus: Somente ao fim da história e ao vermos o lugar de Rute na linhagem do rei Davi é que as coisas se tornam mais claras e reconhecemos que esta história, que começa no desespero, mas termina na alegria, mostra a providência de Deus em prover para seu povo. O tema teológico principal desta história é, portanto, a providência de Deus. A história é um lembrete de que a providência de Deus pode vir em formas muito inesperadas e que Ele, muitas vezes, usa os humildes e os desprezados para realizar seus propósitos.

Aplicação aproximada

O tema da providência de Deus leva à conclusão de que Deus é fiel em meio a circunstâncias difíceis e inverte situações negativas em seu próprio tempo. Tomando isso junto com os outros temas, podemos começar a concluir que Deus recompensa a fidelidade e, às vezes, permite o sofrimento por suas próprias razões.

Etapa 3: Contexto literário

Após aprofundar os paralelos com o contexto africano e as ênfases teológicas do texto, o próximo passo é identificar o tipo de literatura com a qual lidamos, incluindo seu gênero, as técnicas literárias e a linguagem utilizada, e como este texto se encaixa com os textos ao redor. Os pontos provisórios de aplicação identificados durante a etapa 2 serão mais esclarecidos na etapa 3.

Gênero literário

A primeira coisa que devemos identificar na etapa 3 é o gênero deste texto. Neste caso, não pode haver dúvida de que o livro de Rute é história. Já examinamos elementos de histórias africanas, e agora é hora de ver como esses elementos funcionam no texto bíblico de Rute.

Técnicas literárias

Enredo: O enredo gira em torno de dois e, depois, três personagens - Noemi, Rute e Boaz. O desenvolvimento da trama tem dois pontos focais. O primeiro é a providência divina, com Deus no fundo assegurando que a história termine como Ele pretende. O segundo é a mudança e mobilidade de Noemi e Rute, enquanto se movem fisicamente de Moabe para Belém e se movem emocionalmente do desespero para a esperança. Mesmo em Belém, o(a) narrador(a) relata a movimentação entre os campos, a eira e a cidade onde Rute vivia com Noemi. A mobilidade é, portanto, um aspecto proeminente desta história.

O(a) narrador(a) é muito competente em levar a história por caminhos que não prevemos. Por exemplo, ele apresenta outro parente que tem mais direitos sobre Rute do que Boaz no momento exato em que não estamos esperando nenhuma intercorrência. A movimentação não é, portanto, puramente linear. Encontramo-nos em um estado de maior suspense quando o narrador eleva, depois frustra e eleva de novo nossas esperanças.

Contexto: A história de Rute é contextualizada no período entre juízes e a instituição da monarquia. O fato de o narrador começar com a frase "Nos dias em que os juízes governavam" é uma pista para nos situar nesse contexto histórico específico. O cenário espacial da história começa em Judá, vai para Moabe e depois termina em Belém.

Narração e diálogo: Como na história africana acima vista, a narração e o diálogo desempenham um papel muito importante no livro de Rute. O diálogo revela dimensões importantes dos personagens. Por exemplo, observe as palavras de Rute em 1:16-17:

> *Não me pressione a deixá-la ou a voltar atrás. Aonde você for, eu irei, e onde você ficar, eu ficarei. Seu povo será meu povo, e seu Deus, meu Deus. Onde você morrer, eu morrerei e serei sepultada. Só a morte nos poderá separar. Que o SENHOR me castigue, seja de que maneira for, se eu fizer ao contrário.*

As palavras de Rute revelam seu ponto de vista emocional, religioso e sociopolítico.

Além da narração e do diálogo, o narrador também inclui comentários editoriais como em 4:7, onde explica como os contratos eram legalizados em antigo Israel.

> *Antigamente, para que resgates e a transferência de propriedade se tornassem inapeláveis, uma parte tirava sua sandália e a dava para a outra. Esse era o método de legalização de negócio em Israel.*

Linguagem figurativa: Em 3:9 quando Boaz, assustado, pergunta: "Quem é você? Rute responde: "Sou sua serva, Rute... Estenda a aresta de seu manto sobre mim, já que você é um guardião-redentor de nossa família". Pedir para ele estender seu manto sobre ela é uma metáfora, que quer dizer estender sua proteção a ela. Este é apenas um exemplo da linguagem figurativa usada na história.

Recorrência: Há pelo menos seis referências ao fato de Rute ser uma moabita (1:4, 22; 2:2, 7; 4:5, 10). O narrador não quer que esqueçamos que a pessoa que Deus vai usar para gerar um rei, que reverterá as circunstâncias da nação de Israel, é, de fato, uma estrangeira. O narrador também repete o tema do vazio *versus* a plenitude de várias maneiras ao longo da história.

Tempo narrativo: O narrador só faz indicações explícitas de tempo em 1:4, onde ele menciona que a família de Noemi viveu em Moabe por cerca de dez anos, e nos capítulos 3 e 4, onde o destino de Rute é resolvido quando ela vai a Boaz numa noite e o acordo legal é alcançado no dia seguinte. Em outras partes da história, o(a) narrador(a) indica a passagem do tempo, referindo-se ao início da colheita da cevada (1:22), e o final da colheita da cevada e do trigo (2:23). A passagem do tempo dentro da narrativa também diminui à medida que a história se desdobra, criando uma aura de suspense e tensão. Essa desaceleração é evidente especificamente nas passagens de diálogo e se eleva a um ponto alto no capítulo 4 à medida que as negociações legais prosseguem. A lentidão dessa seção sinaliza que o que está acontecendo é muito importante. Entretanto, nas genealogias, o tempo se acelera quando o narrador abrange muitas gerações em poucas linhas.

Caracterização: Embora o livro tenha o nome de Rute, a personagem mais projetada nesta história é Noemi. Ela é também a heroína. Ela está presente em cada etapa da história e é responsável por iniciar cada ação. Boaz e Rute simplesmente respondem às propostas dela.

Noemi, Rute e Boaz são todos personagens plenos, retratados com certa profundidade e complexidade. No entanto, quem fala mais é Noemi, dando-nos assim uma maior visão de sua personagem, com Boaz a seguindo. Rute tem o mínimo diálogo, o que torna ainda mais surpreendente que o livro tenha o nome dela. Orfa e o parente-redentor mais próximo são personagens menores (agentes), sendo a última ainda menos definida que a primeira. Outros, como Elimeleque, Maalon, Quelion e Obede são simplesmente nomes sem personagens a eles atribuídos. O supervisor (capataz), mencionado no capítulo 2, se encontra entre essas duas categorias.[13] Entretanto, à medida que

13 For more on this, see Berlin, Adele. *Poetics and Interpretation of Biblical Narrative* (Sheffield: Almond Press, 1983), 85–86.

os acontecimentos se desenrolam, estamos cientes de que há outro herói em segundo plano - Deus. Ele é o verdadeiro herói desta história. No início da história, ele fornece alimento para o povo de Judá (1:6), abrindo assim a porta para que as mulheres voltem. No final, o narrador revela que foi Deus quem inverteu suas circunstâncias e providenciou um filho (4:16). A perspectiva dos personagens também mostra que Deus está presente em toda a história (por exemplo, 1:21; 2:20; 4:14).

Abordagem nãodireta

Algumas histórias bíblicas são lineares e expressam claramente a mensagem pretendida, mas muitas outras, como o livro de Rute, são semelhantes às histórias africanas, na medida em que têm uma abordagem nãodireta. Rute, por exemplo, possui o que os estudiosos chamam de estrutura quiástica, que também é encontrada em algumas poesias africanas.[14]

A palavra quiástica vem do grego *chi*, parecido com a letra inglesa X. É usada para se referir a um padrão de escrita que enfatiza temas ou ideias, repetindo-as no padrão A B C ... C' B' A'. No livro de Rute, o padrão se parece com isso:[15]

'Prólogo 1:1-2 - Os juízes e a família de Elcana
A 1:3-22 - Perda, infertilidade e amargura de Noemi
B Cap. 2 - Reviravoltas no dia
B' Cap. 3 - Reviravoltas na noite
A' 4:1-17a - A alegria de Noemi e a fertilidade de Rute
Epílogo 4:17-22 - A genealogia de Davi , o próximo rei.

Em outras palavras, os capítulos 1 e 4 refletem os temas contrastantes de infertilidade e plenitude, enquanto os capítulos 2 e 3 mostram as diferentes fases de Rute e, por consequência, as fases da Noemi, a reviravolta das situações. Esses capítulos contemplam tanto a sensação de intensificação da melhoria de conjunturas quanto as configurações contrastantes, uma acontecendo durante o dia com todos os ceifeiros presentes, e a outra acontecendo à noite, envolvendo a interação entre Boaz e Rute.

Os capítulos 1 e 4 também podem ser considerados como uma inclusão, ou seja, uma estrutura na qual o primeiro e o último capítulos enfatizam o

14 FINNEGAN. *Oral Literature*, 69.
15 Veja também FOKKELMAN, J. P.. *Reading Biblical Narrative: An Introductory Guide* (Louisville: Westminster John Knox Press, 1999), 213.

mesmo tema ou mensagem. Noemi também é muito destacada no início e no final do livro.

Vividez: A narração vívida da história de Rute nos atrai para a história tão fortemente que quase conseguimos nos imaginar nela. Como africanos, estamos familiarizados com a agonia da carência de alimento, da separação da família e da tribo, da dor e da morte, da vergonha e do desespero. À medida que o narrador conta sua história, sentimo-nos envolvidos com os personagens em suas diversas experiências. Ao final da história, quase conseguimos ouvir a ululação das mulheres enquanto elas celebram o nascimento de uma criança muito desejada.

O narrador fornece também detalhes de terra em suas referências às colheitas de cevada e trigo. Estes detalhes nos permitem apreciar a condição desesperadora de Rute. Conseguimos visualizá-la caminhando nos campos, colhendo os poucos caules deixados para trás pelos colhedores. A referência aos tempos de colheita também serve como indicador de tempo na história.

Essas técnicas, como na literatura oral africana, são projetadas para nos estimular a ler a história de forma holística. De fato, ao lê-la, ela ganha vida com sua beleza e sua arte. Mais do que isso, exige que nós, leitores, viajemos junto com os personagens principais, sofrendo e alegrando-nos com eles, até chegarmos à conclusão inevitável de que Deus é, de fato, fiel.

Linguagem

Como estamos considerando aqui o livro inteiro de Rute, é difícil escolher palavras, frases e parágrafos específicos para realçar. No entanto, há algumas palavras e frases que devemos observar.

- As palavras iniciais em 1:1 - "Nos dias em que os juízes governavam". Esta frase fornece o contexto histórico/cultural/político da história. O marcador de tempo, *quando* é significativo, indica que os eventos que se seguem aconteceram durante o tempo dos juízes.
- • O termo "parente-redentor" (também traduzido como "guardião-edentor"). O significado deste termo é explicado na seção histórica/cultural abaixo.
- A repetição da palavra "moabita" junto ao nome "Rute". Isso foi mencionado acima e será explicado com mais detalhes na seção de contexto histórico/cultural abaixo.
- A ênfase na palavra "amargo". É usada em 1:13 ("É mais amarga para mim do que para vocês, porque a mão do SENHOR se voltou contra mim!") e novamente em 1:20 ("Não me chame de Noemi", disse ela.

"Chame-me Mara, porque o Todo-poderoso tornou minha vida muito amarga"). A ênfase dada a esta palavra aumenta nossa apreciação de suas circunstâncias alteradas até o fim do livro.

Fluxo literário

O livro de Rute, por muito tempo, goza de status canônico. Na antiga tradução da Septuaginta do Antigo Testamento, ele aparece na mesma posição que está nas Bíblias modernas.[16] Portanto, deve ser lido neste contexto dos livros de Juízes e Samuel, que logo o precedem e o seguem.

O narrador se refere à era dos juízes no prólogo (Rt 1:1-2), dando-nos assim informações essenciais sobre o cenário histórico do livro. Nesse caso, em 1 Samuel vemos Israel começando a se afastar da teocracia (governado por Deus como rei) e estabelecer uma monarquia (governado por um rei humano). Rute marca, assim, um ponto de transição entre o período dos juízes e o da monarquia. O livro nos prepara para a chegada do rei Davi, cuja genealogia termina a história de Rute (4:18-22).

No entanto, apesar de ser colocado no mesmo período que o livro dos Juízes, o livro de Rute oferece uma perspectiva diferente sobre a fidelidade e a obediência a Deus. Em vez de focar na nação de Israel como um todo, ele se concentra em alguns poucos atores individuais.

Aplicação aproximada

O contexto literário confirma que Deus, ativo na história de Israel, é de fato o personagem principal desta história. Isto serve para confirmar as aplicações provisórias a que se chegou acima. A providência de Deus é revelada em sua fidelidade a seu povo, mesmo em meio ao sofrimento. Ele reverte situações negativas em seu próprio tempo e, neste caso, de formas muito inesperadas. Ele também recompensa a fidelidade e, às vezes, permite o sofrimento por suas próprias razões. Um ponto de aplicação adicional, revelado através de diversas características do contexto literário, é que se deve ter esperança em meio a situações aparentemente sem esperança.

Etapa 4: Contexto histórico-cultural

Uma das coisas surpreendentes sobre esta história é que o livro recebeu o nome de Rute. Como observamos acima, ela não é a personagem principal.

16 Block, Daniel I."Ruth," in *The New American Commentary*, vol. 6, gen. ed. E. Ray Clendenen (Nashville: Broadman & Holman, 1999), 588–589.

Mais do que isso, ela nem sequer é israelita; somos lembrados constantemente que ela é uma moabita. Na verdade, Rute é o único livro do Antigo Testamento que recebeu o nome de um nãoisraelita. Portanto, é importante que saibamos algo sobre moabitas e sua relação com os israelitas.

Os moabitas eram descendentes de Moabe, filho de Ló através de uma união incestuosa com sua filha mais velha (Gn 19:30-38). A relação com os israelitas era extremamente ruim. Eles tinham se oposto aos israelitas em sua travessia pelo deserto até a terra prometida, chegando ao ponto de contratar Balaão para amaldiçoar Israel (Dt 23,3-4). Devido a estas ações, os moabitas e seus descendentes foram proibidos de entrar na assembleia do Senhor. Os israelitas foram instruídos: "Não busquem um tratado de amizade com eles enquanto viverem" (Dt 23:6). Assim, é ainda mais surpreendente que uma mulher moabita esteja entre os antepassados de Davi.

Quem escreveu o livro de Rute? O livro em si não dá nenhum indício de um autor, mas muitos acreditam que foi escrito por Samuel. Entretanto, outros argumentam que, como as evidências internas mostram que o livro foi escrito quando Davi era rei (4:17-22), Samuel não pode ser o autor, pois morreu antes de Davi chegar ao trono.[17] No entanto, é possível que a genealogia tenha sido acrescentada em data posterior.

Também é quase impossível dizer quando o livro foi escrito. Lembre-se que um livro pode ser escrito muito depois dos eventos descritos nele. Se você se lembrar, a maioria das histórias do Antigo Testamento foram transmitidas de geração em geração através da tradição oral. Vários estudiosos sugerem que esse livro foi escrito séculos depois, durante o período após o exílio. Eles argumentam que isso explica as características da linguagem do livro, a necessidade de explicar costumes legais como o uso de uma sandália, o interesse em genealogias, o retrato privilegiado de uma mulher moabita, e a alusão ao trabalho dos juízes e a inserção canônica do livro. No entanto, nenhum destes argumentos é conclusivo.[18] Além disso, a falta de hostilidade para com Moabe é compatível com os primeiros anos de Davi, mas não com o período posterior da monarquia.[19]

Há algumas práticas culturais nesta história que precisam ser explicadas se quisermos entender a perspectiva e a mentalidade do narrador e assim apreciar

• • • • • • •

17 Cundall, A. E. "Ruth, Book of," *The Zondervan Pictorial Encyclopaedia of the Bible*, vol. 5, gen ed. Merrill C. Tenney (Grand Rapids: Zondervan, 1977), 176.

18 Block, "Ruth," 591.

19 Cundall, "Ruth, Book of", 178.

plenamente a história. Como observamos no capítulo 4, elas raras vezes são explicitadas, pois o autor presume que seus leitores as conhecem, pois ele e eles compartilham um contexto cultural comum.

O primeiro costume que precisa de explicação é o casamento levirato. De acordo com a norma do levirato, se um homem morresse sem deixar um herdeiro masculino, seu irmão teria que se casar com a viúva. O primeiro filho desta união receberia o nome do irmão que havia morrido, garantindo assim que seu nome fosse preservado nas genealogias de Israel (Dt 25:5-6). Esse costume é mencionado em Gênesis 38:24-30 com referência a Judá e Tamar, vinculados a Rute e Boaz pelo narrador em Rute 4:12.

O segundo costume é a retirada da sandália. Isto revela a mentalidade do narrador, que intervém para explicar que era costume ao tratar de assuntos relativos ao resgate e troca de bens (cf. 4:7). De acordo com a lei do levirato, se um irmão se recusasse a casar com a viúva, ele estaria recusando construir a casa de seu irmão. A viúva, então, o traria diante dos anciãos da cidade, tiraria a sandália do pé dele e cuspiria no rosto dele (Dt 25:7-10). O homem ficaria exposto à vergonha pública. Pode ser que o narrador incluiu a informação sobre o costume da sandália para servir a dois propósitos. Primeiro, significava que, tendo selado o acordo, Boaz estava agora livre para se casar com Rute. Segundo, o parente próximo, tendo falhado em agir honrosamente para com Rute, seria considerado como humilhado.

Aplicação aproximada

O contexto histórico/cultural aperfeiçoa ainda mais o tema da providência de Deus, mostrando que Deus pode usar quem Ele quiser para realizar seu propósito. Em seu contexto original, os leitores teriam compreendido que a providência de Deus, às vezes, vem de formas muito inesperadas. Deus pode usar até mesmo os humildes e os desprezados para realizar seus propósitos. Neste caso, uma mulher estrangeira, de um povo odiado pelos israelitas, torna-se um antepassado de um futuro rei. O uso por Deus de um "herói" inesperado é assim esclarecido através do contexto histórico/ cultural.

Assento: aplicação

Como trabalhamos as várias etapas do modelo de banqueta de quatro etapas, analisamos a história de Rute de vários ângulos diferentes e chegamos a pontos de aplicação aproximada que foram fortalecidos através do processo. Este último passo nos permite analisar e confirmar nossas conclusões até o momento.

Ao discutir o assento da banqueta no capítulo 4, estabelecemos a distinção entre o sentido e significado. O sentido da história é o que ela significou para os leitores originais. Ponderamos isso ao trabalharmos as quatro etapas da banqueta. Agora, porém, temos que estabelecer seu significado para nós, ou seja, sua aplicação para nós como leitores.

A história de Rute, que começa no desespero, mas termina em um tom feliz, serve para nos concentrar, como leitores, na providência de Deus para redimir seu povo. Há uma série de pontos de aplicação possível:

1. A providência de Deus é revelada em sua fidelidade a seu povo, mesmo em meio ao sofrimento.
2. Deus pode escolher e usar quem desejar para realizar seu propósito.
3. Deus é capaz de reverter situações negativas - no entanto, ele o faz em seu próprio tempo e, às vezes, de maneiras muito inesperadas.
4. Deus recompensa a fidelidade.
5. Deus, às vezes, permite o sofrimento por suas próprias razões.
6. Precisamos ter esperança no meio de situações aparentemente sem esperança.

Esses pontos de aplicação oferecem incentivo às pessoas em contextos em que há fome, conflitos internos, depressão econômica e assim por diante. Eles também oferecem esperança para aqueles que enfrentam desafios pessoais. Assim, a história de Rute, embora divertida, oferece muito mais do que apenas entretenimento. É uma história que revela como Deus se relaciona com seu povo escolhido. As lições que ela ensina têm vastas implicações para a forma como vivemos nossa vida cotidiana.

UM OLHAR BREVE SOBRE AS PARÁBOLAS

A parábola é uma história curta, verdadeira ou realista, destinada a ensinar uma lição espiritual ou moral. No entanto, não podemos interpretá-las simplesmente como histórias, porque elas também estão enraizadas na tradição de sabedoria de Israel. De fato, a palavra hebraica da qual deriva a palavra "parábola" também é usada para "dizer", "provérbio", "ditado de sabedoria" ou "canção de brincadeira".[20] Portanto, as parábolas devem ser interpretadas tanto como histórias quanto como literatura sapiencial (o tópico do próximo capítulo).

As características que as parábolas compartilham com as histórias incluem a terra, concisão, pontos maiores e menores, repetição, uma conclusão, relação

• • • • • • •

20 WILSON, Gerald, "משל", NIDOTTE 2:1134–36.

de escuta e inversão de expectativas. As parábolas de Jesus também enfocam uma escatologia centrada no Reino, ética do Reino, Deus e salvação.[21] A identificação dessas características e a compreensão do papel que desempenham em uma determinada parábola é crucial para uma interpretação correta.

Pelo menos um terço dos ensinamentos de Jesus foi apresentado em parábolas. Algumas delas eram histórias como as parábolas do semeador (Mc 4:1-9, 13-20; Mt 13:1-9, 18-23; Lc 8:4-8, 11-15), a semente de mostarda (Mc 4:30-32; Mt 13:31-32; Lc 13:18-19), a festa de casamento (Mt 22:1-14; Lc 14:15-24) e os talentos (Mt 25:14-30; Lc 19:11-27). Entretanto, ele também utilizou outros tipos de parábolas como parábolas estendidas (por exemplo, Mt 13:33), parábolas curtas (por exemplo, Lc 17:7-10) e parábolas alegóricas (por exemplo, Mc 12:1-12). Nem sempre é fácil traçar linhas exatas entre essas categorias.

As parábolas têm pelo menos duas funções. A primeira é didática. Já que as parábolas não se baseiam em fatos históricos, os personagens e a história são criadas para ensinar uma determinada lição espiritual ou moral. A segunda é demandar uma resposta do ouvinte. As parábolas de Jesus não são meros quadros de palavras para ilustrar os ensinamentos de Jesus e não são apenas veículos para revelar a verdade. Suas parábolas têm a intenção de suscitar uma resposta do ouvinte. Portanto, elas não transmitem apenas a mensagem; elas mesmas são a mensagem. O conteúdo das parábolas e a forma como elas são contadas têm o objetivo de envolver os ouvintes em todos os níveis e forçá-los a confrontar suas ideias sobre a vida e mudá-las à luz do Reino de Deus. A seguinte declaração resume a natureza e a função das parábolas:

> Parece, claro, que Jesus teve, de fato, um propósito maior em usar o formato de parábola. As parábolas são "mecanismo de encontro" e funcionam de forma diferente, dependendo do público. As parábolas confrontam, interpretam e convidam o ouvinte/leitor a participar da nova visão mundial de Jesus sobre o Reino. Elas são "evento de fala" que nunca nos permitem permanecer neutros; elas captam nossa atenção e nos forçam a interagir com a presença do Reino em Jesus, seja positivamente (aqueles "ao redor" de Jesus em Mc 4,10-12) ou negativamente (aqueles "fora").[22]

21 Osborne. *Hermeneutical Spiral*, 239–44. What follows is based largely on Osborne's work.
22 Osborne. *Hermeneutical Spiral*, 238.

Embora o Evangelho de João não tenha parábolas, os três Evangelhos sinópticos, Mateus, Marcos e Lucas, incluem numerosas parábolas. Ao lê-los, notamos que o contexto literário antes e depois de parábolas semelhantes não é necessariamente o mesmo em cada Evangelho. Observe a parábola dos inquilinos perversos, que se encontra em todos os três Evangelhos Sinópticos. Enquanto Marcos e Lucas colocam esta parábola no contexto da autoridade de Jesus, Mateus a coloca no contexto da rejeição de Israel a ele.

Marcos 11:27-33 A autoridade de Jesus questionada	Mateus 21:28-32 A parábola de dois filhos	Lucas 20:1-18 A autoridade de Jesus questionada
Marcos 12:1-12	Mateus 21:33-46 A parábola de inquilinos malvados	Lucas 20:9-19
Marcos 12:13-17 Pagamento de impostos a César	Mateus 22:1-14 A parábola do banquete do casamento	Lucas 20:20-26 Pagamento de impostos a César

A diferente ordem pode ser porque Jesus recontou algumas de suas parábolas em diferentes ocasiões. Entretanto, também é provável que os evangelistas tenham organizado as parábolas tematicamente para destacar o ponto teológico próprio que cada um desejava elaborar.[23]

As parábolas geralmente produzem mais de um aspecto e, portanto, não devemos reduzir uma parábola a um aspecto, se for evidente que mais de uma verdade está sendo transmitida. Estudos recentes de parábolas chegaram à conclusão de que aproximadamente dois terços das parábolas de Jesus têm três personagens principais, cada um refletindo diferentes partes do sentido geral da parábola.[24] Assim, por exemplo, a parábola do bom samaritano transmite três verdades:

Do exemplo do sacerdote e do levita vem o princípio de que o status religioso ou casuística legalista não despensa o ato de amor. Do samaritano se

23 Veja Snodgrass, Klyne R., "Parable," *Dictionary of Jesus and the Gospels, 596–598, for the distribution of parables in the Synoptics.*

24 Klein et al. *Biblical Interpretation*, 413; Blomberg, Craig L.*Interpreting the Parables* (Downers Grove: InterVarsity Press, 2006), 171.

aprende que se deve demonstrar compaixão para com aqueles em extrema necessidade, independentemente das barreiras religiosas ou étnicas que dividem as pessoas. Do homem na vala emerge a lição de que até mesmo o inimigo pode ser o próximo.

7

INTERPRETAÇÃO DE SABEDORIA

Se eu lhe pedisse para me dar um exemplo de história, você o faria. Porém, você teria mais dificuldade se eu lhe pedisse um exemplo de literatura sapiencial. Contudo, todas as culturas têm elementos de literatura sapiencial, ainda que, muitas vezes, não os detectamos pelo fato de tomá-los como garantidos.

O gênero Sabedoria

Tal qual histórias, a literatura sapiencial é encontrada tanto na forma oral quanto na escrita. Neste capítulo, focaremos principalmente na sabedoria, na forma como ela se manifesta nos provérbios que usamos, ouvimos ou lemos.

Provérbio pode ser definido como "um ditado de forma mais ou menos fixa, marcado pela 'brevidade, sensação e distinguido pela aceitação popular da verdade expressa de forma concisa nele".[1] Outra definição é que provérbios são aforismos (isto é, ditados sábios), geralmente concisos e metafóricos em essência.[2] Essa definição aprofunda a primeira, incluindo a linguagem figurativa. Os provérbios podem ser, portanto, entendidos como declarações (frases) curtas, animadas e memoráveis que comunicam a verdade por uma vivência sábia em comunidade. O fato de serem curtos e memoráveis significa que são amplamente utilizados para socializar os jovens e encorajar a todos a viver de acordo com os padrões da comunidade.

1 FINNEGAN. *Oral Literature*, 383.

2 CHESAINA. *Oral Literature*, 13. Although this book focuses on the Kalenjin peoples of Kenya, the general categories, nature and function of wisdom literature are very similar throughout Africa. [Embora este livro se concentre no povo Kalenjin do Quênia, as categorias gerais, a natureza e a função da literatura de sabedoria são muito semelhantes em toda a África.]

A opção por focar em provérbios neste capítulo é também um lembrete de que a literatura sapiencial se apoia mais na prática do que na sabedoria filosófica. Enquanto esta última se concentra em questões abstratas sobre o sentido da vida, a sabedoria prática lida com assuntos do dia a dia. Provérbios podem ser usados para admoestar, encorajar, advertir, elogiar, amaldiçoar ou abençoar. Eles também transmitem informações sobre a visão de mundo, a cultura e as crenças teológicas da comunidade.

Olhando os provérbios, é importante lembrar que eles não são promessas e nem ordens. Ao contrário, eles transmitem uma verdade geral, algo que é geralmente verdade. Entretanto, como todos sabemos, "as circunstâncias alteram os casos" e, portanto, uma generalização específica pode não se aplicar sempre. Assim, às vezes, deparamos com dois ditados de sabedoria contrastantes dentro da mesma tradição de sabedoria. Isso acontece tanto na literatura sapiencial africana quanto na literatura sapiencial bíblica. Para o exemplo africano, podemos citar dois provérbios swahili:

Paciente come a fruta madura
Paciente come a fruta podre.[3]

Embora a paciência seja um bom traço característico, às vezes esperar por muito tempo pode ser desvantajoso ou prejudicial!

Como a sabedoria é conhecimento prático e se limita a nenhum grupo de pessoas, às vezes identificamos elementos comuns entre ditos de sabedoria bíblica e ditos de sabedoria de outros povos e culturas. Por exemplo, alguns provérbios bíblicos soam muito parecidos com os provérbios africanos, como mostram os exemplos abaixo.

- Provérbios 10:1b: "O filho sábio alegra o pai, mas o filho insensato entristece a mãe" é muito semelhante ao provérbio africano, "O filho ruim dá má reputação à mãe".
- Jesus disse: "Nenhuma árvore boa dá maus frutos, nem uma árvore má dá bons frutos". Cada árvore é reconhecida por seus próprios frutos. As pessoas não colhem figos de espinheiros, nem uvas de abrolhos" (Lc 6:43-44). Um provérbio africano diz: "A árvore é conhecida

3 Kalugila, Leonidas. *More Swahili Proverbs from East Africa* (Uppsala: Scandinavian Institute of African Studies, 1980), 7.

por seus frutos". Embora esses dois provérbios soem semelhantes, seus sentidos são diferentes. O provérbio africano quer dizer que o sucesso é demonstrado por nossos atos, enquanto o provérbio de Lucas ensina que nosso ser por dentro é revelado por nossas ações.

- Jó 1:21 "O SENHOR deu e o SENHOR tirou" é muito semelhante ao provérbio swahili *Muumba ndiye muumbua* (traduzido livremente por "O criador é aquele que dá a vida e é o único que a pode tirar").
- As palavras de Jesus, "a boca fala daquilo de que o coração está cheio" (Mt 12:34; Lc 6:45), soam muito parecidas com o provérbio africano, "Quando o coração transborda, sai pela boca".
- Provérbios 21:26 ("O dia todo ele deseja mais, mas o justo oferece (distribui) e não retém nada") pode ser comparado ao provérbio africano: "O homem ganancioso apega-se à água", embora o provérbio bíblico vá além do africano, acrescentando uma correção à atitude do ganancioso. Ao invés de permitir que a ganância nos consuma, devemos aprender a distribuir.

A África e a Sabedoria

Se fecharmos os olhos, quase conseguimos ouvir a voz do contador de histórias tecendo, sem esforço, provérbio após provérbio, enigma após enigma, enquanto conta história de coragem, sabedoria e honestidade; enquanto adverte contra comportamento imoral, roubo e mentiras; enquanto encoraja os debilitados e enaltece os que trouxeram honra para a comunidade. O poder do gênero Sabedoria africana para comunicar tudo isso é inquestionável.

Fontes da tradição de Sabedoria na África

A tradição de Sabedoria na África tem várias fontes.[4] A primeira é a oral. Igual a histórias, a Sabedoria foi incialmente transmitida oralmente. Ainda que hoje existam numerosas obras literárias que tenham introduzido essa Sabedoria na escrita, grande parte dela ainda é conhecida na forma oral em mitos, lendas, histórias, liturgias, canções, provérbios, enigmas e ditos sábios. Frequentemente, pepitas de sabedoria são inseridas nas histórias contadas ao redor do fogo e nas canções cantadas nos encontros da comunidade.

A segunda fonte da tradição de Sabedoria africana é a liturgia, ou seja, a forma ou instrução do culto religioso público. A Sabedoria foi transmitida à

4 Kunhiyop. *African Christian*, 9–25.

comunidade através de invocações, orações, rituais e sacrifícios aos ancestrais, a divindades e ao Ser Supremo.

Terceira, a tradição de Sabedoria está enraizada em costumes que enfatizam princípios éticos e regras de conduta. Cada tribo ou comunidade tinha certas regras que regiam a forma como as pessoas deveriam viver e se relacionar umas com as outras. Como foram transmitidas de geração em geração, elas faziam parte da tradição da Sabedoria oral.

Por último, a Sabedoria é derivada da observação de vida comunitária. À medida que as pessoas se movimentavam em seu dia a dia, certos padrões iriam emergindo. Algumas atitudes e comportamentos, observados, tinham efeitos negativos, enquanto outros positivos. As observações, em algum momento, acabariam sendo incorporadas em provérbios e enigmas.

É importante observar que a Sabedoria era disponível a todos na comunidade. Entretanto, como os anciãos eram responsáveis por transmiti-la, eles eram considerados como homens ou mulheres sábios da comunidade.

A função da tradição sapiencial na África

Como foi discutido acima, a literatura sapiencial fornece orientação prática sobre como devemos nos comportar em relação ao Ser Supremo (e outras deidades), entidades espirituais, ancestrais e outros na comunidade. Assim, ela cumpre a função didática (de ensino) e é crucial para transmitir lições de vida importantes e a visão de mundo. Considerando que a visão de mundo africana coloca ênfase na comunidade e não no indivíduo, a sabedoria africana buscou inculcar valores que contribuíssem para a unidade e harmonia na comunidade.

Estudar a sabedoria africana

Embora existam vários tipos de literatura sapiencial na África, limitarei a discussão aqui aos dois tipos mais comuns, provérbios e enigmas. Deve-se ressaltar, entretanto, que em alguns contextos há coincidência entre os diferentes tipos de Sabedoria, de modo que não se pode sempre distinguir entre provérbio, enigma e um conto.[5]

Provérbios

Provérbios têm desempenhado um papel crucial nas sociedades tradicionais africanas e ainda são comuns na África de hoje.

5 FINNEGAN. *Oral Literature*, 380–81.

Objetivo

Embora os provérbios tenham várias funções, as principais são advertir, aconselhar, informar e esclarecer.[6] Devido à sua natureza flexível, são usados "na resolução de disputas, discussões gerais, conversas e nos casos em que a pessoa mais velha aconselha a mais jovem"[7]. Entretanto, também são comuns em conversas cotidianas, onde podem ser usados apenas para ilustrar uma situação, um caso ou para fazer afirmações mais exuberantes e, portanto, mais interessantes.[8]

Os provérbios também se destacam nas narrativas, cerimônias de casamento, ritos religiosos e, mais recentemente, nas obras escritas de autores africanos. Quando inserido em uma história, provérbio comumente aparece no final como resumo ou conclusão. Sua função é esclarecer o fato transmitido ao longo da história.[9]

Técnicas literárias

Provérbios africanos geralmente possuem qualidade poética ou rítmica, de modo que às vezes não é fácil dizer se se está recitando poesia ou citando provérbio. Kalugila afirma até mesmo que "provérbios não podem ser comparados a nada além de poesia"[10]. Por isso, alguns provérbios são classificados como líricos, combinando ambos os gêneros. Infelizmente, suas qualidades poéticas tendem a se perder na tradução.

Em geral, os provérbios são bastante simples e podem ser facilmente compreendidos pelos membros da comunidade. No entanto, em alguns casos, os provérbios têm um sentido mais profundo, que não é óbvio.[11] Metáforas, por exemplo, podem usar alguma atividade não humana para comentar a maneira como as pessoas se comportam. Assim, se alguém tem uma noção exagerada de sua própria importância, o Sotho da África Austral pode citar o provérbio, "'Eu e meu rinoceronte', disse o carrapato"[12] O pequeno carrapato presume que é ele que dirige um enorme rinoceronte!

Outra técnica literária, comum nos provérbios, é algum tipo de paralelismo. Em outras palavras, o provérbio envolve duas afirmações, a segunda ou

• • • • • • •

6 Kabira, Wanjiku Mukabi and Mutahi, Karegi wa. *Gikuyu Oral Literature* (Nairobi: East African Educational Publishers, 1993, 2011).

7 Chesaina. *Oral Literature*, 13.

8 Chesaina, 27.

9 Chesaina, 28.

10 Kalugila. *More Swahili Proverbs*, 85.

11 Finnegan. *Oral Literature*, 380.

12 Finnegan, 385–386.

explica a primeira, fornecendo um contraste ou enfatiza a primeira através da repetição de algumas palavras ou frases[13] (observe mais uma vez a importância da repetição na literatura africana.). Algumas vezes, o paralelismo até fornece pontos de vista contraditórios.

Contexto histórico

O contexto histórico dos provérbios é muito difícil de determinar, pois eles são versáteis e têm sido utilizados em muitas situações. Portanto, é quase impossível estabelecer o que motivou a criação de um determinado provérbio. Além disso, provérbios similares podem ser encontrados em várias culturas africanas, traduzindo a verdade de que as experiências de vida têm muitos pontos em comum.

Exemplos de provérbios

Os exemplos abaixo, provenientes de diferentes países africanos, demonstram o poder desse tipo de sabedoria. Ao ler cada provérbio, preste muita atenção à sua concisão, ao uso da linguagem figurativa e à verdade que está sendo comunicada. Pense se há provérbios semelhantes em seu próprio contexto cultural que comunicam as mesmas verdades. Depois, talvez você queira considerar se existem provérbios bíblicos que expressam sentimentos semelhantes.

- "Quando o coração transborda, ele sai pela boca" (Etiópia) traduz a verdade de que nossas palavras são expressão daquilo que realmente está acontecendo em nossos corações.
- "As mulheres não têm palavras justas, mas apenas palavras tortas" (Quênia) é uma indicação da baixa posição social das mulheres em muitas comunidades africanas.
- "Fui picado por uma mosca tsé-tsé" (Tanzânia) quer dizer que alguém o incomodará incessantemente até que você pague sua dívida.
- "O mau filho dá reputação ruim à mãe" (Costa do Marfim) é autoexplicativo!
- "Deus diz: peça e eu lhe darei" (Quênia) nos lembra que Deus é nosso provedor.
- "A testemunha ocular é melhor que o ouvinte de histórias" (Tanzânia) destaca a verdade de que a testemunha ocular é capaz de dar relato mais fiel de um evento do que alguém que meramente ouve sobre ele em segunda ou até mesmo em terceira mão.

13 Finnegan, 389.

- "A árvore é conhecida por seus frutos" (África do Sul) afirma que o sucesso é demonstrado pelos fatos.
- "Pessoas do mesmo sangue desprezam-se mutuamente" (Quênia) traduz a verdade de que, muitas vezes, os mais próximos de nós não enxergam nossos dons ou habilidades e nos dissuadem em vez de nos encorajar.
- "Acerte a cabeça; este animal não é um de nós - ele vem de um lugar estranho" (Quênia) revela que pessoas de outras tribos eram vistas frequentemente de forma desumanizante.
- "Quem bate numa criança bate em todas as crianças" (África Oriental) destaca que se você der algo a uma criança, você deve ser justo e dar algo às outras crianças também. Esse provérbio é geralmente um pedido, pois aquele que o cita também quer um presente!
- "O homem ganancioso se agarra à água" (Quênia) evoca uma imagem vívida de alguém agarrando a água com ganância, mesmo que ela passe inevitavelmente por seus dedos. A ganância dela nunca é satisfeita.
- "A água buscada de longe, deve ser usada com moderação" (África Oriental) quer dizer que quando algo é obtido com dificuldade, é tratado com cuidado.
- "A palavra de um amigo te faz chorar; a palavra de um inimigo te faz rir" adverte contra ouvir conselhos de um inimigo, pois te enganará. Por outro lado, o conselho de um amigo, embora às vezes possa doer, será a verdade e, portanto, preferível. Este é um provérbio comum entre os povos da Argélia, Burkina Faso, Mali, Mauritânia e Níger.

Enigmas

O segundo grande tipo de literatura sapiencial encontrada na África é o enigma. Os enigmas são muito parecidos com provérbios. Como aponta Finnegan, "eles são expressos de forma breve e concisa; envolvem analogia, seja de significado, som, ritmo ou tom; e as duas formas, às vezes, são até articuladas no 'provérbio-enigma'"[14]. Na maioria dos casos, espera-se que o ouvinte reconheça a analogia entre a pergunta e a resposta.[15] Enigmas podem, portanto, ser definidos como afirmações concisas nas quais o problema é colocado através da comparação de duas coisas "similares" conhecidos do público. Em geral, os

14 Finnegan, 413

15 Finnegan, 417.

enigmas são dirigidos apenas às crianças; no entanto, em alguns casos, eles são usados para toda a comunidade, tanto para jovens quanto para idosos.[16]

A explicação mais complexa sobre a natureza dos enigmas é dada por Scheub e Gunner:

> No enigma, duas coisas diferentes, e às vezes improváveis, são comparadas. A coisa óbvia que acontece durante essa comparação é que o problema é estabelecido e depois resolvido. Mas há algo mais importante aqui, envolvendo o enigma como forma figurativa: o enigma é composto de dois conjuntos, e, durante o processo de enigma, aspectos de cada um dos conjuntos são transferidos para o outro. De fora, parece que o enigma é, em grande parte, uma atividade intelectual e não poética. Mas através de suas imagens e da tensão entre os dois conjuntos, a imaginação do público também está envolvida. Ao buscar a solução para o enigma, o próprio público se torna parte das imagens e, portanto - e o mais significativo - da transformação metafórica.[17]

Objetivo

Uma das principais funções de enigmas é incentivar a participação ativa na história, canção ou poema. De fato, enigmas são usados frequentemente no início de histórias para introduzir a participação do público. Também podem ser encontrados, estrategicamente inseridos, dentro da história pelo mesmo motivo. Como observado anteriormente, a escuta na África envolve uma escuta holística e uma participação ativa. Enigmas fomentam isso devido à forma como são organizados.

A segunda grande função de enigmas é incentivar a criatividade. Chesaina afirma: "No início de sessões de narração de histórias, enigmas dão contribuição significativa, estimulando o público e aprimorando sua imaginação".[18] Essa criatividade também se reflete a outra função dos enigmas, que

• • • • • • •

16 Finnegan, 413.

17 Scheub and Gunner, African Literature, retrieved from <http://www.britannica.com/art/ African-literature#toc57038>. Acesso em:

18 Scheub and Gunner

é a de ajudar os indivíduos, particularmente as crianças, a desenvolverem suas habilidades na oratória.[19]

Por fim, enigmas também são usados em comunidades africanas tradicionais para construir relações saudáveis entre os indivíduos da comunidade. Os enigmas comunicam valores sociais e expectativas que os membros devem notar a fim de promover a harmonia dentro da comunidade.

Características literárias

Já mencionamos o uso de comparações e imagens em enigmas. Os enigmas também são sempre estruturados de forma específica, familiar à comunidade, na qual o enigma é contado. Por exemplo, em certas partes da África Oriental, enigma é introduzido com a palavra *kitendawili*. O ouvinte sabe então que enigma está chegando e responde dizendo *tega* ["defini-lo"].[20] Tanto o narrador quanto o ouvinte compreendem as regras do enigma e as seguem fielmente. Se o ouvinte não resolver o enigma, ele ou ela teria então que responder a outras expressões do narrador até que o narrador sentisse que estava tudo bem para continuar. Por exemplo, o narrador poderia dizer: "Dê-me a cabeça" várias vezes, às quais o ouvinte responderia dizendo "cabeça". Após algumas dessas trocas, o narrador perguntaria então o nome de uma aldeia, e se o ouvinte satisfizesse o narrador com sua resposta, o enigma continuaria.[21]Estas perguntas adicionais eram uma forma de simplificar as coisas para que o questionado pudesse avançar.

Exemplos de enigmas

Abaixo estão alguns exemplos de enigmas, com as respostas fornecidas entre parênteses.[22] Veja se você pode resolver cada enigma antes de olhar a resposta. Tente identificar as semelhanças nas coisas comparadas:

- Eu tenho uma criança que se lava o tempo todo (Resposta: Uma mosca)
- Finas, pernas finas que estão prestes a quebrar (Resposta: Uma grua cristalizada)
- A casa de minha irmã é extensa, mas você não pode chegar lá (Resposta: A medula espinhal)
- A grande faca que não corta nada (Resposta: A estrada)
- A avó está batendo a roupa de cama (Resposta: Trovão)

• • • • • • •

19 Chesaina. *Oral Literature*, 27

20 Kalugila. *More Swahili Proverbs*, 62

21 Kalugila, 62.

22 Tirada da Chesaina. *Oral Literature*, 160–166 and Kalugila. *More Swahili Proverbs*, 63–74.

- Corta como uma faca afiada (Resposta: A língua)
- Nossa mãe é uma só (Resposta: A panela de cozinha)
- Eu tenho meu grande cobertor, mas você não pode dobrá-lo (Resposta: Céu)

Interpretar a literatura sapiencial africana

A literatura sapiencial concentra-se nas dimensões práticas da vida. Portanto, ao interpretá-la, os leitores devem procurar ensinamentos que melhorem suas vidas e suas relações com os pares em comunidade. Não basta apenas apreender intelectualmente o significado de um provérbio ou enigma. Não se compreende verdadeiramente o sentido até que se identifique a mudança esperada na personalidade e no comportamento e se comece a aplicar o que se aprendeu.

Ao interpretar este gênero, devemos considerar várias coisas:

Linguagem figurativa

O primeiro passo para interpretar provérbio da sabedoria africana é conhecer a linguagem figurativa usada. Os provérbios ou ditos fazem amplo uso da linguagem figurativa e poética, como metáforas, analogias, hipérboles e paradoxos[23] que comunicam informações de forma clara, mas indireta, evitando assim o ataque direto à pessoa a quem o provérbio ou ditado é dirigido. Assim, um dos primeiros passos na interpretação de ditado de sabedoria é identificar o sentido literal por trás da linguagem figurativa.

Vejamos o exemplo em que a imaginação, como muitas vezes na África, é extraída do mundo animal: " A hiena não consegue sentir seu próprio fedor"[24]. Qual é a realidade literal por trás desta imaginação? É que hienas geralmente são consideradas animais feios, covardes e malcheirosos que passam seu tempo procurando carne em decomposição. A imaginação evoca assim a ideia de um animal que desconhece seus hábitos sujos a ponto de não detectar seu próprio odor corporal.

Observe que o indivíduo a quem este provérbio é dirigido entende que a pessoa que o cita não está querendo falar sobre hienas como tal, mas está se referindo a algum aspecto do comportamento humano.

23 FINNEGAN. *Oral Literature*, 388.

24 Proverbio de Chesaina. *Oral Literature*, 14.

Contexto geral

O segundo passo é identificar a natureza situacional do ditado de sabedoria. Em que contexto é provável que ele seja utilizado? A interpretação deste gênero é quase impossível sem alguma compreensão das pistas culturais nele embutidas. Estas dicas orientam o indivíduo a determinar quando um ditado de sabedoria deve ser usado, que tipo de ditado é apropriado para a situação, e que ditado ou ditos específicos melhor atingiriam o propósito. Voltando à hiena: a hiena em si não é incomodada por seu próprio cheiro desagradável; ela está tão acostumada a ele que não tem mais consciência disso. São os outros que a acham prejudicial. Portanto, podemos dizer que este provérbio não parece focar na percepção pessoal, mas nas relações interpessoais.

Finalidade didática

O terceiro passo é identificar que ensinamento o ditado de sabedoria pretende transmitir. Você vai se lembrar que a função da sabedoria é educar os ouvintes e encorajá-los a escolher o caminho certo na vida - o caminho que levará à alegria, paz, prosperidade e boas relações. Que lição o provérbio da hiena ensina? Muitas vezes as pessoas não estão cientes de seu comportamento negativo e de seu efeito sobre os outros. Devido a esta falta de autoconsciência, elas podem dizer ou fazer coisas que prejudicam os outros ao redor. Portanto, este provérbio é usado para alertar os ouvintes sobre alguns comportamentos questionáveis que podem atrapalhar suas relações com os outros.

Natureza embutida

Ditos de sabedoria são encontrados frequentemente embutidos em algum outro gênero, como em histórias que vimos no capítulo anterior. O narrador pode optar por inserir um ditado de sabedoria em uma história para variar o estilo, para chamar a atenção para um aspecto da história, ou mesmo para encorajar uma maior participação do público. Nesses casos, o ditado de sabedoria deve ser interpretado à luz do contexto mais amplo da história. Por exemplo, se o provérbio acima fosse citado no contexto de uma história sobre a necessidade de boas relações na comunidade, seria bastante simples chegar a seu sentido, uma vez que toda a história se construiria até esta conclusão. O provérbio, portanto, trabalharia com a história para complementar ou enfatizar a mensagem.

Devemos atentar para não desconsiderar os ditados de sabedoria embutidos em outros gêneros. Com demasiada frequência, nos concentramos apenas na mensagem da história ou canção ampla, na qual está embutida. Ou consideramos o provérbio de sabedoria como, não além de uma "coloração" adicional destinada a melhorar a narração da história. Entretanto, o bom intérprete estará atento e assegurará que todos os aspectos do texto sejam tratados, incluindo qualquer ditado de sabedoria usado nele.

A literatura sapiencial na Bíblia

Quase toda a literatura sapiencial da Bíblia é encontrada no Antigo Testamento. Entretanto, ela não está completamente ausente do Novo Testamento. Há temas de sabedoria em alguns dos ditos e parábolas de Jesus, e o livro de Tiago tem muitas semelhanças com a literatura sapiencial do Antigo Testamento. Alguns até se referem a Tiago como "os Provérbios do Novo Testamento", porque está cheio de sabedoria prática e conselhos para a vida cotidiana.

Às vezes achamos esta literatura sapiencial intrigante porque não se encaixa perfeitamente no quadro narrativo cronológico que caracteriza grande parte do Antigo Testamento. Todos nós conhecemos a história, que começa com Adão e Eva e a introdução do pecado no mundo e avança através do surgimento do povo de Deus por meio de Abraão, sua escravização pelo Faraó e sua libertação através de Moisés, o êxodo, a mudança de teocracia para a monarquia começando pelo rei Saul, e a constante desobediência do povo de Israel e os profetas que Deus costumava usar para trazer o povo de volta - esta história é conhecida por estudantes do Antigo Testamento.

Mas como devemos ler livros sapienciais, como Provérbios, Eclesiastes e Jó? Ou ainda salmos de sabedoria, como os Salmos 1, 37, 49, e 73? É importante reconhecer que esses livros continuam a contar a história do povo de Israel e os eventos que o definem, mas de uma perspectiva diferente. Estes livros nos ensinam sobre a tradição da sabedoria de Israel e fornecem orientações valiosas para a vida diária.

Fontes de literatura sapiencial bíblica

A literatura sapiencial bíblica tem muito em comum com a literatura sapiencial africana. Ela também estava enraizada nas experiências de vida diária e era usada como parte de vida cotidiana. Ela também teve origem em famílias ou tribos e foi transmitida pela primeira vez em formas orais. E a sabedoria bíblica também faz bom uso da poesia como meio de expressão.[25]Ela também é sig-

• • • • • • •

25 TULLOCK, John H and MCENTIRE, Mark. *The Old Testament Story*, 8th ed. (Upper Saddle River, NJ: Pearson Prentice Hall, 2009), 330.

nificativa em questões morais e espirituais, tratando de temas como temor a Deus, escolhas sábias e insensatas, o uso da língua, amizades, orgulho e assim por diante. A literatura sapiencial era a forma de moldar a visão de mundo dos ouvintes para ser mais agradável a Deus. Os responsáveis por transmitir esta sabedoria eram considerados sábios.

Sabemos também que a literatura sapiencial de Israel fazia parte de um conjunto maior de literatura sapiencial no Antigo Oriente Próximo e tem muito em comum com ela. Por exemplo, o antigo texto egípcio conhecido como *A Instrução de Amen-em-opet*, escrito em 1200 a.C., contém trinta capítulos de instrução que são muito semelhantes a Provérbios 22:17-24:22. Muitos estudiosos acreditam que ela influenciou o livro de Provérbios, e que esta influência pode ter chegado a Israel através de Salomão, que tinha uma esposa egípcia. O tema do justo sofredor, que permeia os livros de Jó e Eclesiastes, também era bem conhecido na região, muito antes de o livro de Jó ser escrito. Uma obra babilônica conhecida como *O Diálogo sobre a Miséria Humana* (c.1000 a.C.) ecoa ideias encontradas tanto em Jó quanto em Eclesiastes.[26]

Embora não seja surpreendente que existam semelhanças entre a sabedoria bíblica e outras sabedorias, é importante estar ciente de que também existem diferenças significativas. O que diferencia a sabedoria bíblica de toda outra sabedoria é sua perspectiva monoteísta e sua repetida ênfase no temor do Senhor. A sabedoria encontrada na Bíblia é mais que simplesmente coletar algo por meio de inteligência natural ou pelo senso comum; ela recorre a Deus como sua autoridade suprema. A sabedoria foi assim vista como dom divino de discernimento moral, do tipo dado a Salomão (1Rs 3:9,12).

A dimensão teológica na sabedoria bíblica determina como ela deve ser interpretada. Por exemplo, o provérbio africano poderia enfatizar a preservação dos valores comunitários, porque estes são fortemente respeitados na visão de mundo africana. O provérbio bíblico, entretanto, vai além da comunidade e foca na relação com Deus que se expressa em obediência.

A Bíblia afirma que a vida sensata é o resultado natural para aqueles que levam a sério o temor do Senhor. Eles terão a sabedoria que resulta em bênçãos, ao invés da insensatez que traz sofrimento.

• • • • • • •

26 For sample excerpts see {Para trechos de amostra veja] ARNOLD and BEYER, *Encountering the Old Testament*, 291–92, 319.

Subgêneros da literatura sapiencial da Bíblia

A literatura sapiencial bíblica pode tomar a forma de ditados concisos, como provérbios e enigmas, bem como as formas mais longas que estão embutidas em histórias, canções e poesias. Assim como a literatura sapiencial africana, há uma considerável coincidência entre as categorias. O termo hebraico *mašal*, geralmente traduzido por "provérbio", também pode ser traduzido por "dito", "dito de sabedoria" ou "canção satírica"[27]. Enigmas não são muito comuns na Bíblia. No entanto, um exemplo que se destaca está em Juízes 14:14, em que Sansão propôs um enigma para os homens de Tamna depois de ter encontrado mel na carcaça de um leão que ele havia matado: "Do que come saiu comida, e do forte saiu doçura" (Resposta: Mel).

Em geral, a sabedoria bíblica é categorizada em três subgêneros, a saber: instrução, histórias e reflexão de exemplo e discursos controversos.[28]

Instrução

O subgênero de instrução é o mais comparável diretamente aos provérbios ou enigmas da sabedoria africana. A instrução é geralmente de natureza proverbial e pode incluir breves exortações ou pode tomar a forma mais longa como em Provérbios 1-9. O discurso da sabedoria (Pv 1:20-33; 8:1-36; 9:1-6) também é encontrado nesta categoria. O objetivo da instrução é persuadir o ouvinte a adotar ou abandonar certas condutas ou atitudes. Ela apresenta exigências absolutas de obediência.

Histórias e reflexões de exemplo

As histórias de exemplo tendem a ser mais autobiográficas por natureza. O narrador conta alguma experiência pessoal ou propõe um exemplo que possui verdades que quer transmitir (por exemplo, Pv 24:30-34). No subgênero reflexão, o escritor apresenta suas reflexões sobre alguma verdade, muitas vezes com observações em primeira mão, histórias de exemplo e longas reflexões (por exemplo, o livro de Eclesiastes).

Discursos controversos

No subgênero de discussão, o escritor procura persuadir o leitor de alguma verdade, e muitas vezes usa a poesia para fazê-lo. Este gênero rege todo o livro

27 Wilson, Gerald, "למש ",NIDOTTE 2:1134–36.
28 Klein et al. *Biblical Interpretation*, 316–318.

de Jó. Tanto o gênero reflexão quanto o de discursos controversos podem ser associados à incorporação de literatura sapiencial dentro do gênero história ou poesia.

Aplicando o modelo de banqueta de quatro etapas

Os três subgêneros de sabedoria listados acima podem ser todos abordados da mesma forma e, por isso, vamos aplicar o modelo de banqueta de quatro etapas apenas a um deles, isto é, o subgênero de instrução, que consiste principalmente em provérbios. Os exemplos maiores de literatura sapiencial, como Eclesiastes e Jó, integram tanto a história quanto o gênero sabedoria (e em alguns casos, poesia) e, portanto, a combinação de todas as abordagens relevantes a estes gêneros é necessária para se chegar a uma compreensão destes textos. Uma breve visão geral desses livros é fornecida no final deste capítulo. Os provérbios que vamos analisar são encontrados em Provérbios 11:18-21. Por serem muito semelhantes, eles podem ser interpretados em conjunto.

O injusto conquista lucros enganosos, mas aquele que semeia a justiça colhe uma recompensa justa.

O homem, verdadeiramente, justo obtém a vida, mas quem segue o mal caminha para a morte.

O SENHOR detesta os homens de coração perverso, mas se encanta com aqueles cujos caminhos são irrepreensíveis.

Esteja certo disso: os ímpios não ficarão impunes, mas os justos ficarão livres.

Etapa 1: Paralelos ao contexto africano

A primeira parte da banqueta hermenêutica consiste em confirmar se estes provérbios têm algum paralelo com os ditos de sabedoria africana, que podemos usar como ponte para entender o provérbio bíblico. Também precisamos ver se existe algum conflito entre estes provérbios e os provérbios africanos. Se houver, isso pode indicar uma suposição equivocada que precisamos enfrentar.

Formato: Como o provérbio africano "A palavra de um amigo te faz chorar; a palavra de um inimigo te faz rir", estes provérbios são apresentados de forma contrastante. Cada um dos provérbios citados contrasta o desfecho de dois modos de vida opostos, um dos quais leva ao castigo e o outro à recompensa. Os estilos de vida contrastantes são lados opostos da mesma moeda.

Visão de mundo: A tradicional visão de mundo africana vê a vida em termos de castigo e recompensa. Aqueles que fazem o que é certo podem esperar uma recompensa. Aqueles que vivem sem consideração pelo que a comunidade ou a divindade pensam, serão punidos. Esta cosmovisão ainda está presente na África moderna, e está presente também nos provérbios bíblicos citados acima.

O segundo aspecto da visão de mundo africana, que apresenta semelhanças com esses provérbios, é o foco que colocam em relações. Nas comunidades africanas tradicionais, presumiu-se que qualquer ruptura de relação, seja com a divindade, com os espíritos, antepassados ou com membros vivos da comunidade, resultaria em punição. A preservação de boas relações ainda é importante na África de hoje. Assim, a visão de mundo dos provérbios bíblicos, com foco na boa ou má relação entre Deus e o indivíduo, não é estranha para nós.

Conteúdo: O terceiro paralelo diz respeito ao conteúdo dos provérbios. Há provérbios africanos que poderiam ser usados praticamente para resumir os provérbios bíblicos. Por exemplo, o provérbio Kiswahili diz *Mungu hamfichi mnafiki* ["Deus vai expor os malfeitores"].

Etapa 2: Contexto teológico

A próxima etapa da banqueta hermenêutica envolve considerar o contexto teológico dos provérbios citados. Quais são os principais temas teológicos expressos?

A justiça de Deus: O primeiro grande tema teológico é a justiça de Deus. Os provérbios demonstram claramente que Deus está ciente tanto da justiça quanto da maldade na sociedade e está pronto para recompensar ou punir segundo o merecimento. Este é um tema chave em todo o livro de Provérbios. Ele também reflete o impulso geral da teologia da retaliação em vários textos do Antigo Testamento. Por exemplo, Deuteronômio 28 compara viver em obediência escolhendo, assim, bênção e vida com viver em desobediência, escolhendo assim maldição e morte.

Retidão vs. perversidade: Dada a natureza contrastante dos provérbios, não é estranho que o segundo tema seja o contraste entre a retidão e a perversidade. Teologicamente, estas categorias definem as pessoas como ou condizentes com Deus ou contra Ele. Este tema não é exclusivo dos provérbios específicos. O livro de Provérbios, e de fato toda a Bíblia, revela que a justiça é um atributo de Deus que reflete sua própria natureza. A Bíblia também retrata a origem e o aumento da perversidade e do mal no mundo afastando as pessoas de Deus. Há uma batalha contínua entre a justiça e a perversidade que só vai terminar com a derrota de Satanás.

Aplicação aproximada

Estes grandes temas teológicos levam à conclusão que é importante a forma como vivemos nossas vidas. Deus é justo, e aqueles que vivem a vida justa podem esperar uma recompensa, enquanto aqueles que praticam a maldade ou a injustiça podem esperar a punição.

Etapa 3: Contexto literário

A terceira etapa da banqueta hermenêutica envolve a identificação do tipo de literatura com a qual estamos lidando (seu gênero), qualquer técnica literária utilizada, detalhes do uso da língua, e a relação deste texto com os outros ao redor. Como observado nos capítulos anteriores, isso vai lançar mais luz sobre os temas provisórios de aplicação extraídos enquanto se trabalha a etapa 2.

Gênero literário

Já observamos que cada gênero tem características específicas que devem ser levadas em consideração ao interpretá-lo. Todo este capítulo é dedicado ao gênero da literatura sapiencial, e dentro dele estamos olhando para o subgênero dos provérbios. Dentro dessa categoria, estamos examinando os provérbios instrutivos (veja acima). Provérbios desse tipo servem a um propósito didático e se destinam a ensinar como o viver do indivíduo é importante.

Embora a literatura sapiencial às vezes esteja embutida em outros gêneros, isso não é o caso com os provérbios que estamos analisando aqui.

Técnicas literárias

Os provérbios bíblicos em discussão fazem uso de algumas das mesmas técnicas literárias que observamos em provérbios africanos.

Linguagem figurativa: Identificar o uso da linguagem figurativa e poética é a chave para entender a literatura sapiencial, como vimos na discussão de provérbios africanos. Os provérbios bíblicos estudados aqui também utilizam alguma linguagem metafórica, embora não tanto quanto se vê na maioria dos provérbios africanos. Observe os seguintes exemplos:

- 11:18 - a expressão "semear a justiça" lembra a imagem de um agricultor semeando semente em um campo. Implica a ação deliberada com a esperança de que uma boa colheita será o resultado.
- 11:19 - a expressão "seguir o mal" deixa claro que o referido indivíduo não tropeça de forma acidental no caminho perverso da vida, mas procura ativamente fazer o mal.
- 11:20 - um "coração perverso" não é uma referência ao coração físico no corpo de alguém, mas à motivação para suas ações perversas.

Paralelismo: O paralelismo é uma característica comum da sabedoria africana e está presente também nos provérbios bíblicos. Nesses que estamos analisando, ele assume a forma de contraste transmitido através de antônimos (palavras que têm significados opostos). Você pode ver isso na tabela abaixo:

Versículo	Palavra	Contraste
18	Injusto	Justiça
	Enganoso	Justo
19	Justo	Mal
	Vida	Morte
20	Detesta	Encanta
	Perverso	Irrepreensíveis
21	Ímpios	Justo

O paralelismo antitético aqui usado informa que a perversidade/mal e a justiça/retidão são completamente opostas uma à outra - não podem operar em harmonia. Assim, o paralelismo faz emergir a exigência absoluta de Deus por uma vida justa, ao mesmo tempo em que promove os justos e adverte os ímpios.

Repetição e intensificação: Os quatro provérbios que estamos analisando ganham o mesmo propósito, o que intensifica seu impacto. As ideias dos versículos 18 e 19 são repetidas nos versículos 20 e 21, usando palavras diferentes. No entanto, o narrador também usou o paralelismo para orientar a condição interna, como se pode ver ao compararmos os versículos 18 e 19:

v. 18	**Conquista** lucros enganosos	**Semeia** a justiça/retidão
v. 19	Caminha para **morte**	Obtém **vida**

As metáforas de "conquistar" e "semear" no versículo 18 assumem, de repente, um tom muito mais sombrio quando são substituídas por "vida" e "morte" no versículo 19.

Vemos o mesmo processo de intensificação em ação quando comparamos os versículos 20 e 21:

v. 20	**Detesta** os homens de coração perverso	**Se encanta** com aqueles cujos caminhos são irrepreensíveis.
v. 21	Não ficarão impunes	Serão livres

Podemos considerar o detestar e o encantar no versículo 20 como meras emoções; mas endireitamo-nos e levamo-los em conta quando são colocados paralelamente à punição e à liberdade. As consequências de dois modos de vida contrastantes são lançadas em forte relevo. Este tipo de repetição e intensificação é comum na literatura africana de todos os tipos e serve para reforçar ideias importantes.

Língua

Com relação à gramática e sintaxe, o uso da conjunção contrastante "mas" enfatiza a oposição entre os dois modos de vida e suas consequências. A palavra "mas" é usada em todos os provérbios, aqui em estudo, para introduzir a ideia oposta. O narrador também faz uso extensivo de antônimos para comunicar a contraposição.

O tempo também desempenha um papel importante na comunicação da mensagem destes provérbios. O contraste entre os verbos presentes (por exemplo, "segue o mal", "obtém a vida") e os verbos futuros ("não ficarão impunes ", "serão livres") deixa claro que a opção de vida no presente tem consequências futuras. Se a consequência chega nesta vida ou na outra vindoura, isso não está claro nesses provérbios. O tempo presente, neste contexto, também aponta o caráter habitual de ação ou de estado que está sendo descrito.

Fluxo literário

Às vezes é difícil definir exatamente como os provérbios bíblicos se encaixam, uma vez que a maioria estava inicialmente em coleções separadas, que foram depois compiladas no formato que conhecemos hoje. Além disso, provérbios dos capítulos 10 a 22 do livro de Provérbios são todos provérbios curtos que abordam muitos assuntos diferentes, tornando difícil determinar o fluxo literário.

O provérbio anterior aos que estamos analisando é "os bondosos fazem bem a si mesmos, mas os cruéis destroem a si mesmos" (Pv 11:17). O que logo se segue é "Como o anel de ouro no focinho do porco é a mulher bonita sem critério" (Pv 11:22). Os provérbios são um pouco parecidos com aqueles que estamos analisando, pois também apresentam ideias antitéticas.

Se olharmos para todo o capítulo 11, vemos que quase todos os provérbios incluídos nele lidam com o contraste entre o modo de vida justo e o modo de vida perverso e com as consequências desses estilos de vida. Este contexto mais amplo também confirma que as consequências não são meramente recompensas e punições na vida futura, mas também são experimentadas nesta vida: "Se os justos recebem sua recompensa na terra, quanto mais os ímpios e os pecadores!" (Pv 11:31).

Por fim, o contexto literário de todo o livro de Provérbios enfatiza dois caminhos, o da sabedoria e o da insensatez. Esse ponto é deixado claro na declaração de propósito no início do livro: "O temor do SENHOR é o princípio do conhecimento, mas os insensatos desprezam a sabedoria e a instrução" (Pv 1:7).

Aplicação aproximada

Os vários aspectos do contexto literário confirmam e esclarecem a aplicação provisória a que se chegou nas etapas 1 e 2. Não apenas Deus é justo, mas de fato recompensa a retidão e pune a maldade. A certeza desta recompensa ou punição é inquestionável. O ponto adicional de aplicação revelado por nossa análise do contexto literário é que essas recompensas são esperadas nesta vida presente e não apenas na vida futura.

Etapa 4: Contexto histórico-cultural

É difícil reconstruir o contexto histórico e cultural específico dos provérbios que estamos analisando. Portanto, o primeiro passo é reconhecer que seu contexto geral é a literatura da sabedoria do Antigo Testamento e, em específico, o livro de Provérbios. Este é o livro que quase não tem referências à história da salvação de Israel, e dos provérbios do livro muitos não se referem diretamente a Deus. Todavia, Deus é mencionado na introdução que declara o propósito do livro inteiro (1:1-7) e as referências a Salomão (1:1; 10:1; 25:1) e Ezequias (25:1) inserem esses textos de forma direta na história de Israel. Embora, sejam mencionados pelo menos três colaboradores (Salomão - 1:1; 10:1; 25:1; Agur - 30:1; Lamuel - 31:1), o livro inteiro é vinculado a Salomão como o sábio exemplar. A maioria dos estudiosos concorda que ele é responsável pelos provérbios entre 10:1 e 22:16, que devem, portanto, ser anteriores à sua morte em 930 a.C.[29] Devem, portanto, ser entendidos no âmbito de 1Reis 3-10, que documenta o reinado de Salomão. O que sabemos deste período é que Salomão fez muitas alianças estrangeiras e comprometeu

• • • • • • •

29 GOTOM, Musa, "1 and 2 Kings," in *Africa Bible Commentary* (Nairobi: WordAlive Publishers, 2006), 411.

sua fé por causa dessa falha. Fora disso, é difícil dar um contexto histórico/cultural mais específico.

Aplicação aproximada

O contexto histórico e cultural não acrescenta muitos detalhes à análise desses provérbios, uma vez que não pode ser claramente separado. Entretanto, dado que o contexto histórico geral dos provérbios é a literatura sapiencial, se espera que esses provérbios abordem o viver sensato como uma escolha. Em seus contextos originais, esses provérbios devem ter sido usados para enfatizar a contraposição entre retidão e perversidade e para desafiar os ouvintes iniciais a viverem vidas moralmente retas.

Assento: Aplicação

Por último, como aplicar esses provérbios aos leitores africanos modernos, alguns dos quais ou já rejeitaram completamente os valores bíblicos ou começaram a se afastar deles? Assim, vivem sem nenhum apreço pela justiça. Muitos abraçam a ideia equivocada de que podem fazer o que desejam sem qualquer medo de consequências negativas. Além disso, a era digital tornou as visões alternativas da vida extremamente acessíveis. Por exemplo, o pós-modernismo, que argumenta que não há certeza sobre nada, tem comprometido muito a crença na autoridade da Bíblia. De fato, o argumento: "Se me parece certo ou me beneficia, é certo, não importa se alguém mais se machuca", continua a crescer em muitos grupos africanos. Esses provérbios nos dizem o contrário. Deus possui critérios que devem ser mantidos, e a Bíblia é a autoridade última da fé e da prática. Devemos atentar em viver nossas vidas de maneira piedosa e reta, porque a justiça de Deus indica que sempre há consequências ao falhar em fazê-lo. Suborno, corrupção, imoralidade sexual, hostilidade contra os outros de etnia diferente (para citar alguns temas) não são aceitáveis. Esses provérbios nos mostram qual deve ser a atitude correta na vida. Eles também nos encorajam, lembrando que há uma recompensa para aqueles que vivem de forma íntegra.

JÓ E ECLESIASTES

Tanto Jó quanto Eclesiastes são exemplos de literatura sapiencial. Embora não possamos discuti-los em profundidade aqui, espera-se que os breves comentários a seguir aguçem seu interesse em estudar mais a fundo estes livros.

Eclesiastes

O livro de Eclesiastes cai no subgênero história do exemplo, porque registra a busca de um homem pelo sentido da vida. Este tema o coloca diretamente na categoria de literatura sapiencial.

O personagem principal é *Qoheleth*, uma palavra hebraica que a NIV traduz por "o Professor". Como muitos de nós, ele é um homem que se esforça para compreender seu mundo e aceitar o que ele poeticamente descreve como "vida sob o sol". Em sua busca pelo sentido da vida, *Qoheleth* se envolve deliberadamente em uma série de atividades, tanto sensatas quanto insensatas. Suas duas frases características, "insignificante, insignificante " (ou "totalmente inútil") e "uma perseguição ao vento", capturam vividamente sua luta para se reconciliar com o difícil mundo. Ele não chega a suas conclusões de forma leviana, mas somente após um intenso exame de consciência e cuidadosa observação da vida ao seu redor (Ec 12:9).

Como devemos entender este livro? Devemos presumir que a vida é totalmente sem sentido, como sugerem as palavras de abertura? Não, pois no livro de Eclesiastes há mais que isso. O próprio *Qoheleth* sugere que há a possibilidade de uma vida significativa ao defender a busca pelo prazer da vida e a satisfação em nosso trabalho (por exemplo, 2:24-25; 3:12-13, 22; 5:18-20; 8:15; 9:7). Entretanto, apesar de tentamos desfrutar do que Deus nos proporcionou, devemos estar sempre conscientes de que nossas vidas são temporárias enquanto Deus é permanente. É uma loucura tentar viver bem sem dar a Deus seu lugar adequado. Fazer isso é uma tentativa inútil.

Qoheleth recomenda a sabedoria como solução para muitos problemas da vida (2:13; 4:13; 7:11-12, 19; 9:13-18).[30] No entanto, ele percebe que ela também oferece apenas correções temporárias. Ele quer que o público compreenda que é somente quando se reconhece a centralidade de Deus que a vida começa a assumir algum significado e real relevância. Isso pode ser visto em textos-chave como 2:24-25; 3:12-13, 22; 5:18-20; 8:15; 9:7; 12:13 (este último versículo sintetiza toda mensagem do livro).

A mensagem de *Qoheleth* ressoa nos africanos que reconhecem, há muito tempo, que Deus (ou o Ser Supremo) está no centro de toda a vida e que nada acontece sem seu conhecimento ou seu envolvimento de certa forma. Todas as relações voltam para Ele - se não houver paz com aqueles com quem vivemos e interagimos, então não pode haver paz com Deus. Consequentemente, tentar viver a vida sem dar a Deus seu lugar adequado é, de fato, um esforço sem esperança. O livro do Eclesiastes não apenas afirma essa crença básica africana, mas vai além dela, porque Deus descrito nele é o Deus soberano da Bíblia. Se a divindade na visão de mundo africana é vista como a única que pode dar verdadeira importância e sentido à vida humana, quanto mais o Deus cristão que é o criador de todas as coisas?

Jó

O livro de Jó usa vários gêneros para comunicar sua mensagem. Os dois primeiros capítulos, que estão no gênero conto, apresentam os personagens principais e o cenário. Também introduzem o enredo, levantando o problema que precisa ser resolvido: Por que Jó está sofrendo apesar de sua aparente inocência? É este o foco na tentativa de compreender o principal problema humano que coloca este livro na categoria de literatura sapiencial.

Os diálogos de Jó com seus amigos, encontrados nos capítulos 3 a 31, estão no subgênero da literatura sapiencial conhecida como discursos controversos. Há três ciclos de diálogo altamente poético nos quais cada um dos amigos de Jó se dirige a ele, e Jó, por sua vez, respondendo a cada um. A ordem dos falantes sempre é: primeiro Elifaz, depois Baldade, e depois Sofar. Um novo personagem, Eliú, é apresentado no final do livro.

Enfim, os últimos onze versículos do livro (Jó 42:7-17) retornam para o gênero história.

• • • • • • •

30 McCabe, Robert V., "The Message of Ecclesiastes," DBSJ 1 (1996): 93.

Como o livro de Jó deve ser entendido? Ao longo deste livro, percebemos a linha de sapiência filosófica que pressiona os leitores a encarrar a questão do sofrimento. E, mais importante ainda, obriga-nos a levantar a pergunta: “Deus é justo?”.

Os amigos de Jó insistem que Deus é, de fato, justo. Sendo assim, apesar de terem testemunhado a vida justa de Jó, eles argumentam que ele deve ter cometido pecado. É a única maneira de explicar seu sofrimento. Por conseguinte, a única solução é que Jó se arrependa. Eles insistem que o arrependimento vai garantir a cura e a restauração das bênçãos (Jó 5:8-27).

A compreensão deles da vida foi que todas as ações humanas resultam ou na recompensa de Deus pela obediência ou na punição pela desobediência. A visão de mundo deles presumia que a pessoa boa prospera enquanto a pessoa má fracassa. Assim, a doença era sinal de que uma pessoa havia pecado e estava sofrendo o julgamento de Deus. Se o narrador não nos tivesse dado ainda indício dos eventos que acontecem nos bastidores, especificamente a conversa entre Deus e Satanás que leva aos sofrimentos de Jó, seríamos guiados pela teologia da retaliação dos amigos de Jó. Entretanto, durante toda a sua provação, Jó está confiante de que Deus o justificará. Ele diz: “Eu sei que meu redentor está vivo, e que no final ele levantará sobre a terra” (Jó 19:25).

A verdadeira mensagem do livro aparece nos discursos de Deus em Jó 38:1-42:6. Estes discursos deixam bem claro que só Deus é a fonte da sabedoria e que ele distribui a sabedoria como lhe parece adequado. Também sublinham que o sofrimento não pode ser atribuído apenas ao pecado. A teologia equivocada dos amigos de Jó é desmantelada e Jó começa uma nova fase de sua vida, com maiores bênçãos do que antes.

Na África, muitos são como os amigos de Jó ao acreditarem que o sofrimento é o resultado do pecado, ou seja, de ter ofendido Deus de alguma forma. Essa crença está enraizada na visão tradicional de mundo africana. Os deuses tradicionais são severos, infligindo punição àqueles que os ofendem. A relação das pessoas com eles é transacional: boas ações lhe rendem favores, más ações lhe rendem punição. No entanto, o livro de Jó nos dá a imagem de Deus muito diferente, apresentando-o como aquele que reconhece a integridade e a vida justa de seu servo (Jó 1:8) e ainda permite que Satanás o teste.

Este entendimento significa que não devemos assumir que pestes/pragas, como HIV/AIDS, Ebola, câncer, deficiências, fome, conflito e guerra, são sempre castigos pelo pecado. Deus é soberano e faz o que deseja, como demonstra o exemplo de Jó. A visão cristã de mundo reconhece que o pecado não é a única explicação para o sofrimento. Jó estava sofrendo como teste de sua fidelidade a Deus. Por conseguinte, nossa resposta, quando confrontada com o sofrimento, deveria ser confiar em Deus. Mesmo que não compreendamos as razões por trás de nosso sofrimento, podemos estar certos de que, em última instância, ele proporciona glória a Deus.

8

INTERPRETANDO CÂNTICOS

Agora, é hora de voltar nossa atenção para o gênero de canção, que inclui canções cantadas e recitadas (poesia), e ver como o modelo hermenêutico pode ser aplicado aqui.

O gênero Cântico

Às vezes pode ser difícil distinguir entre poesia e prosa, porque elas constituem as extremidades de um *continuum* literário, tendo a poesia dominada pela linha poética e a prosa pelo período gramatical ou parágrafo.

Poesia (linha poética)
Prosa (período gramatical, parágrafo)

As obras literárias podem existir em diferentes pontos ao longo deste *continuum*, com a prosa sendo muito poética, e poesia tendo características narrativas. Podemos, entretanto, usar as duas características seguintes para distingui-las: (1) poema não costuma ter ordem cronológica ou trama; (2) As orações de poema seguem regras de quantidade e de medida e o autor faz bastante uso de recursos estilísticos, incluindo a repetição.[1]

Poemas geralmente são mais comprimidos do que prosa, pois o objetivo último da poesia lírica não é simplesmente transmitir informações à mente. Se esse fosse o caso, a

1 Fokkelman, *Reading Biblical Narrative*, 171–73.

> poesia seria um meio desnecessariamente ineficiente. A poesia transmite informações cognitivas, mas isso é apenas uma parte de seu propósito. O poeta usa a linguagem para reconstruir no leitor uma experiência comparável àquela que o poeta sentiu. O poeta amplia e aprofunda a experiência do leitor, orientando-o no envolvimento com a experiência do autor.[2]

O que é dito acima sobre poesia também poderia se aplicar às canções, com a diferença de que, em princípio, as canções são geralmente acompanhadas por instrumentos musicais, e mesmo na ausência destes, as palavras são normalmente cantadas.

Cântico na África

A canção é o gênero que melhor retrata o pulso dos povos africanos. Seja em nossos contextos tradicionais ou modernos, as canções nunca estão longe de nossos lábios. O que é um casamento sem canções de júbilo? Ou um funeral sem canções para expressar nossa tristeza? De que outra forma os políticos expressariam seu trabalho político, exceto através de canções e poesias? E o que é uma cerimônia religiosa sem canções, acompanhada de música e danças? Esta característica da vida não mudou na África moderna. Os poetas e músicos africanos continuam compondo canções e poemas que refletem a África moderna.

A canção africana é um meio de recriar experiências para o ouvinte. É como são expressas a esperança e a decepção, a tristeza e a alegria, a dor e o prazer. A canção, portanto, é o gênero mais flexível da literatura oral, pois se adapta facilmente à vida cotidiana e às circunstâncias em constante mudança. Portanto, não é estranho que canções e poemas sejam ouvidos em quase todos os contextos, sejam eles sociais, políticos ou religiosos.

Fontes de cânticos africanos

Muitas canções africanas estão enraizadas na tradição oral, transmitida de geração em geração. Como comunidades têm tido experiências exclusivas, cada comunidade tem suas próprias canções e poemas únicos. Ao mesmo tempo, devido aos pontos comuns da vida, muitos dos temas expressos nas canções tendem a ser semelhantes.

• • • • • • •

2 ESTES, D. J., "The Hermeneutics of Biblical Lyric Poetry," *Bibliotheca Sacra* 152 (1995): 419.

As canções africanas também foram criadas por especialistas, alguns ligados às cortes reais e outros à religião. As canções e poemas destas fontes são muito sofisticados e bem elaborados em sua composição e performance.[3] Há também alguns profissionais autônomos que compõem canções elaboradas de forma semelhante.

A terceira fonte de canções africanas é o público em geral, ou seja, não profissionais e sim pessoas "comuns" da comunidade.[4] Como o canto estimula a participação, todos têm um certo grau de especialização na produção musical. Isso pode ser visto nas canções ou poemas responsivos encontrados em histórias, nas canções cantadas durante o trabalho, nas canções de ninar cantadas para crianças e nas explosões espontâneas de canções quando as crianças estão brincando.

Muitas canções e poemas tradicionais e modernos já foram escritos ou gravados. A tecnologia nos permite preservá-los e nos deu acesso a um repertório muito mais amplo de canções. A Internet também abriu formas acessíveis para muitos praticarem suas habilidades na composição e execução de canções e poesias. O resultado disso é o empréstimo de estilos e temas dentro e fora do continente, derivando em novos subgêneros de canções africanas. A mistura africana é um desses subgêneros. Ela combina música rap com ritmos africanos para produzir um novo tipo de música.

A função de cânticos africanos

Canções servem a muitas funções na África, mas antes de olhar para estas, é bom considerar três fatores que afetam essas funções:

- O tempo ou período em que a canção é elaborada ou interpretada. A canção feita para celebrar o nascimento de um bebê é muito diferente daquela feita para lamentar uma morte ou de outra cantada durante a época da colheita.
- O contexto ou a situação na comunidade. Um canto ou poema pode ser escrito durante uma boa época política, durante uma seca ou durante um tempo de renovação espiritual na comunidade. Se não conhecemos esse contexto, podemos nos intrigar com o conteúdo da canção.

3 Estes, "Hermeneutics of Biblical Lyric Poetry," 90.
4 Finnegan. Oral Literature, 99–100.

- O conteúdo da canção. O conteúdo da canção ou poema determina sua função. Por exemplo, uma canção que celebra a união de duas pessoas não pode ser usada para celebrar uma boa colheita.

Para ilustrar estes pontos, leia a canção abaixo, cantada pelas mulheres *Maasai* na África Oriental.[5] O conteúdo soa assustador até identificarmos sua função: é uma prece que Deus concederá crianças às mulheres da tribo. Esta canção em especial é mediada pelos anciãos da comunidade.

> Suplico-te e rezo a ti, meu pai dos céus
> Suplico-te por meio da *Iltuatie* da *Iltareto*
> Concede-me muitas coisas que te peço
> Concede-me manto com curvas
> Concede-me saia enrolada com urina da pessoa amada que eu amamento.
> Concede-me a cabaça fedorenta do bebê
> Concede-me o cinto que eu não desatarei
> Os fazedores de crianças dizem que queremos a maternidade
> As crianças dizem que queremos a maternidade

Observe a diferença entre essa canção e a canção abaixo, cujo conteúdo reflete a canção cantada por crianças em brincadeiras.[6]

> *Shekagondo* (o lagarto) nos traz o sol
> Está brilhando em Maghamba
> Swee soando Swee
> O pai está tirando a cabaça e fumando tabaco

Esta canção é cantada por crianças da tribo *Shambaa* da Tanzânia quando elas estão cansadas de dias frios e sem sol e anseiam por sol. Elas cantam para o lagarto para lhes trazer sol, para que possam desfrutar da vida e se sentir bem.

• • • • • • •

5 KIPURY. *Oral Literature of the Maasai*, 212.

6 As presented by Seth Mesiaki Ole Sululu, Tanzanian Traditional Children's Songs, Games and Dances, School of Music, Northern Illinois University DeKalb, IL from <http://www.ilmea.orgsite_media/filer_public/2012/04/17/sululu_seth.pdf>. Acesso em:

Como toda a literatura oral na África, o canto geralmente cumpre a função pedagógica. E, novamente como outros gêneros da literatura africana, o canto promove a escuta holística. Isso porque " é fácil pegar novas ideias ou palavras e amarrá-las ao canto sem alterar a estrutura, o ritmo ou os movimentos corporais envolvidos"[7]. Por isso, o canto é um instrumento pedagógico eficaz, determinante na socialização dos jovens e na transmissão da cultura, da visão de mundo e dos valores da comunidade. A canção também é crucial para o ensino da doutrina e da teologia através da liturgia.

A segunda função do gênero canção é transmitir mensagens. Por exemplo, o canto é um instrumento crucial na África moderna para sensibilizar as comunidades para injustiças sociais e crises de saúde tais como HIV/AIDS.

A terceira função do canto é comunicar a filosofia e a estética de uma comunidade. Embora existam muitos pontos em comum, as comunidades diferem em toda a África. Através do instrumento do canto, os aspectos distintivos de uma comunidade podem ser transmitidos e preservados.

A quarta função do canto é a função social. As canções transmitem o posicionamento da comunidade a grupos dentro da comunidade, tais como mulheres, crianças, deficientes etc. As canções também transmitem o que a comunidade pensa de outras tribos. Elas ainda são usadas para corrigir erros e incentivar o comportamento positivo.

A quinta função do canto é preservar a história da comunidade. Através de canções e poesias, reis, guerreiros e batalhas ganhas e perdidas podem ser lembrados.

A sexta função do canto é que ele desempenha o papel fundamental em vários ritos de passagem. Finnegan observa o seguinte:

> Os vários pontos cruciais no ciclo de vida humana também proporcionam contextos para a festividade e, portanto, para a performance artística. Ocasiões como iniciações, casamentos ou funerais proporcionam estímulos férteis para a exposição poética. Aqui novamente a gama é ampla - desde momentos em que os mais íntimos envolvidos cantam simplesmente como parte de suas obrigações básicas e sociais na cerimônia, até aparições de artistas especiais ou bandas famosas. Mesmo dentro de uma

• • • • • • •

7 Kabira and Mutahi. *Gikuyu Oral Literature*, 18.

> sociedade, rituais diferentes podem ter diferentes graus de especialização considerados apropriados a eles.[8]

Por último, a canção, geralmente acompanhada de performance, também serve para entreter. Mesmo na África moderna, função política, social, religiosa e até funções culturais são incompletas sem o entretenimento proporcionado pelo canto e pela dança.

A canção abaixo é um bom exemplo de uma canção cantada para entretenimento. [9] O cantor está cantando sobre parceiros de dança - elogiando um e ridicularizando outro. O homem que deixa sua esposa assistir às danças enquanto ele fica em casa também não escapa do escárnio do cantor.

1. Dançar com Magenda (x2)
   Povo do clã Aceera
   É como comer doces (x2)
2. Dançar com Mariiyũ (x2)
   Povo do clã Aceera
   É como beber chá sem açúcar de uma cabaça
3. Vou dançar com esta outra (x2)
   Povo do clã Aceera
   Esta aqui, a esposa do homem tolo em casa

Uma das principais qualidades da canção é que, embora seja autônoma, ela é inserida com frequência em outros gêneros, tais como história e sabedoria. Os narradores fazem isso por várias razões. Assim, além de funções gerais descritas acima, a canção ou poema também pode assumir qualquer uma das seguintes funções quando encontrado em outro gênero.

1. Ela prepara os ouvintes para ouvir o que está por vir. A mudança no gênero sinaliza frequentemente que o que o narrador está prestes a dizer é muito importante.
2. Ela comunica ou enfatiza uma lição ou um assunto.
3. Ela comunica emoção. Se o narrador quiser comunicar uma emoção, ele ou ela pode introduzir a canção.

• • • • • • •

8 FINNEGAN. *Oral Literature*, 102.

9 Canto de Kabira and Mutahi. *Gikuyu Oral Literature*, 24.

4. Ela adiciona mais "brilho", pois a linguagem do canto e da poesia normalmente usam mais imagens.
5. Ela enriquece o estilo ao criar variedade e acrescentar ritmo.
6. Ela incentiva os ouvintes a participar cantando ou recitando um poema junto com o narrador.

Subgêneros de cânticos africanos

Antes dissemos que a poesia e a prosa são duas extremidades de um *continuum* e que, às vezes, pode ser difícil distingui-las. Isso se aplica aos poemas e às canções. Por exemplo, os povos suaílis da África Oriental são bem conhecidos por seu *mashairi*, que são poemas recitados de forma caracteristicamente rítmica, algo parecido com canções. Em vez de tentar forçar a distinção, a discussão nesta seção vai comprimir as duas categorias. Além disso, como mencionado no capítulo anterior, às vezes há coincidência entre canções recitadas e outros gêneros, tais como provérbios.

As muitas funções diferentes do canto tornam quase impossível a classificação de poemas e canções em categorias específicas. Entretanto, como referência básica, vamos usar as categorias de Finnegan. Ela identifica duas categorias principais de canções:

1. Canções temáticas e políticas. As canções temáticas abrangem todos os aspectos da vida comunitária, incluindo canções cantadas durante os ritos de passagem.
2. Canções e rimas infantis.

Ela também identifica pelo menos quatro tipos de poesia:

1. Poesia de louvor geralmente dirigida ao rei, chefe ou líder da comunidade.
2. Poesia lutuosa ou fúnebre.
3. Poesia religiosa, que inclui hinos, orações e encantações.
4. Poesia de propósito específico, relacionado à guerra, caça e trabalho.

No entanto, mesmo com este tipo de categorização, se entende geralmente que o conteúdo é a melhor indicação da função de uma canção ou poema.

Técnicas literárias em cânticos africanos

A canção ou poema típico africano pode ter algumas das características listadas abaixo ou pode ter todas elas.

Ritmo: Como em muitas outras culturas, a canção africana está organizada em torno do ritmo. A simetria alcançada através do ritmo acrescenta uma profundidade e riqueza para a tarefa que o torna distinto. Na canção das mulheres citada acima, a repetição da frase "concede-me" produz um efeito rítmico.

Quantidade: Embora a maioria das línguas africanas não tenha quantidade de vogais (ou seja, vogais longas e curtas), algumas poesias e canções incluem contagens de sílabas, além de ritmo. Isso torna possível ter estrofes ou versos.

Tom: O termo "tom" aqui usado não é o mesmo que tom literário, que se refere à atitude do narrador em relação ao seu assunto. Em relação às canções africanas, o tom refere-se a um som de qualidade específica. Uma canção ou poema pode ser estruturalmente organizada em torno de padrões tonais que vão do alto, ao meio, ao baixo. Entretanto, é difícil identificar este elemento a menos que a canção ou poema seja executada (tocada).

Tensão: Certas sílabas podem ser tensionadas a alcançar padrão rítmico na canção ou no poema. Isso é verdade especialmente para o *mashairi*.

Aliteração e assonância: Estes efeitos podem ser obtidos de forma casual através de paralelismo ou de maneira mais formal por ter uma estrutura na qual todas as palavras iniciais do poema devem ter o mesmo som.

Idiofones: O canto africano é muito enriquecido pelo uso de idiofones, ou seja, palavras que imitam os sons das ações na canção ou poema. Por exemplo, o som da batida é representado pelo *ku ku ku* em muitas línguas da África Oriental. *Swee Swee* na canção infantil acima é um idiofone que representa o som do lagarto. Esta captura vívida de ações através de palavras é uma das características da literatura oral na África que efetivamente atrai o ouvinte para o mundo do cantor ou poeta.

Interpretando uma canção africana

Tendo compreendido a função geral e a natureza da canção africana, passamos agora a interpretar um exemplo deste gênero integrado em uma história. Leia a canção abaixo, observando as palavras introdutórias do narrador e escutando atentamente a voz do cantor.[10]

Ela [Wanjiru] foi levada a um lugar onde havia um rio muito grande. Ela cantou:

Chuva cai e torna esta colina verde

• • • • • • •

10 Obtido de "The Story of Wanjiru" in Kabira and Mutahi, Gikuyu Oral Literature, 16–17. The story is also available at <http://www.bluegecko.org/kenya/tribes/kikuyu/stories-rugano.htm>. Acesso em:

Torna esta colina verde
Meu pai disse que eu deveria estar perdido, eu deveria estar perdido
Minha mãe disse que eu deveria estar perdido, eu deveria estar perdido
Chuva cai e torna esta colina verde torna esta colina verde

Gênero

Como em toda interpretação, é importante identificar o gênero para determinar quais regras serão aplicadas. O ritmo e a simetria das palavras citadas acima sugerem que é poesia, e as palavras introdutórias revelam que foi cantada, não recitada. Portanto, trata-se de uma canção e não de um poema.

A canção é de participação. É para ser vivenciada - não apenas ouvida. É um encontro emocional, com o cantor ou poeta controlando as emoções do público através de vários meios. Portanto, é importante reconhecer que o som da voz do cantor ou do poeta, os tons variáveis, o ritmo e seus movimentos corporais são parte integrante de qualquer canção ou poema. Obviamente, não é possível avaliá-los ao analisar uma canção ou poema por escrito.

Contexto

A chave para interpretar uma canção é situá-la em seu contexto, que inclui o contexto histórico que deu origem à canção e o contexto literário se a canção estiver embutida em outro gênero, como história ou literatura sapiencial. Ao identificar o contexto, o conteúdo pode fornecer uma pista. Por exemplo, uma canção com conteúdo que aponta para uma mensagem política pode ser situada em um contexto geral político, embora a específica época política possa não ser conhecida.

Qual é o contexto da canção acima? Ela está inserida em uma história tradicional sobre uma garota chamada Wanjiru que vivia na terra do povo Gikuyu do Quênia, em uma época em que havia uma estiagem severa. Diante da morte, o povo decidiu que a única maneira de interromper a estiagem e acabar com seu sofrimento era oferecer um sacrifício humano. Além do mais, não seria qualquer sacrifício. Teria que ser Wanjiru, a garota mais bela da terra, que teria que caminhar em direção a um rio e se afogar. Na história, Wanjiru canta esta canção quatro vezes: ao chegar às margens do rio, quando a água alcança seus joelhos, quando ela alcança a cintura dela e, por último, quando alcança seu pescoço.

Tendo analisado o conteúdo e o contexto da canção, podemos categorizá-la como uma canção temática sobre a morte.

Função

A seguir, devemos identificar a função da canção ou poema em análise. Como foi apontado anteriormente, canções e poemas podem ter várias funções diferentes, dependendo do período do ano, do tempo, do contexto e do conteúdo. Portanto, é preciso definir se a canção se destina a ensinar uma lição, transmitir um valor, promover uma pauta, fornecer dados históricos, entreter, enfatizar um assunto em uma história e assim por diante. Se a canção ou poema for encontrada em uma história, o leitor deve identificar por que a canção ou poema foi inserida ali e depois definir sua função à luz do contexto maior da história.

A canção de Wanjiru foi inserida na história de tentativas de uma comunidade de apaziguar a Deus com o intuito de acabar com a seca. Devemos entender a canção dentro do contexto desta história. Ela não se limita a comunicar informações; ela recria a experiência de Wanjiru de modo que sejamos induzidos a participar de sua dor enquanto ela vai para sua morte. Sua função é ensinar a cultura, visão de mundo e valores do povo no que diz respeito à sua relação com o Ser Supremo. Neste caso, o povo pecou de alguma forma, e a única maneira de apaziguá-lo é através de sacrifício.[11] A visão de mundo apresentada através da história e da canção é que o Ser Supremo recompensa o bem e pune o mal em uma relação transacional.

Modo

Identificar o modo de uma canção ou poema é muito importante para entender seu significado. Esta é a terceira etapa no processo de interpretação. O modo pode ser divertido, otimista, alegre, triste, romântico, calmo e assim por diante. Como definição geral, modo é como a canção ou poema faz com que os ouvintes se sintam. O narrador cria este sentimento ou atmosfera usando o cenário, o tom e o tema da canção ou poema.

Na canção de Wanjiru acima, o modo é visivelmente doloroso. O narrador da história, na qual a canção está inserida, retarda o tempo narrativo, pois permite que a própria Wanjiru fale enquanto ela se afunda na água, cantando esta

11 For a deeper analysis of this story with particular reference to worldview, see Elizabeth Mburu [Para uma análise mais profunda desta história com referência particular à visão de mundo, veja Elizabeth Mburu], "Is God a God of Retribution?" in *Christianity and Suffering: African Perspectives*, ed. Rodney L. Reed, ASET series (Carlisle: Langham Global Library, 2017), 201–222. The model used in this book is a development of that earlier model. [O modelo usado neste livro é um desenvolvimento daquele modelo anterior.]

mesma canção quatro vezes. As pessoas mais importantes de sua vida abandonaram-na e sua morte é certa. Esta tristeza colore toda a canção de tal forma que ela nos cativa, mudando nosso modo para o de tristeza e luto.

Repetição

Há recurso de repetição em muitas das canções e poemas da África. Como no gênero história, ela serve para enfatizar um assunto. Mas também fornece simetria e ritmo às palavras de uma canção ou poema. Os ouvintes devem prestar muita atenção às palavras e frases repetidas, pois elas fornecem pistas para a compreensão.

Observe a repetição na canção acima. Como dissemos anteriormente, na história, a canção em sua totalidade é repetida quatro vezes. Esta repetição atrai ouvintes para a mais profunda tristeza de Wanjiru, os encoraja a participar ativamente da história e lhes permite experimentar a catarse ou a libertação.[12]

Cada vez que a canção é cantada, ela começa e termina com o refrão "Rain fall and make this ridge green, make this ridge green" (Chuva cai e torna esta colina verde, torna esta colina verde). Aqui, a repetição aumenta a simetria e o ritmo da canção. Ela também enfatiza a fé de Wanjiru no resultado. Ela está ciente de que seu sacrifício não é um sacrifício esvaziado. Ela espera que Deus ouça e que envie a chuva tão necessária.

Linguagem figurativa

A canção africana geralmente faz uso extensivo de imagens e linguagem metafórica, que estão em constante interação.[13] São recursos que o cantor ou poeta usa para comunicar emoção e encorajar os ouvintes a se envolverem emocionalmente. Assim, ao analisar uma canção ou poema, precisamos entender como esta linguagem está sendo usada e a mensagem que está sendo comunicada. As imagens muitas vezes fornecem pista para o sentido da canção ou poema.

Metáforas, símios, hipérboles e eufemismos são características comuns da canção africana, mas são insuficientemente apresentados nesse exemplo. Entretanto, a canção de Wanjiru usa eufemismo quando fala de estar "perdida" e não de morrer.

12 Kabira and Mutahi, *Gikuyu Oral Literature*, 18.
13 Scheub and Gunner, *African Literature*.

Canção na Bíblia

Quando se pensa em canto na Bíblia, geralmente o que vem à mente são livros de Salmos e Cântico de Salomão do Antigo Testamento. Entretanto, uma rápida checagem no Antigo Testamento mostra que há muitas canções e poemas nos livros narrativos e proféticos. Por exemplo, 2Samuel 22 e 23:1-7 contêm os chamados salmos raros, ou seja, salmos encontrados fora do livro de Salmos. Diz-se que ambos vieram de Davi, e ambos são hinos de louvor. A canção de Miriam em Êxodo 15:21 é outro exemplo de canção inserida na história. Ambos os livros proféticos de Isaías e Jeremias também têm extensas seções de poesia. Assim como os livros sapienciais de Jó e Eclesiastes. Há também poesia no Novo Testamento. Vemos isso nas doxologias de Paulo, bem como nos hinos que ele inclui em suas cartas (por exemplo, Fp 2:6-11; Cl 1:15-20).

Fontes de cântico bíblico

A maioria dos cânticos da Bíblia surgiram como literatura oral, apesar de hoje estarem de forma escrita.

Fontes de cânticos do Antigo Testamento

O livro de Salmos apresenta a adoração pessoal e comunitária a Deus por parte dos israelitas. Foi comparado a um moderno livro de hinos. O nome mais associado a esta coleção é o de Davi, o rei mais famoso de Israel. Muitos salmos têm o título de "Salmo de Davi", reconhecendo-o assim como o autor. Outros autores mencionados nos títulos dos salmos incluem Asaf (Sl 73-83), os filhos de Coré (Sl 84; 85; 87), Emã e Etã, o ezraíta (Sl 88 e 89, respectivamente), e Moisés (Sl 90). Entretanto, muitos salmos são anônimos, pois não sabemos quem os escreveu. Tampouco sabemos quando foram escritos, pois durante muitos anos eles fizeram parte do culto de Israel e assim refletem períodos diferentes na história de Israel.

Outra fonte familiar de cânticos do Antigo Testamento é o Cântico de Salomão, que é uma coleção de canções de amor entre homem e mulher. Muitos reconhecem Salomão como a fonte, e o livro em si começa com o título: "Cântico dos Cânticos de Salomão".

Lamentações têm pelo menos cinco canções lutuosas ou fúnebres que tradicionalmente se acredita terem sido compostas e cantadas por Jeremias (embora seja questionável).

Entre as canções mais antigas da Bíblia está o cântico de Moisés e Miriam, o qual cantaram depois de atravessar o Mar Vermelho (Êx 15). O conteúdo da canção revela que foi uma composição original baseada nos acontecimentos que acabavam de acontecer. Deuteronômio 31:22 também registra que Moisés, ao delegar Josué, escreveu a canção gravada em Deuteronômio 32 e a ensinou aos israelitas. Números 21:17-18 documenta que os israelitas cantaram uma canção juntos. Embora a fonte específica dessa canção não seja identificada, ela foi obviamente composta pelos israelitas.

Mais tarde, Ana cantou a canção escrita em 1Samuel 2:1-10, baseada em suas circunstâncias específicas. Por fim, livros proféticos como Ezequiel, Isaías, e Habacuque incluem canções que se supõe terem sido compostas pelos autores.

Fontes de cânticos do Novo Testamento

Magnificat em Lucas 1 é uma canção cantada por Maria, a mãe de Jesus. Embora os estudiosos reconheçam que a canção de Ana serviu de fonte para esta canção, certos aspectos do *Magnificat* são exclusivos de Maria.

O Novo Testamento também às vezes menciona cântico, mas sem mostrar as palavras que estão sendo cantadas. Por exemplo, Mateus 15 registra que Jesus e seus discípulos cantaram um hino no lugar elevado, e Atos registra que Paulo e Silas estavam cantando um hino quando Deus os libertou da prisão em Filipos.

Estudiosos reconhecem há muito tempo que as doxologias nas cartas de Paulo se assemelham a poesia, tanto em sua apresentação rítmica como em sua rica linguagem (por exemplo, Rm 11:36; Fp 4:20; 1Tm 1:17). Não sabemos se foi ele mesmo que compôs esses hinos e poemas ou se estava citando cânticos que já eram usados por fiéis cristãos.

Por último, o livro do Apocalipse nos mostra o lugar do trono de Deus, onde anciãos e os quatro seres vivos cantam nova canção (Ap 5:9–10). Depois, em Apocalipse 15:3-4, a vasta companhia dos redimidos canta uma canção que é identificada como “o cântico do servo de Deus Moisés e do Cordeiro”.

Funções do cântico bíblico

Igual os outros gêneros analisados até agora, as funções do cântico bíblico são quase idênticas às do cântico na África. Por exemplo, a primeira função do cântico bíblico era incentivar a participação através da recriação de experiências. A segunda função era a de ensinar. A tradição oral dos israelitas indicava que eles eram dependentes da memória para preservar e transmitir as tradições. Tal como as frases curtas e coloridas encontradas na tradição sapiencial eram fáceis de memorizar, também o padrão rítmico encontrado em canções e poemas facilitava a memorização daquilo que era cantado ou recitado. Relacionado a isso é a terceira função do cântico, que era a de preservar a história. Ela concedeu um mecanismo apropriado para preservar as principais memórias sobre a história e a religião israelita[14]. A quarta, cânticos eram cantados durante momentos de adoração, celebração e luto na comunidade.

Da mesma forma que os cânticos africanos, muitas canções e poemas bíblicos estão inseridos em outros gêneros. Quando inserida em uma história, a canção pode servir a pelo menos quatro funções principais, que se sobrepõem às funções mencionadas acima para a canção africana:[15]

1. Pode explicar melhor o material, conter uma lição, ou destacar um ponto que tenha sido feito no gênero ao redor.
2. Ela pode focar na mensagem, enfatizando o sentido da história.
3. Pode acrescentar um elemento à história, fornecendo uma conclusão. Nesses casos, a canção serve geralmente a um propósito teológico.
4. Pode ser usada como instrumento literário para acrescentar variedade ao estilo da narrativa ou mesmo para estruturar e definir o material ao redor.

Neste caso, a função do livro de Salmos merece uma referência especial. Os poemas desse livro (que foram todos musicados e são, portanto, canções) são únicos em seu retrato de profundas emoções dirigidas a Deus por indivíduos e pela comunidade. Como tal, eles são destinados a serem usados por indivíduos e pela comunidade para o culto a Deus. Representam diferentes vozes, pontos de vista, contextos e uma ampla gama de emoções que vão da alegria à raiva.

> O saltério opera com toda a gama de egos, vozes, pontos de vista, personas, e contextos situacionais de enunciação. Alguns salmos são atribuídos ou mesmo ancorados no espaço e no tempo, e outros surgem do nada. Alguns são solilóquios, outros súplicas, outros ainda diálogos; alguns falam com uma voz, outros com muitas vozes; alguns na voz do indivíduo, outros na voz do coletivo.[16]

14 Fee and Stuart.*How to Read the Bible*, 198.

15 Fokkelman. *Reading Biblical Narrative*, 178–9.

16 Sternberg, Meir. *The Poetics of Biblical Narrative: Ideological Literature and the Drama of Reading* (Bloomington: Indiana University Press, 1987), 72.

Técnicas literárias de cântico bíblico

Linguagem figurativa

Como se empenha em recriar a experiência para os ouvintes, o cântico bíblico está repleto de linguagem figurativa, como metáforas, símiles, personificação (onde objetos inanimados ou ideias abstratas são retratados como humanos), antropomorfismo (onde Deus recebe atributos humanos) e assim por diante. O cântico bíblico também usa com frequência o merismo, ou seja, referindo-se a dois extremos para transmitir o escopo de algo.[17] Por exemplo, o salmista usa o merismo no Salmo 103:11-12 para comunicar a totalidade do amor e do perdão de Deus: "Porque tão alto quanto os céus estão acima da terra, tão grande é seu amor por aqueles que o temem; tão distante quanto o Oriente é do Ocidente, ele afastou de nós as nossas transgressões até agora".

Rima, aliteração, assonância e onomatopeia

Além do imaginário que se conecta com os ouvintes no nível emocional, a poesia hebraica também faz uso dos recursos fornecidos pelo som das palavras. Às vezes faz uso de sons de rima, seja no final de consecutivas linhas ou poesias seja em rimas de pares de palavras, nas quais duas ou mais palavras em linha rimam.[18]

Ligados à rima estão os recursos literários de aliteração e assonância. Eles envolvem o uso de vogais sonoras semelhantes (assonância) ou consoantes (aliteração) para criar um efeito poético de plenitude e de destaque. Estes são também auxílios úteis para a memória.

A poesia hebraica também usa o que é conhecido como onomatopeia. É o uso de palavras que imitam os sons reais das palavras que elas retratam. Um exemplo em inglês seria a referência ao zumbido de uma abelha.[19]

Repetição e paralelismo

Observamos anteriormente que a literatura sapiencial tende a usar o paralelismo como um instrumento literário. Também é o caso do gênero de cântico bíblico. Existem três tipos principais de paralelismo - o sinônimo, o antitético e o paralelismo sintético.[20]

• • • • • • •

17 KLEIN et al., *Biblical Interpretation*, 302.

18 KLEIN et al., 276.

19 KLEIN et al., 276–277.

20 Repare que vários autores podem usar categorizações diferentes. Adotamos aqui a categorização mais

• Paralelismo sinônimo: No paralelismo sinônimo, a segunda linha ecoa a primeira linha. Podemos ver um exemplo disso no Salmo 19:1: "Os céus declaram a glória de Deus; os céus proclamam a obra de suas mãos". Nesse versículo, a segunda linha é apenas uma outra forma de reafirmar a primeira, repetindo a mesma ideia básica.

• Paralelismo antitético: No paralelismo antitético, a segunda linha contrasta com a ideia da primeira linha. Podemos ver isso no Salmo 1:1-2: "Feliz é aquele que não caminha junto com os perversos, não para no caminho dos pecadores, e nem se senta na companhia de zombadores, mas seu prazer está na lei do Senhor, e medita sua lei dia e noite".

O uso da conjunção adversativa "mas" proporciona uma contraposição entre o justo e o perverso. Em alguns casos, essa conjunção é deixada de lado, mas a ideia de contraste ainda é transmitida.

• Paralelismo sintético: No paralelismo sintético, a primeira linha profere a ideia introdutória e a segunda a complementa ou completa, continuando a ideia, comparando-a com algo mais, tornando-a mais específica, ou mesmo intensificando-a. Observamos isso em Eclesiastes 11:1: "Jogue sua semente pela água; após muitos dias você a encontrará". A segunda linha continua a ideia da primeira, dando a justificativa do comando.

Quiasmo

Outro aparato estrutural comum no cântico bíblico é o quiasmo. Como observado no capítulo sobre o gênero conto, é um padrão específico de escrita que utiliza a repetição estruturada de temas ou ideias para enfatizar ou destacar a mensagem do texto. A ordem das palavras de linhas poéticas pode ser exatamente a mesma, ou invertida, ou certa combinação das duas, como na ilustração seguinte do Salmo 8:[21]

A (Versículo 1a: O excelente nome de Deus)
B (Versículo 1b-3: A regra de Deus)
C (Versículo 4: A pequenez da humanidade)
C' (Versículo 5: A grandeza da humanidade)
B' (Versículo 6-8: A regra da humanidade)
A' (Versículo 9: O excelente nome de Deus)

simples. Para essa categorização e explicação seguinte, ver Arnold, Bill T. and Beyer, Bryan E. *Encountering the Old Testament: A Christian Survey*, 2nd ed. (Grand Rapids: Baker Academic, 2008), 282–284.

21 Adapted from Arnold and Beyer, *Encountering the Old Testament*, 285. They, in turn, adapted it from Alden, Robert L.. *Psalms: Songs of Devotion* (Chicago: Moody, 1974), 24.

Nesse caso, as ideias contidas nas linhas A e A' são reapresentadas de forma exata enquanto as das linhas B e C são "reapresentadas" em reverso nas linhas C' e B'. Quando o quiasmo é usado, as linhas centrais contêm a ideia principal da canção.[22] Os versículos que estão no início e no final formam um inclusive ou envoltório que engloba e destaca a mensagem dos versículos do meio.

Subgêneros de cânticos bíblicos

Há vários subgêneros de cânticos na Bíblia[23].

Cantos de amor: são encontrados principalmente no Cântico de Salomão.

Hinos de louvor: geralmente possuem três partes: Um chamado para louvar a Deus, a razão para louvar a Deus, e um renovado chamado para louvar a Deus. A palavra-chave nesses hinos é "Aleluia". Um número considerável dos salmos, assim como cânticos cantados por indivíduos e pela comunidade, se enquadram nesta categoria.

Cânticos de ação de graças: são semelhantes a hinos de louvor, salvo que foram usados mais especificamente pela comunidade ou indivíduos para louvar a Deus pela libertação de uma situação específica.

Lamentos: incluem tanto as lamentações comunitárias quanto as individuais. São clamores a Deus pela libertação de uma desgraça comunal específica ou pessoal.

Salmos imperiais: eram salmos especiais utilizados em serviços religiosos na presença do rei.

Outros gêneros menores de salmos incluem canções de peregrinação, poemas sapienciais, liturgias (isso inclui as liturgias da Torá, focadas na lei, e as liturgias proféticas, focadas mais no julgamento de Deus sobre os ímpios) assim como poemas mistos que reúnem os subgêneros.

Aplicação do modelo de banqueta hermenêutica de quatro etapas

Leia o salmo abaixo na íntegra. Ao lê-lo, experimente sua mensagem, a beleza da linguagem figurativa, e o ritmo e simetria das palavras.

Feliz é aquele que não caminha junto com os perversos,
não para no caminho dos pecadores,
e nem se senta na companhia de zombadores,
mas seu prazer está na lei do Senhor,
e medita na sua lei dia e noite.

• • • • • • •

22 Klein et al., *Biblical Interpretation*, 298.
23 Tullock. *The Old Testament Story*, 353–359.

Essa pessoa é como árvore plantada junto a riachos de água,
que dá seus frutos no tempo certo
e cuja folha não murcha –
tudo o que ela faz prospera.
Não são assim os perversos!
São como palha que o vento sopra para longe.
Portanto, os perversos não ficarão de pé no julgamento,
nem os pecadores na assembleia dos justos.
Pois o SENHOR vigia o caminho dos justos,
mas o caminho dos maus leva à destruição (Sl 1).

Etapa 1: Paralelos ao contexto africano

O primeiro passo é definir se este salmo tem paralelos com o contexto africano tradicional ou moderno que possa ajudar a esclarecer o seu sentido. Igual aos outros gêneros estudados até agora, isso pode ser em relação à visão de mundo, teologia, prática ou formato. Se houver semelhanças, estas podem ser usadas como ponte para entender o salmo bíblico. Se houver mensagem conflitante, então isso pode ser usado para corrigir qualquer suposição errada que possamos ter.

Visão de mundo

O primeiro paralelo que observamos diz respeito à visão de mundo. A visão de mundo apresentada neste salmo reconhece dois modos de vida opostos, o sábio e o insensato. Isso tem semelhanças com a cosmovisão africana. Temas sapienciais e de insensatez figuram de forma proeminente na literatura oral africana, e o propósito da literatura sapiencial africana é ensinar aos indivíduos como viver sabiamente e preservar as relações sociais. As escolhas insensatas que levam a consequências negativas são desencorajadas, muitas vezes através de punições.

Essa visão de mundo está intimamente ligada à recompensa e à retaliação. O salmo parece apresentar a teologia de retaliação semelhante àquela vista nas religiões tradicionais africanas e transmitida à sociedade africana moderna. Já vimos exemplos disso nos capítulos anteriores. Entretanto, ao olhar para o livro de Jó, notamos evidências bíblicas de que a teologia da retaliação é uma simplificação excessiva da relação do Deus bíblico com aqueles que acreditam nele. Contudo, a falha em acreditar em Cristo e obedecer a Deus levará a consequências negativas.

Este salmo, portanto, não apresenta uma visão de mundo estranha, embora precisemos salientar o corretivo no que diz respeito à retaliação.

Formato

O salmo em análise está em um formato familiar. O uso da linguagem figurativa e a forma indireta de se referir à vida insensata é muito comum na África. Além disso, este salmo tem ritmo e simetria, que também fazem parte do gênero de cânticos africanos.

Embora estes não sejam os únicos paralelos ao contexto africano, eles são suficientes para fornecer o ponto de partida comum para começar a se relacionar com o salmo.

Etapa 2: Contexto teológico

Quais são as principais ênfases teológicas neste salmo? O tema geral, obviamente, é a pessoa justa, enquanto o tema mais específico é contraste de dois modos de vida, justo e perverso. Vários outros salmos, assim como a literatura sapiencial, mostram que aqueles que seguem esses caminhos ou são a favor de Deus ou contra Ele. O referido salmo traça um contraste vivo entre as vidas dos justos e dos insensatos, apontando as características de cada estilo de vida e seus diferentes destinos. Como afirma Craigie, "a prosperidade dos justos reflete a sabedoria de uma vida vivida de acordo com o plano do Doador de toda vida"[24].

Aplicação provisória

O tema geral de vida justa versus vida perversa nos lembra que Deus exige que façamos escolhas na vida. Essas escolhas têm consequências que nos afetam positiva ou negativamente.

Etapa 3: Contexto literário

A próxima etapa da banqueta hermenêutica envolve a identificação do tipo de literatura com a qual estamos aqui lidando, incluindo seu gênero, técnicas literárias, uso de linguagem e a progressão do texto em relação aos textos ao redor. Os pontos provisórios de aplicação derivados na etapa 2 serão aprimorados e esclarecidos mais ainda durante esta etapa.

Gênero literário

Como observado nos capítulos anteriores, cada gênero tem diretrizes de interpretação específicas e às vezes únicas que enriquecem a compreensão de cada um. As que se referem especificamente ao cântico serão agora aplicadas ao Salmo 1.

• • • • • • •

24 Craigie, Peter C., "Psalms 1–50," in *Word Biblical Commentary*, eds. David A. Hubbard and Glenn W. Barker, vol. 19 (Waco, TX: Word Books, 1983), 61. Em português: [*Salmos 1-50.* Comentário Bíblico do Antigo Testamento, *vol. 9.* Traduzido por João Rezende Costa. São Paulo: Shedd Publicações, 2008] .

O ritmo e a simetria deste salmo, associados a seu amplo uso de linguagem figurativa, colocam-no no gênero geral do cântico. Uma vez que seu tema (contraste entre a vida justa e a vida perversa) é compartilhado com muita literatura sapiencial do Antigo Testamento, este salmo pode ser categorizado no subgênero de poesia sapiencial.

Função: Qual é a função do Salmo 1? O subgênero da poesia sapiencial é meditativo no modo e didático na intenção.[25] Propõe-se a tratar de questões éticas. Portanto, o Salmo 1 foi concebido como um instrumento pedagógico para instruir indivíduos e a comunidade sobre a perspectiva correta da vida. O salmista começa com o que as pessoas justas não devem fazer, antes de passar para o que elas devem fazer. Especificamente, a função deste salmo era ensinar aos indivíduos o valor da vida justa e advertir contra estilos de vida perversos. Entretanto, vale notar que a colocação deste salmo no início do saltério sugere que ele também serve como a introdução ou prólogo a todo o livro de Salmos.

Modo: O modo deste salmo é misto. Na primeira parte do salmo, de forma geral, é positivo e feliz. No versículo 3, o salmista equipara o justo a árvores frutíferas e bem regadas. Tudo o que ele faz prospera. Ao ouvirmos esta parte do salmo, nos sentimos animados, elevados e alegres. Entretanto, o modo na segunda parte do salmo muda drasticamente. Torna-se sombrio e deprimente quando o salmista fala sobre o destino dos ímpios, que são comparados à "palha que o vento sopra" (v. 4).

Técnicas literárias

Repetição: Como na África, o canto e a poesia na Bíblia são caracterizados pela repetição que cria simetria e ritmo. No caso deste salmo, a forma de repetição está presente na estrutura quiástica no versículo 2, como ilustrado abaixo:

A Mas seu prazer
        B está na lei do Senhor,
        B' e na sua lei
A' ele medita dia e noite

Esta estrutura enfatiza as características positivas do homem justo e coloca a lei do Senhor em uma posição central, enfatizando assim sua importância na direção de nossas atitudes e comportamento.

25 Klein et al., *Biblical Interpretation*, 290.

Paralelismo: As estruturas paralelas são muito comuns no cântico africano. Como observamos acima, a poesia hebraica usa três tipos principais de paralelismo. Neste salmo, o salmista usa os três. Há um paralelismo sintético na descrição daquilo que a pessoa justa não faz, com três cláusulas que se intensificam no sentido: "caminhar juntos com os ímpios, ou parar no caminho dos pecadores, sentar na companhia de zombadores". O paralelismo transmite a imagem de uma pessoa que cai gradualmente e cada vez mais profundo no pecado. No versículo 3, o poeta usa novamente o paralelismo sintético. O segundo pensamento ("que dá seus frutos no tempo certo e cuja folha não murcha – tudo o que ela faz prospera. ") explica o primeiro pensamento ("Essa pessoa é como árvore plantada junto a riachos de água ").

No versículo 5, o salmista usa o paralelismo sinônimo: " Portanto, os perversos não ficarão de pé no julgamento, nem os pecadores na assembleia dos justos ". Ambas as linhas expressam a mesma ideia - por causa de sua rejeição às escolhas piedosas, os perversos não podem esperar a recompensa dos justos.

No versículo 6, o salmista usa o paralelismo antitético para contrastar dois modos de vida - o dos justos e o dos ímpios - e suas consequências.

Linguagem figurativa: O salmista utiliza uma quantidade significativa de linguagem figurativa neste salmo, incluindo metáforas e similitudes. O comportamento de pessoa justa é descrito em três orações metafóricas redigidas em termos negativos. A pessoa abençoada ou feliz é aquela que "não caminha junto com os perversos ". Isso simboliza alguém que não se envolve e não é influenciado pelo estilo de vida dos ímpios. Tal pessoa também não " para no caminho dos pecadores ", uma metáfora para a participação em atividades ímpias. A terceira metáfora refere-se a alguém que não "se senta na companhia de zombadores", ou em outras palavras, não se alinha com pessoas ímpias. Essas metáforas agregam a intencionalidade emocional ao salmo enquanto nos instruem em ver o que a pessoa justa não faz.

Depois, no versículo 3, o salmista muda para símile, descrevendo aquele que se regozija na lei do Senhor "como árvore plantada junto a riachos de água". As principais características de tal árvore são que ela "dá seus frutos no tempo certo" e que suas folhas "não murcham". É um sinal seguro de prosperidade. Em contraste, no versículo 4, ele descreve aqueles que são perversos com uma semelhança muito diferente: "os perversos ... São como palha que o vento sopra para longe". Estas sínteses retratam de forma viva o contraste entre os ímpios que carecem de estabilidade e substância e os justos que estão firmemente plantados. Como este salmo foi escrito para um povo que entendia de agricultura, essas similitudes são apropriadas para aprofundar sua compreensão.

Merismo: Merismo usa dois extremos para expressar a totalidade de uma ideia, como na referência à pessoa justa meditando na lei de Deus "dia e noite". Porque os justos compreendem a importância da lei do Senhor, eles dão prioridade a ela em suas vidas. Eles têm a disciplina para "ir mais devagar" e permitir que a palavra de Deus crie raízes em suas vidas enquanto meditam sobre ela.

Hipérbole: O versículo 3 também usa a hipérbole na frase "tudo o que ele faz prospera". Há exemplos de pessoas justas na Bíblia que não tiveram sucesso em tudo o que tentaram fazer. A hipérbole aqui é destinada a demonstrar os benefícios positivos de uma vida dependente da lei do Senhor. A pessoa assim terá de fato uma vida bem-sucedida, conforme definido pelas normas de Deus.

Língua

Gramática e sintaxe: A gramática e a sintaxe usadas neste salmo também nos fornecem pistas para seu sentido. O salmista explica no versículo 2 que os justos se alegram com a lei do Senhor. A conjunção adversativa "mas", que inicia esse versículo, mostra aos leitores o contraste entre os negativos (o que os justos não fazem) e os positivos (o que eles fazem).

Nos versículos 1 a 4, o salmista usa verbos no tempo presente para descrever as atividades que definem o justo e o perverso. O uso desse tempo verbal mostra que é estilo de vida habitual deles, e não algo que só acontece ocasionalmente. Nos versículos 5 e 6, os verbos no tempo futuro apontam para a condenação certa futura dos ímpios. Entretanto, os verbos que se referem aos justos estão no presente, lembrando-nos que os benefícios de uma vida justa são experimentados no presente, e não apenas no futuro.

A compreensão do sentido de algumas das palavras-chave deste salmo esclarece como devemos interpretá-lo. *Abençoado*: A palavra que inicia este salmo foi traduzida como "abençoado" (NIV, KJV, NASB) ou "feliz" (CSB, GNT, NRSV). Enquanto o inglês moderno tenderia a fazer uma distinção entre estas duas palavras, constatando "abençoado" como sendo mais religioso e "feliz" como secularizado, o hebreu não faz tal distinção. A interpretação mais precisa desta palavra é "feliz realmente". Ela coloca "ênfase determinada em uma vida em relação certa com Deus" (ver também Dt 33:29; Sl 2:12; 65:4; 84:4).[26]

Perverso (1:1, 4-5): Esta palavra, que também é traduzida como " ímpio", ocorre mais frequentemente na literatura sapiencial do que em qualquer outro gênero. a pessoa perversa (1:1, 5) é aquela que se opõe à justiça (1:6) e é

• • • • • • •

26 Brown, Michael L., "ראש ",NIDOTTE 1:570–71.

caracterizada por "comportamento negativo ou pensamentos, palavras e atos malignos que não só são contrários ao caráter de Deus, mas também são hostis à comunidade que a rodeia"[27].

Pecadores (1:1, 5): No Antigo Testamento, esta palavra é geralmente entendida referindo-se àqueles que são contra a palavra ou desobedientes a Deus.

Zombadores (1:1): Na Bíblia, a palavra traduzida "desdenhoso" (KJV), "escarnecedores" (NASB) ou "zombadores" (NIV) aparece com mais frequência na literatura sapiencial. Ela se refere a pessoas cujas atitudes e ações são corruptas e semeiam a discórdia. Elas são gulosas e orgulhosas e carecem de sabedoria. Caminham ao lado dos insensatos e perversos e compartilham seu destino (ver Pv 9:12; 19:29; Is 29:20).[28]

Meditar: A palavra traduzida por "meditar" tem uma série de sentidos, muitos deles relacionados a baixas ou mínimas vocalizações, como murmúrios e resmungão. Assim, ela pode ser usada para descrever o arrulho de uma pomba, o rosnado de um leão, o pranto e o gemido de tristeza. Quando usada com relação aos ímpios, a palavra significa conspirar, planejar, idealizar ou esquematizar (ver Sl 2:1; 38:12; Pv 24:2). Entretanto, quando usada pelos justos, a palavra pode se referir ao louvor a Deus, a fazer planos e ao engajamento em pensamentos reflexivos profundos. O propósito de tal meditação é ajudá-los a harmonizar sua vida àquela sobre aqual estão meditando (ver Js 1:8).[29]

Fluxo literário

Igual os provérbios analisados no capítulo anterior, os salmos são autônomos. O Salmo 1 não está inserido em nenhuma história e, portanto, é quase impossível identificar seu contexto histórico literário e específico. No entanto, o fato de ser o primeiro salmo do saltério pode ser significativo na medida em que serve como introdução ou prólogo a todo o livro de Salmos.

O Salmo 1 é também o primeiro salmo do primeiro livro de Salmos, que abrange Salmos 1-41. Entretanto, é difícil saber que conclusão tirar disso, pois

• • • • • • •

27 Carpenter, Eugene and Grisanti, Michael A., "עָרשׁ ",NIDOTTE 3:1201–2

28 Powell, Tim, "ליץ ",NIDOTTE 2:798.

29 Pelt, M. V. Van and Kaiser Jr, Walter C.., "הגה ",NIDOTTE 1:1006–8.

não sabemos como foram compiladas as diferentes coleções que compõem os cinco livros dos Salmos.

Alguns estudiosos sugerem que o Salmo 1 foi juntado inicialmente com o Salmo 2 como uma única unidade.[30] Seria compatível com o tema de julgamento que é evidente em ambos os salmos. Entretanto, no Salmo 2, o julgamento é definido para um futuro distante com a vinda de um futuro rei e de um Filho que governará as nações para sempre. No que diz respeito ao fluxo literário, isso daria ao tema de vida sábia e insensata um teor presente e futuro.

Aplicação provisória

Os vários aspectos do contexto literário confirmam que os justos vivem vidas justas porque confiam em todas as instruções de Deus. Quem assim fizer terá uma vida bem-sucedida, conforme definido pelas leis de Deus. A reflexão ponderada e contínua sobre a lei de Deus é a fonte de prazer para aqueles que são justos. Ao contrário, aqueles que optarem por mergulhar na perversidade experimentarão o castigo de Deus.

Etapa 4: Contexto histórico

O Salmo 1 não fornece pistas significativas que possam nos ajudar a descobrir seu contexto histórico específico. Ao contrário de muitos outros salmos, ele não tem epígrafe e é, portanto, anônimo. Entretanto, a menção da "lei do SENHOR" indica que ela foi composta após a lei do Moisés ter sido dada. Encontramos outra pista para sua datação no uso da palavra "zombadores" no versículo 1. Esta é a única ocasião em que esta palavra é usada em todo o livro de Salmos. No entanto, a mesma palavra ocorre várias vezes no livro de Provérbios, sugerindo que ela veio a ser usada para descrever descrentes a partir da época de Salomão.[31] Por último, se Jeremias cita este salmo em Jeremias 17,5-8, como parece provável, então o salmo deve ter sido escrito antes de seu tempo. Portanto, podemos dizer que provavelmente foi escrito em algum momento durante o período da monarquia. Além disso, ele só pode ser colocado no contexto mais amplo da história de Israel, da vida da nação e da adoração a

• • • • • • •

30 Craigie, "Psalms 1–50," Word Biblical Commentary, 59.

31 Keil, C. F. and Delitzsch, F., "Psalms," *Commentary on the Old Testament*, trans. Francis Bolton (Peabody, MA: Hendrickson, 1866–91, 2006), 48.

Deus. Qualquer reconstrução de seu contexto histórico específico, além deste ponto, seria especulativa.

Aplicação provisória

A história bíblica de Israel registra que houve momentos durante a monarquia em que a lei de Deus foi praticamente esquecida e o povo experimentou muito sofrimento por causa de seu pecado. Isso sugere a aplicação adicional que o salmista estava preocupado em advertir os israelitas contra o abandono de seu culto a Deus.

Assento: aplicação

No mundo de ouvintes deste salmo, a sabedoria era altamente valorizada. A pedagogia deste salmo tinha o objetivo de motivá-los a considerar o estilo de vida dependente de Deus através da obediência à sua lei. Em nosso contexto africano moderno, este salmo nos ensina que o estilo certo de vida é resultado de uma constante e consistente reflexão sobre a palavra de Deus. É a única maneira de aprendermos e aplicarmos valores divinos.

No mundo atual de ritmo acelerado, a informação é acessada em velocidades extremamente altas através da Internet e da mídia. Poucos têm a paciência e a disciplina de dedicar tempo estudando a Bíblia. Infelizmente, esta é a única chave para o estilo de vida descrito neste salmo.

Não é de admirar que existam tantos cristãos só de nome que escolheram viver como quiseram, sem consideração pela palavra de Deus e pelos valores divinos. A evidência da negligência do conselho descrito neste salmo é a moralidade diminuída. Práticas como corrupção, abuso de drogas e álcool, níveis reduzidos de sexualidade, estilos de vida alternativos (incluindo homossexualidade e transgênero) e assim por diante, invadiram o continente. Além disso, há inúmeros ensinamentos falsos que reduzem a verdade bíblica e encorajam essas práticas erradas. A aplicação deste salmo na vida de um crente hoje deve resultar em uma mudança de atitude, uma transformação interior de valores e um compromisso renovado de viver a vida de forma justa, exigido por Deus. Sem esta mudança, só podemos esperar punição.

9

INTERPRETAÇÃO DE EPÍSTOLAS

As cartas, hoje, foram em grande parte substituídas por e-mails, mensagens de texto e mensagens enviadas através de diferentes plataformas de mídia social. No entanto, epístolas são parte importante da Bíblia, e é por isso que precisamos estudar este gênero. Como nos outros capítulos, começaremos com a definição do gênero epístola e consideraremos dois exemplos de epístolas da África. Em seguida, aplicaremos o modelo de banqueta hermenêutica de quatro etapas a amostra de cartas bíblicas.

O gênero Epístola

Embora seja um gênero relativamente novo na África, as cartas têm uma longa história no resto do mundo, sendo usadas sempre que as pessoas querem permanecer em contato por longos períodos. Poderíamos até mesmo classificar as mensagens orais que eram transportadas por longas distâncias na África, como cartas orais.

As funções das cartas estão relacionadas com o bem-estar de uma comunidade e de indivíduos. Assim, sua principal função é transmitir informações e mensagens entre as partes. Algumas vezes, essas informações dizem respeito a eventos externos, e outras vezes dizem respeito ao bem-estar do remetente ou do destinatário e daqueles ligados a eles. Além disso, quando uma pergunta é feita por um indivíduo ou uma comunidade e a resposta oral não é possível, a carta é a forma apropriada de respondê-la. Por último, se o problema precisa ser resolvido e não pode ser feito pessoalmente, a carta é a maneira apropriada de abordar a questão. Assim, ao interpretar uma carta, é importante entender a situação na qual e para a qual ela foi escrita.

Cartas podem ser formais ou informais, dependendo da relação entre remetente e destinatário e da situação que está sendo tratada.

A África e as cartas

A carta é o gênero relativamente novo na África subsaariana. Isso é compreensível, dada a natureza oral da comunicação na África tradicional. Consequentemente, a maioria dos exemplos de cartas datam do período colonial e pós-colonial.

Antes da era colonial, as informações na África eram normalmente comunicadas oralmente. Se um chefe ou líder quisesse transmitir informações ou responder aos chefes ou líderes das aldeias vizinhas, ele convocaria um mensageiro e confiaria a mensagem a ele. O mensageiro então passava a mensagem exatamente como ela lhe havia sido dada. Assim, os mensageiros eram obrigados a ser confiáveis e a ter uma boa memória. Eles também precisavam conhecer o território pelo qual precisariam viajar. Às vezes, as pessoas dentro da comunidade também pediam aos viajantes que levassem mensagens orais aos membros da família.

Algumas culturas, especialmente na África Ocidental, também utilizavam tambores para comunicar mensagens a longas distâncias. Isso era feito em ocasiões religiosas ou cerimoniais. As batidas e ritmos dos tambores imitavam o discurso da comunidade, tornando assim a comunicação possível.

Durante e após a era colonial, houve um rápido crescimento na alfabetização. À medida que pessoas se deslocavam cada vez mais de suas casas tradicionais para as cidades, e até mesmo para outros países, crescia a necessidade de comunicação através de longas distâncias, propiciando a popularidade do gênero carta.

O estilo das cartas africanas

O estilo utilizado nas cartas africanas está relacionado aos sistemas coloniais de educação. Assim, no Quênia, os escritores de cartas utilizam o formato britânico, enquanto na África francófona predominam os modelos franceses. No entanto, em geral, esperaríamos ver os seguintes elementos em uma carta africana (embora alguns deles possam ser omitidos).

- Endereço do Remetente: Isso geralmente é escrito no topo da carta. Serve para que o destinatário saiba onde a carta foi escrita.
- Data: A data segue logo após o endereço do remetente. Muitas vezes, é a pista importante para o contexto histórico geral da carta.

- Saudação e Destinatário: A carta propriamente dita começa com a identificação do destinatário.
- Saudações: Todas as cartas começam com saudações do remetente e, às vezes, de outras pessoas que conhecem o destinatário.
- Corpo: Geralmente é a seção mais longa da carta e inclui as principais informações que o remetente deseja transmitir.
- Saudações de encerramento: A maioria das cartas termina com mais saudações. Estas tendem a reiterar as saudações já dadas por membros da família e amigos, mas podem incluir saudações de outros também.
- Bênção e remetente: A carta conclui com a bênção e identificação do remetente.

Interpretação de cartas africanas

Veja o seguinte exemplo de carta de um pai na África Oriental para seu filho adulto que está trabalhando fora de casa.[1] Você consegue identificar elementos mencionados acima?

Aldeia de Munyaka
Caixa Postal 1432
Mamburuki

23 de setembro de 1942
A meu filho,

Meu filho, que eu amo, Njaramba, recebe minhas calorosas saudações desde a última vez que estivemos juntos. Sua mãe e eu, suas irmãs Mwicigia e Nyambura estamos bem e elas também lhe enviam suas saudações. Tudo está bem por aqui, pois Deus Todo-poderoso cuidou de nós e nós O louvamos.

Esta é o período de preparação da terra enquanto esperamos as chuvas para que possamos plantar. Confiamos em Deus para as chuvas, pois Ele controla os céus e a terra. Para esta época, estamos planejando plantar uma variedade de milho de crescimento rápido, pois é a época de poucas chuvas. Também planejamos plantar algumas batatas.

O bezerro que nasceu durante sua última visita é agora bastante grande, mas ainda está mamando. O caso da fronteira entre nós e nossos vizinhos foi resolvido de forma amigável e os lírios de fronteira foram plantados para de-

1 Amostra fornecida pelo dr. Kariba J. C. Munio.

marcar claramente a terra. Os anciãos realizaram uma cerimônia tradicional para marcar o evento e garantir que todos nós cumpríssemos o acordo de fronteira. Este é o nosso costume.

Minha tarefa como seu pai é continuar dando conselhos para que você possa fazer algo com sua vida. Por favor, saiba que nem todas as pessoas, no lugar onde você está trabalhando, têm boas intenções. Portanto, tenha muito cuidado com a empresa que você mantém e faça todo o esforço para estabelecer bases firmes para si mesmo. Trabalhe duro e lembre-se de que há um amanhã a ser cuidado. Estou feliz porque você nos informou que está fazendo aulas noturnas após o trabalho. É sábio ir mais longe com sua educação formal.

Meu colega, Elder Kigutha, me informou que há um terreno à venda e eu quero que o adquiramos. Eu lhe darei os detalhes após finalizarmos as negociações. Adquirir mais terras, como tenho dito constantemente a vocês, é vantajoso para a nossa prosperidade futura.

Quero também que você saiba que sua tia, Wanyora, nos visitou. A boa notícia é que sua prole, que estava perdida há cerca de três meses, foi encontrada. Havia sido levada por um casal sem filhos que agora está no tribunal. Tivemos a cerimônia de ação de graças e agradecemos a Deus por sua proteção.

Todos os membros da família lhe enviam saudações e lembram-lhe de fazer uma visita. Algumas roupas para o feriado de Natal são muito bem-vindas. Venha e vamos celebrar juntos.

Toda a paz e graça para você.

De seu pai,

Joe Kamanya

Esta é a carta informal de um pai para seu filho, destinada a informar o filho sobre o que está acontecendo na família. Ela inclui saudações de membros da família e informações sobre questões de gado e terras. Este tipo de informação é esperado, dada a importância destas questões nas comunidades africanas. O pai também está interessado em dar conselhos a seu filho. Parece que o filho encontrou um emprego na cidade, e o pai tem medo que ele caia em má companhia. O *status* dado à educação também aparece claramente na carta, pois o filho é elogiado por continuar com sua educação. O último parágrafo é uma dica de que o filho deve comprar roupas para outros membros da família. Afinal de contas, ele tem um emprego na cidade! A importância da família e da comunidade é muito evidente em toda essa carta.

Agora, vamos dar uma olhada mais de perto em outra carta africana.[2]

Mercado de Wangige
Caixa Postal 22,
Kikuyu
KENYA

3-9-1952
Para meu amor,

Primeiro, dou graças ao nosso Todo-poderoso Criador Jeová. Em segundo lugar, receba e aceite minhas calorosas saudações. Meu amor por você é tanto quanto as folhas da copa das árvores sob a cobertura da floresta e tanto quanto as areias na costa do mar.

Em seguida, você agora está pronto para minha atualização de novidades. Minha viagem de volta da casa de minha tia foi segura e agradável e agora estou em casa em segurança. Mal consigo dormir e meu coração está inquieto por causa de sua ausência. Como vou sobreviver todos estes dias sem você e sem vê-lo? Meu coração está tão pesado como monte de aço. Mal posso comer por falta de apetite, tudo por falta de você.

Peço-lhe, gentilmente, que venha me visitar. Informe-me quando você virá em sua resposta a esta carta. Para sua informação, meu parente, Karanu está sempre chorando para ser trazido para lhe visitar. Ele também perdeu apetite por causa de você. Quanto a mim, meu coração continua a a bater forte quando penso em você.

Deixe-me parar por aqui, pois demasiado é veneno e pouco é tão doce quanto o açúcar.

Seu querido amor,
Kienjeku Wa Horo

Como antes, primeiro identificamos o gênero de um texto a fim de saber quais regras serão aplicadas quando o lemos. O formato e o conteúdo identificam o texto acima como uma epístola. Portanto, podemos aplicar os seguintes parâmetros para a interpretação deste gênero:

2 Sample provided by [Amostra fornecida pelo] dr Kariba J. C. Munio.

Elementos

O primeiro passo na interpretação de uma carta é identificar se ela possui todos os sete elementos. Nem todos eles estão presentes na carta acima. Inclui o endereço do remetente e a data. Também identifica o destinatário e transmite saudações do remetente. O corpo da carta contém uma declaração de amor. Entretanto, não há nenhuma saudação final ou bênção nesta carta. Ao invés disso, ela termina com uma identificação íntima do remetente.

Função

O segundo passo é identificar a função da carta. A linguagem utilizada mostra que se trata de uma carta informal. O conteúdo revela que se trata de uma declaração de amor de um jovem à sua amada. A função desta carta é, portanto, transmitir informações de natureza íntima. Como muitas cartas de amor, ela faz muito uso de uma linguagem figurativa.

Contexto

Podemos identificar um contexto histórico específico para esta carta? Em outras palavras, quais foram as circunstâncias que levaram à sua escrita? Existem alguns detalhes sociais, econômicos, políticos ou religiosos significativos do contexto que devemos observar?

Tudo o que podemos dizer em resposta a essas perguntas é que a data da carta mostra que ela foi escrita durante a era colonial. Além disso, a carta não oferece pistas sobre seu contexto histórico. Tudo o que podemos dizer é que o escritor da carta é um jovem apaixonado que está escrevendo para expressar seu afeto por sua amada. Ele sente falta dela e anseia por vê-la.

Cartas na Bíblia

Existem poucas cartas no Antigo Testamento, embora o subgênero de relato ofereça alguns exemplos que podem ser um pouco comparáveis às cartas, pois os relatos geralmente transmitem informações sobre uma situação. Exemplos de relatos incluem relatos de batalha (Gn 14:1-12; Js 10:1-15), relatos de censo (Nm 1:17-46; 26:1-62), e relatos de construção (1 Rs 6-7). No entanto, em geral, o gênero das cartas é encontrado apenas no Novo Testamento, onde as cartas são às vezes referidas como epístolas. Dos vinte e sete livros do Novo Testamento, vinte e um são cartas. Estão divididos em três grandes grupos - cartas paulinas, cartas joaninas, e cartas gerais.

A maioria das cartas do Novo Testamento foi escrita pelo apóstolo Paulo a várias igrejas e indivíduos. Das treze cartas paulinas, quatro são conhecidas como cartas da prisão (Efésios, Filipenses, Colossenses e Filemon) porque foram escritas enquanto Paulo estava na prisão. Três outras (1 e 2 Timóteo e Tito) são conhecidas como cartas pastorais, porque foram escritas a vários indivíduos envolvidos na liderança pastoral.

Outras cartas do Novo Testamento foram escritas pelo apóstolo Pedro (duas cartas: 1 e 2 Pedro), Tiago e Judas, os meios-irmãos de Jesus (uma carta cada: Tiago e Judas) e João, o discípulo amado (três cartas: 1, 2 e 3 João). Não sabemos quem escreveu a carta para os Hebreus.

O Apocalipse é único entre os livros bíblicos, que é carta, profecia e apocalipse ao mesmo tempo. Embora nos capítulos anteriores o tenhamos identificado como história, as seções que podem ser interpretadas como cartas devem ser tratadas como tal. Estas seções incluem cartas para as sete igrejas encontradas em Apocalipse 2 e 3.

Compreender as cartas na Bíblia

As cartas do Novo Testamento foram geralmente escritas para tratar de situações específicas nas igrejas. Elas foram enviadas para resolver um problema, encorajar uma igreja ou um indivíduo, confrontar falsos ensinamentos, corrigir atitudes e comportamentos errados ou responder a uma questão levantada pela igreja. A carta representava o escritor em sua ausência física e constituía uma comunicação adequada.

Devido à sua natureza ocasional (ou seja, porque foram escritas em resposta a situações específicas), as cartas não tinham a intenção de abordar todas as preocupações teológicas ou éticas que um leitor pudesse ter. Isso significa que não se deve ler uma carta como, digamos, Romanos, como se fosse um mero tratado teológico. Tampouco devemos esperar que uma carta seja organizada sistematicamente de modo a responder a todas as nossas perguntas teológicas.

Uma implicação importante disso é que devemos tentar compreender as cartas do Novo Testamento dentro dos contextos históricos e culturais específicos que levaram à sua escrita. Devemos sempre olhar além da pequena parte que estamos analisando, a fim de compreender o contexto maior da comunicação.

O estilo das cartas bíblicas

Assim como autores de cartas quenianas seguem as convenções de estilo de cartas britânicas, também autores de cartas bíblicas geralmente seguem as convenções de redação de cartas de sua época.[3] Podemos ver isso nas cartas de Paulo, que geralmente têm a seguinte estrutura:[4]

- Saudação - identificação do autor, destinatários, algum tipo de saudação
- Oração ou expressão de agradecimento pelo bem-estar dos destinatários
- Corpo que expõe as principais razões por escrever
- Aconselhamento ou exortação
- Despedida de encerramento

Deve-se notar que enquanto algumas cartas têm todas as características identificadas acima, outras têm apenas algumas poucas. Por exemplo, o início da carta aos hebreus não se assemelha a uma carta.

> *No passado Deus falou a nossos antepassados através dos profetas em muitas ocasiões e de várias maneiras, mas nestes últimos dias ele nos falou por meio de seu Filho, a quem ele nomeou herdeiro de todas as coisas, e através de quem ele também fez o universo.* (Hb 1:1-2)

Outro exemplo de uma carta sem as características mencionadas acima é o final de Tiago:

> *Meus irmãos e irmãs, se um de vocês se afastar da verdade e alguém o faz voltar, fique este sabendo que: Quem reconduz um pecador do caminho errado, salvá-lo-á da morte e cobrirá uma multidão de pecados* (Tg 5:19-20).

Na verdade, tanto Hebreus como Tiago parecem mais com sermões do que com cartas. Os estudiosos sugeriram que eles deveriam ser considerados como uma série de sermões escritos ou homilias.

Outras cartas que não têm todas as características incluem 1João, que não tem uma saudação ou um encerramento e Gálatas, que não tem ação de graças.[5]

• • • • • • •

3 WITHERINGTON. *New Testament Story*, 51.
4 KLEIN et al. *Biblical Interpretation*, 355.
5 KLEIN et al., 353, 359.

Aplicação da hermenêutica de banqueta de quatro partes
Modelo para uma carta bíblica

Antes de ler a passagem abaixo, leia a carta aos Gálatas na íntegra. É importante ler a carta completa primeiro para entender o contexto dos versículos específicos que vamos analisar. Ao lê-la, coloque-se no lugar de um indivíduo nas igrejas gálatas.

> 1 Paulo, apóstolo - enviado não da parte dos homens, e nem por um homem, mas da parte de Jesus Cristo e por Deus Pai, que o ressuscitou dentre os mortos - 2 e todos os irmãos e irmãs comigo,
> Para as igrejas da Galácia:
> 3 Graça e paz da parte de Deus nosso Pai e do Senhor Jesus Cristo, 4 que se entregou por nossos pecados para nos resgatar deste mundo mau, segundo a vontade de nosso Deus e Pai, 5 a quem seja dada glória para todo o sempre. Amém.
> 6 Surpreende-me que vocês estejam tão rapidamente abandonando aquele que os chamou para viver na graça de Cristo e estão se voltando para um evangelho diferente - 7 o qual realmente não é nenhum evangelho. Evidentemente, algumas pessoas os estão lançando em confusão e estão tentando perverter o evangelho de Cristo. 8
> Mas mesmo que nós ou algum anjo do céu preguemos um evangelho diferente daquele que vos pregamos, que eles estejam sob a maldição de Deus! 9 Como já dissemos, agora eu digo novamente: Se alguém está pregando a vocês um evangelho diferente daquele que vocês aceitaram, que esteja sob a maldição de Deus! 10 Por acaso, estou agora tentando ganhar a aprovação de seres humanos, ou de Deus? Ou estou tentando agradar as pessoas? Se eu ainda estivesse tentando agradar as pessoas, eu não seria um servo de Cristo (Gl 1,1-10).

O contexto da carta aos Gálatas

Como foi salientado acima, é importante colocar este texto no contexto de toda a carta. Sem esse contexto, é difícil entender a mensagem que está sendo comunicada, pois acabamos vendo apenas uma pequena parte de toda a comunicação. Portanto, antes de apresentar uma análise detalhada de Gálatas

1:1-10, vamos olhar para o contexto literário, histórico e teológico geral da carta como um todo.

Contexto literário

Em termos de gênero, esta carta utiliza o estilo literário e comuns entendimentos naquele período. Entretanto, em Gálatas, Paulo omite a habitual ação de graças. Veremos isso com mais detalhes ao analisarmos a passagem.

Contexto histórico

O autor dessa carta se identifica como apóstolo Paulo (Gl 1:1; 6:11). Encontramos Paulo (conhecido então como Saulo) primeiro em Atos 7:38 durante o apedrejamento de Estêvão. Ele era um judeu helenista com um profundo conhecimento do judaísmo, da Septuaginta e do estilo grego de escrever. Ele ficou conhecido como o apóstolo dos gentios (Gl 2:8; Ef 3:8).

Os destinatários dessa carta foram os cristãos da Galácia (1:2; 3:1). Entretanto, não temos certeza se Paulo estava escrevendo para o grupo étnico conhecido como gálatas que vivia no norte da província romana chamada Galácia, ou se ele estava escrevendo para as igrejas que ele havia estabelecido na parte sul daquela província. Essa questão é importante porque afeta a datação da carta. Se os destinatários eram os gálatas do Sul, então a carta foi escrita antes ou logo após o Concílio de Jerusalém (At 15:1-35), ou seja, em torno do ano 48 a 50 d.C. Entretanto, se os destinatários fossem os gálatas do Norte, a carta provavelmente foi escrita em uma data posterior, em algum momento entre 50 e 57 d.C.[6] Entretanto, os argumentos acadêmicos sobre os destinatários específicos e a data dessa carta não afetam sua mensagem central para os leitores originais ou seu significado para nós hoje.

Contexto teológico

A carta aos Gálatas foi escrita para confrontar e combater o falso ensinamento propagado por um grupo conhecido como judaizantes. A questão principal era se as pessoas são salvas pela graça ou pela obediência à lei do Antigo Testamento. Paulo reconheceu que qualquer desvirtuamento do evangelho da graça levaria ao legalismo, e assim escreveu esta carta. Quatro grandes temas teológicos emergem da carta como um todo.[7]

• • • • • • •

6 SCHREINER, Thomas. *Galatians, Zondervan Exegetical Commentary on the New Testament* (Grand Rapids: Zondervan, 2010), 31.

7 Themes from KOSTENBERGER, Andreas J., KELLUM, L. Scott and QUARLES, Charles L., eds. *The Cradle, the Crown and the Cross: An Introduction to the New Testament* (Nashville: Broadman & Holman Ac-

Justificação pela fé. Nossa resposta de fé a Cristo é tudo o que é necessário para a salvação. Não somos salvos pela obediência à lei do Antigo Testamento.

Expiação. Gálata enfatiza a natureza substitutiva da morte de Cristo. Em outras palavras, Cristo pagou a pena pelo pecado ao morrer uma morte amaldiçoada na cruz para que os pecadores pudessem ser reconciliados com Deus (1:4; 3:10-14; ver também Dt 27:26). Confiar na obediência à lei para a salvação leva à maldição divina.

Transformação do crente. Os judaizantes não somente argumentaram que a obediência à lei é necessária para a salvação, mas também insistiram que a lei por si só é capaz de coibir a conduta pecaminosa. Enquanto isso, outros nas igrejas gálatas disseram que não importa se os crentes pecam porque são salvos somente pela fé. Paulo se opõe a ambos os grupos, ensinando que a justiça pessoal é muito importante, mas só pode ser alcançada com a ajuda do Espírito Santo (5:5, 22).

A identidade de Jesus. A carta enfatiza a identidade única de Jesus. Em quatro ocasiões ele é referido como Filho de Deus (1:16; 2:20; 4:4, 6), e ele também é repetidamente referido como "Senhor", um título que reflete sua divindade.

Seguindo esse breve resumo do contexto geral da carta, vamos agora voltar nossa atenção específica para o texto de 1:1-10.

Etapa 1: Paralelos ao contexto africano

Esse texto tem algum paralelo com o contexto africano tradicional ou moderno que pode lançar luz sobre seu sentido? Como nos outros gêneros estudados até agora, isso pode ser em relação à visão de mundo, teologia, prática, formato e assim por diante. Se houver semelhanças, esta informação pode ser usada como ponte para nos ajudar a entender a passagem. Se houver uma mensagem conflitante, então esta informação pode ser usada para confrontar nossas suposições equivocadas.

Falso ensinamento

Paulo escrevia para pessoas que se sentiam confusas porque estavam ouvindo dois evangelhos diferentes. Um era o verdadeiro evangelho e o outro era a versão corrompida, o falso. Esta situação não é estranha na África, onde há muitos ensinamentos que pervertem e corrompem o evangelho. O mais pro-

ademic, 2009), 425–427.

eminente é o evangelho da prosperidade, que ensina que as bênçãos que vêm da fé em Cristo são materiais na natureza, e que se não recebemos abundantes bênçãos materiais, há algo de errado com nossa fé. Há também muitas crenças e práticas sincretistas que confundem os cristãos sobre o que é realmente a fé e prática bíblica. Embora as questões que enfrentamos na África não sejam idênticas às questões que Paulo aborda nesse texto, a ideia de que o evangelho pode ser distorcido não é estranha para um leitor africano.

A linguagem da maldição

Na África tradicional, as maldições eram pronunciadas sobre membros da comunidade que haviam ofendido o universo espiritual ou a comunidade física. Acreditava-se que estas maldições teriam consequências tanto espirituais quanto físicas. Ainda hoje, não é raro ouvir alguém explicar que a desgraça em sua vida é devido a uma maldição. Algumas igrejas da África Oriental realizam cultos de libertação para libertar os membros das maldições ancestrais. Embora o tipo de maldição discutido em Gálatas seja muito diferente da compreensão africana de uma maldição, a declaração de Paulo de que qualquer um que distorça o evangelho é amaldiçoado é uma linguagem familiar para um leitor africano.

Formato

A carta de Paulo tem um formato familiar. Ele começa por identificar para quem ele está escrevendo, ou seja, para as igrejas na Galácia. Embora a sua identificação como o escritor da carta consta no início da carta (e não no final como nas cartas africanas), mesmo assim ele se identifica a si mesmo. A carta também inclui saudações e uma expressão de louvor (a doxologia). Seu propósito é abordar alguns problemas na igreja, e isso ele faz no corpo da carta. Assim, embora a forma não corresponda exatamente às cartas africanas, ainda assim existem características familiares suficientes para criar um senso de familiaridade.

Estes paralelos com o contexto africano fornecem um ponto de partida para começar a associar-se com a passagem em estudo.

Etapa 2: Contexto teológico

Quais são as principais ênfases teológicas em Gálatas 1:1-10? A maior ênfase teológica é a superioridade do evangelho da graça. Paulo insiste que a fé em Cristo é tudo o que é necessário para a salvação, que é realizada através da morte substitutiva de Cristo (1:4). Qualquer um que ensina algo diferente deve ser rejeitado.

Aplicação aproximada

A aplicação provisória que se sugere é que precisamos examinar cuidadosamente nossa doutrina e prática para assegurar que elas se alinhem com a verdade bíblica aqui apresentada. Cristo é a pedra angular de nossa fé e acrescentar qualquer outra coisa é um desvirtuamento do evangelho.

Etapa 3: Contexto literário

A etapa seguinte é identificar o tipo de literatura com a qual estamos aqui lidando, incluindo seu gênero, técnicas literárias, linguagem utilizada e o desenvolvimento do texto em relação aos textos ao redor. A aplicação derivada na etapa 2 será mais aprimorada e esclarecida durante esta etapa.

Gênero

O gênero de Gálatas é uma carta para destinatários específicos, ou seja, os crentes que pertencem às igrejas da Galácia (1:2). A carta é visivelmente ocasional em seu conteúdo. Sua estrutura é a de uma carta típica do primeiro século. Em nossa análise do gênero da carta, identificaremos primeiro os elementos presentes na carta como um todo antes de analisar os versículos específicos sob revisão.

Endereço do remetente e data: A carta não está datada e o escritor não dá nenhuma indicação de seu endereço. Isso é comum para cartas desse período.

Saudação e destinatário: Paulo começa por se identificar, mencionando seus colegas de trabalho e nomeando os destinatários como "as igrejas na Galácia" (1:1-2).

Saudações: Ele continua com cumprimento ou saudação (1:3) assim como com a expressão de louvor a Deus (1:5). Ele também faz um comentário prolongado sobre a obra de Cristo nesta seção de abertura, algo que ele não faz em suas outras cartas (1:4). O que está notavelmente ausente é alguma expressão de ação de graças pelo bem-estar de seus leitores.

Corpo: O corpo da carta segue a doxologia. Ela começa no 1:6 e termina no 6:15. Como nas cartas discutidas até agora, esta é a seção mais longa da carta e inclui as principais informações que Paulo queria transmitir.

Saudações de encerramento: No final de sua carta, Paulo inclui saudações finais e ele mesmo assina a carta, lembrando seus leitores de sua posição apostólica em Cristo (6:11, 16, 17).

Bênção e remetente: Paulo termina a carta com uma bênção final (6:18).

Análise de 1:1-10

A passagem que estamos estudando começa com as palavras "Paulo, apóstolo" e continua com a forte afirmação de Paulo de que ele foi enviado por Jesus Cristo e por Deus, não da parte de nenhum homem ou grupo de homens (v. 1). Dado que a palavra "apóstolo" significa "aquele que foi enviado", Paulo está dizendo que ele foi especificamente designado como apóstolo por Deus. Este chamado ocorreu quando ele encontrou o Senhor ressuscitado em seu caminho para Damasco (1:1; ver também At 9:4-6).

Esta frase de abertura estabelece a tonalidade para toda a carta. Paulo insiste que o evangelho que ele proclama é oficial e verdadeiro porque vem de Cristo e de Deus. Sua menção aos companheiros crentes que estão com ele fortalece sua autoridade, pois eles são testemunhas adicionais de seu apostolado e de sua mensagem (v. 2).

Gálatas é a única carta em que Paulo dedica tantas palavras de abertura para enfatizar seu chamado apostólico. Isso sugere que seu apostolado estava sendo questionado por seus adversários, que duvidavam "da credibilidade de seu apostolado, argumentando que o evangelho de Paulo tinha uma origem humana"[8]. Como veremos ao continuarmos lendo a carta, este é o início de sua defesa contra seus concorrentes.

Paulo dirige sua carta a várias igrejas na Galácia, não apenas a uma (v. 2). A saudação, que é uma que ele costuma usar, deseja-lhes graça e paz (v. 3). Ele sublinha que estas bênçãos vieram de "Deus nosso Pai e do Senhor Jesus Cristo". Ao referir-se a Deus como "nosso Pai", ele lembra a seus leitores a relação que eles têm com Deus. A outra fonte desta graça e paz é Jesus Cristo. Ao contrário da brevidade de sua descrição de Deus ("nosso Pai"), Paulo segue sua menção a Cristo com uma longa descrição da obra de Cristo, que poderia até ser dita para resumir o núcleo do evangelho. Isso faz sentido à luz da carta como um todo, porque, como notamos ao lermos a carta, Paulo se preocupa com o esquecimento dos gálatas sobre o sentido da obra de Cristo, e assim estão voltando às práticas do Antigo Testamento como a circuncisão (2:20-21; 3:1, 13; 4:4-5; 5:11, 24; 6:12, 14, 17).

Paulo salienta que Cristo se entregou "por nossos pecados" e que o propósito de Cristo era resgatar os crentes "do mundo mau" (v. 4). A leitura dos antecedentes revela que os judeus daquela época distinguiam o tempo presente, que era mau, do tempo futuro, quando Deus reinaria. Assim, quando Paulo diz que Cristo resgatou os crentes deste tempo, ele está dizendo que seus leitores já podem se considerar cidadãos do tempo futuro de Deus.[9]

• • • • • • •

8 SCHREINER. *Galatians*, 74.

9 KEENER, Craig. *The IVP Bible Background Commentary*, 2nd ed. (Downers Grove: InterVarsity Press,

Da nossa leitura do restante da carta, sabemos também que esta referência implícita a um novo tempo é correspondida pela referência de Paulo à "nova criação" no final da carta (6:15). Juntos, estes dois versículos formam o que é conhecido como *inclusive* (estrutura sobrescrita) que enfatiza o tema da inauguração deste novo tempo através de Cristo.

Nos versículos iniciais desta carta, Paulo introduziu assim dois temas principais que ele deseja abordar no corpo da carta, a saber, a natureza de seu apostolado e a natureza do evangelho.

Paulo conclui a seção introdutória da carta com uma doxologia, um canto de louvor (v. 5). Na maioria de suas outras cartas, o louvor de Paulo a Deus é acompanhado por uma ação de graças pelas bênçãos de Deus sobre os destinatários da carta. Leitores atentos perceberão que esta carta é diferente. Não há nenhum sinal desta ação de graças na carta de Paulo aos Gálatas. Em vez disso, ele começa o versículo 6 com as palavras "Estou admirado". Claramente, estas palavras pretendem introduzir uma repreensão.

O que surpreende, admira Paulo? É o fato de os gálatas terem desertado tão rapidamente de Cristo para voltarem-se para "um evangelho diferente" (v. 6). Este é o cerne do problema. Mas o que Paulo quer dizer quando diz que eles estão "desertando"? Neste contexto, ele quer dizer que eles estão se afastando de Cristo e do evangelho que lhes havia sido apresentado.

As palavras "tão rapidamente" podem indicar que apenas pouco tempo se passou desde a última visita de Paulo aos gálatas (ver 1:9) ou podem refletir a diferença entre o começo dos gálatas e seu estado atual. Em outras palavras, pode significar que Paulo está surpreso com a rapidez com que os gálatas se afastaram de Cristo após sua conversão.

Para piorar a situação, os gálatas não estavam se voltando para algo melhor, mas para um evangelho diferente "que na verdade não é nenhum evangelho" (v. 7). Como vemos mais adiante na carta, o objetivo dos desordeiros era provocar intencionalmente a divisão, defendendo uma base diferente para a salvação, ou seja, a circuncisão (2:3-5; 5:2-6; 5:22; 6:12-13).

Antigamente, os que deturpavam uma mensagem à que haviam sido confiados eram suscetíveis de sofrer penalidades legais.[10]Mas o que esses judaizantes estavam fazendo era muito mais sério do que qualquer coisa que pudes-

2014), 525. Em português: [Keener, Craig. *Comentário do Contexto Cultural da Bíblia*: Novo Testamento. Traduzido por Susie Lockwood. São Paulo: Vida, 2017].

10 Keener. *IVP Bible Background Commentary*, 525.

se ser resolvida em um tribunal humano. É tão grave que Paulo declara que qualquer pessoa (inclusive ele mesmo ou um anjo) que distorce o evangelho merece estar sob a maldição de Deus (v. 8). A maldição de Deus implica última destruição e condenação, o castigo escatológico administrado pelo próprio Deus![11]

A linguagem forte que Paulo usa mostra que ele não considera seus adversários como crentes, pois eles pregam um evangelho diferente. Paulo repete esta frase no versículo 9, reafirmando assim a maldição pronunciada no versículo 8, mas desta vez ele a aplica à própria situação dos gálatas. Antes de fazê-lo, porém, ele lembra seus leitores que não está dizendo nada de novo. Ele já explicou isso antes, o que pode ser parte de por que ele achar o comportamento dos gálatas tão surpreendente.

Paulo então faz duas perguntas retóricas: "Estou agora tentando conquistar a aprovação de seres humanos, ou de Deus? Ou estou tentando agradar as pessoas?" A função deste versículo no argumento é contestada, mas muito provavelmente é um versículo transitório, completando o pensamento dos versículos 6-9 e introduzindo a defesa de sua autoridade apostólica nos versículos seguintes. Estas perguntas também nos lembram da natureza ocasional da carta, pois Paulo parece estar respondendo a acusações feitas a seu respeito e às quais não temos acesso.

Paulo termina esta seção com duas perguntas próprias, obrigando seus leitores a chegar à conclusão lógica de que é impossível agradar aos seres humanos e a Deus ao mesmo tempo. As duas são incompatíveis. Não se pode ter dois evangelhos - existe apenas um. O verdadeiro evangelho reconhece a obra acabada de Jesus Cristo na cruz e coloca a lei onde ela pertence - no passado.

Função

O próximo passo é identificar a função desta passagem. A função deve ser entendida dentro do contexto da função da carta como um todo, que era corrigir o falso ensinamento que estava promovendo o acréscimo de aspectos da lei ao evangelho. Podemos dizer que a função de Gálatas 1:1-10 é iniciar a carta no estilo usual e depois oferecer uma repreensão que leve à acusação de Paulo aos falsos instrutores.

Técnicas literárias

Uma das técnicas que Paulo utiliza neste texto é a linguagem figurativa. Ele usa hipérbole ou exagero no versículo 8 quando menciona a si mesmo na

• • • • • • •

11 Longenecker. *Galatians*, 17.

mesma lufada de "um anjo do céu" e os instrui a rejeitar qualquer nova versão do evangelho que lhes chegue de qualquer fonte, por mais exaltada que seja. Ele também usa a repetição, com o versículo 8 repetindo muito do que é dito no versículo 9, e termina ambos os versículos com a poderosa injunção: "Que estejam sob a maldição de Deus!. Esta técnica é muito eficaz para alertar os leitores sobre a importância do que ele (Paulo) está dizendo e o grande perigo que eles enfrentam se ouvirem falsos instrutores. O evangelho sendo proclamado por aqueles que estão sob a maldição de Deus só pode levar à separação de Deus.

Por último, no versículo 10, ele usa duas perguntas retóricas. O poder das perguntas retóricas reside em sua capacidade de focalizar o leitor sobre as questões sem exigir uma resposta verbal. Uma vez que os leitores originais estavam cientes das questões subjacentes que motivaram essas perguntas, o uso desta técnica por Paulo aqui teria sido muito eficaz.

Língua

No versículo 3, Paulo combina as palavras "graça" e "paz" em sua saudação. Ao fazer isso, ele combina duas saudações (grega e hebraica) comuns. Paulo usa com frequência esta combinação formulada em suas cartas.[12] Entretanto, para Paulo, esta saudação não é apenas rotineira, mas reflete a essência do evangelho, com ênfase especial em sua causa ("graça") e efeito ("paz").[13] É significativo que ele identifique tanto Deus quanto Cristo como a fonte desta graça e paz, enfatizando assim o núcleo do evangelho logo no início da carta na qual a mensagem do evangelho está sendo desafiada.

O verbo "desertar" traduzido no versículo 6 também pode significar virar de,cair ou tornar-se apóstata.[14] Em outro lugar na literatura judaica, o mesmo verbo é usado para descrever um abandono do modo de vida judaico, ou apostasia (por exemplo, 2 Mac 7:24).[15]No texto em estudo, significa "afastar-se", no sentido de apostasia. Está no presente, significando que esta é uma ação contínua e não apenas uma ocorrência única.

No versículo 7, Paulo acusa seus oponentes de perverterem o evangelho. A palavra traduzida "perverter" também significava mudar ou virar. Este verbo só ocorre duas vezes em todo o Novo Testamento (o outro uso está em At

• • • • • • •

12 Foerster, Werner, "εἰρήνη," TDNT 2:411.

13 Longenecker. *Galatians*, 7.

14 Maurer, Christian, "μετατίθημι," TDNT 8:161.

15 Schreiner. *Galatians*, 84.

2:20).[16] Para Paulo, o "evangelho" que estava sendo ativamente promovido por seus adversários não se assemelhava ao verdadeiro evangelho.

Fluxo literário

Esse texto aparece no início da carta e, portanto, não há um contexto literário prévio. Os versículos que se seguem em 1:11-17 são uma continuação de argumento de Paulo ao defender a autenticidade do evangelho e seu próprio chamado apostólico. Ele afirma que o evangelho que ele pregava era um evangelho sem lei dado a ele por revelação, e que o que ele pregava estava de acordo com o que foi pregado por outros apóstolos.

Aplicação aproximada

A tentativa de aplicação a partir do contexto teológico é ainda mais reforçada pela análise do contexto literário. Cristo e sua obra acabada na cruz devem ser sempre centrais para nossa fé e prática. Há consequências eternas para a pregação de doutrinas equivocadas e para o desvirtuamento de outros. Os que são chamados a liderar devem ter como objetivo agradar a Deus e não aos outros.

Nunca devemos ter medo de enfrentar o engano doutrinal quando o identificamos em nossas igrejas. Isso significa que os líderes cristãos devem estar preparados para tomar uma posição firme contra falsas ideias, mesmo que isso leve a conflitos ou outras consequências negativas. Isso é pertinente principalmente para os líderes cristãos em um contexto cultural africano onde o *status* e a posição são tidos em tão alta consideração.

Etapa 4: Contexto histórico

Podemos deduzir algo sobre o contexto histórico a partir do conteúdo da carta como um todo. Aparentemente, houve conflito porque algumas pessoas estavam semeando discórdia nas igrejas da Galácia ao afirmar que Paulo estava pregando um evangelho defeituoso ou inadequado. Estes desordeiros eram provavelmente um grupo de cristãos judeus que argumentavam que manter a lei de Moisés (e em particular o rito da circuncisão) era essencial para a salvação.[17] Um grupo semelhante de judaizantes tinha causado problemas em Antioquia, dizendo aos crentes lá: "A menos que sejais circuncidados de acordo com o costume prescrito por Moisés, não podereis ser salvos" (At 15:1). O apostolado de Paulo estava sendo desafiado e ele estava sendo acusado de

• • • • • • •

16 Bertram, Georg, "μεταστρέφω," TDNT 7:729.

17 Keener. *Bible Background Commentary*, 523–524.

ter removido algumas características essenciais do evangelho a fim de torná-lo mais atraente para os gentios.

Aplicação aproximada

O contexto histórico confirma os pontos de aplicação aproximada acima e acrescenta detalhes sobre a situação específica que está sendo tratada. Embora nós, na África, não enfrentemos controvérsias sobre a lei do Antigo Testamento, deparamos com controvérsias quando pessoas tentam corromper o evangelho da verdade, encorajando as igrejas a adotar doutrinas e práticas enraizadas nas religiões tradicionais africanas. É fácil que isso aconteça, especialmente porque queremos expressar nossa fé de maneiras que reflitam nosso contexto africano. Mas precisamos ter cuidado para não cair no tipo de sincretismo, presente em algumas Igrejas Iniciadas Africanas que estimulam recorrência a feiticeiros, curandeiros e espíritos e a realização de alguns rituais tradicionais. Como salienta esse texto, toda doutrina e prática deve estar relacionada à pessoa e obra de Cristo, em pleno reconhecimento de que nada podemos acrescentar à obra de Cristo, já que a salvação é uma resposta de fé à graça de Deus.

Assento: aplicação

O principal ponto de aplicação que se sugere, a partir deste texto, é que devemos enfrentar o falso ensinamento e as práticas sincretistas que se enraizaram na igreja africana. Paulo não desviou o olhar quando as exigências do povo de circuncidar os crentes invadiram as igrejas gálatas, e não devemos desviar o olhar quando o evangelho é corrompido por ensinamentos de prosperidade e práticas sincretistas. Embora seja verdade que devemos adorar a Deus como africanos que somos e contextualizar nossos ensinamentos e práticas eclesiásticas, não devemos fazê-lo de forma casual. Devemos ponderar cada doutrina e prática da igreja africana mediante a Escritura e reter apenas aquilo que não compromete a verdade de Deus. Não devemos ter medo de enfrentar o erro doutrinário quando o identificarmos em nossas igrejas, e nunca devemos permitir que o verdadeiro evangelho seja contestado ou corrompido. Como foi apontado acima, o erro tem consequências eternas.

O segundo ponto de aplicação é que o reconhecimento da centralidade de Cristo em nossa salvação deve nos levar ao louvor. A igreja africana é conhecida por seu culto exuberante. Entretanto, os coros que são cantados em nossas igrejas às vezes carecem de profundidade teológica e às vezes estão mais concentrados nos sentimentos dos adoradores do que no Deus que está sendo adorado. Paulo nos dá um exemplo de como deveria ser o verdadeiro louvor.

A última aplicação é que aqueles que se consideram ter um chamado para servir a Deus devem ter sempre em mente que é Deus quem nos chama para servir; não devemos nos eleger. Ministros, bispos ou mesmo apóstolos auto-eleitos não têm lugar no ministério. Os que são chamados por Deus para serem instrutores e líderes devem ter o cuidado de permanecer fiéis à verdadeira mensagem do evangelho.

10

CONCLUSÃO

Um olhar retrospectivo

Nossa jornada começou com a pergunta: por que os cristãos africanos vivem vidas dicotomizadas? Observei que isso leva ao fenômeno dos "cristãos dominicais" - crentes que vivem de acordo com os valores mundanos durante a semana, mas que "vestem" Cristo aos domingos. Isso enfraqueceu a igreja africana, fazendo com que ela perdesse sua voz moral no mundo. Por que aconteceu? Eu defendo que parte do problema está em nossa incapacidade de interpretar a Bíblia com precisão e permitir que ela guie nossa vida cotidiana.

Onde erramos? Há um provérbio somaliano que diz: "Não comece uma viagem usando o burro de outra pessoa". Nosso problema pode ser compreendido à luz deste provérbio. Nos primeiros tempos do cristianismo, os africanos estavam entre os principais intérpretes e instrutores da Bíblia. Entretanto, agora herdamos dos missionários uma abordagem ocidental do texto bíblico que não considera nossa cultura e visão de mundo africana. A dicotomia que vemos hoje pode ser parcialmente atribuída a formas "estrangeiras" de interpretar o texto bíblico. Nós, como africanos, começamos nossa jornada de interpretação bíblica com o burro de nosso vizinho!

Estou propondo que corrijamos esse problema considerando uma abordagem contextualizada. Como vimos ao longo deste livro, nossa cultura e nossa visão de mundo são importantes para interpretar e comunicar a mensagem bíblica. Os paralelos entre nossa cultura material e nãomaterial africana e a da Bíblia formam pontes úteis para a interpretação. Precisamos tomar para nós a sugestão do apóstolo Paulo, que usou essa estratégia em seu discurso do Areópago (At 17) para apresentar a seus ouvintes o verdadeiro Deus. Em vez de bombardeá-los com um estranho evangelho, ele construiu pontes para o evangelho a partir da cultura ateniense. Ele foi capaz de expandir sem problemas o antigo contexto deles com novas ideias.

Como a hermenêutica é uma ciência e uma arte, ela deve ter uma estrutura teórica assim como regras específicas. Neste livro, introduzi um modelo hermenêutico de quatro etapas para nos ajudar a aplicar as regras com precisão. Esse modelo parte de nosso mundo conhecido e se move de modo direto para o mundo mais desconhecido da Bíblia, sem fazer desvio para métodos "estrangeiros".

Ao aplicarmos esse modelo, vemos que o gênero impõe a forma como se aproxima do texto e influencia como se entende a mensagem que está sendo comunicada. Isso porque se sabe o que esperar (e não esperar) da escrita em um determinado gênero. Na verdade, comparei as regras de um gênero com as regras que determinam como as brincadeiras são brincadas. Esse entendimento nos ajuda a interpretar os textos apreciados da maneira que o autor pretendia. Os quatro gêneros principais da Bíblia são identificados como história, poesia, sabedoria e carta. No entanto, estes são gêneros amplos e há vários subgêneros que se enquadram neles.

Em cada etapa de nossa jornada, dei exemplos de como gêneros específicos podem ser interpretados, utilizando a literatura africana existente, tanto tradicional como pós-colonial. Isso dá ao texto um ar de familiaridade, pois ele nos fala em nossa língua interior. Ao mesmo tempo, devemos tomar cuidado para não cair na armadilha de sincretismo. Identifiquei esse erro como a mistura de formas religiosas e culturais com a mensagem bíblica sem considerar se elas contradizem a verdade bíblica. Já que não há tal coisa como leitura neutra do texto, o método proposto fornece uma forma de avaliar nossas suposições como leitores. Essas suposições que concordam com a verdade bíblica podem ser usadas positivamente, e aquelas que contradizem a verdade bíblica são confrontadas e corrigidas.

E agora?

Ao chegar ao fim de sua vida, o apóstolo Paulo escreveu uma carta a Timóteo, um jovem a quem ele se referiu carinhosamente como "meu verdadeiro filho na fé". Nesta carta muito pessoal, ele escreveu: "Faça o melhor para se apresentar a Deus como digno de aprovação, como trabalhador que não precisa se envergonhar e que dirige corretamente a palavra da verdade" (2Tm 2:15). Esta admoestação ainda é válida para nós hoje, quer estejamos preparando um sermão, ou um ensinamento, ou estudando a Bíblia para o crescimento pessoal.

Nossa jornada agora está completa. Agora, você tem o conhecimento e as habilidades necessárias para "lidar corretamente com a palavra da verdade" dentro de seu contexto africano familiar. Entretanto, isto não deve ser visto como o fim de sua jornada. É apenas uma base para ajudá-lo a iniciar o caminho para uma interpretação bíblica precisa. Além do conhecimento e das habilidades que você adquiriu através dos capítulos deste livro, há outras ferramentas que são benéficas para esta tarefa.

Como estudante da Bíblia, é importante investir em bons comentários bíblicos teológicos que ajudem a esclarecer nossa compreensão do texto bíblico. Os comentários existem de todas as formas e tamanhos, e alguns são mais úteis do que outros. Tente encontrar um comentário que seja compreensível, mas não tão simples que não aborde principais questões ou problemas no texto. Se disponível, invista em um comentário que não só lide com o contexto bíblico, mas também forneça uma visão da cultura africana.

Você também deveria investir em outras ferramentas teológicas, como atlas bíblicos, dicionários bíblicos e enciclopédias. Essas ferramentas o ajudarão a aprender mais sobre os contextos históricos/culturais das passagens bíblicas. Como vimos ao longo deste livro, autores bíblicos escreveram *de* e *para* contextos histórico-culturais específicos. A não compreensão desses contextos provavelmente levará a uma má interpretação do que o autor pretendia comunicar.

Os dicionários bíblicos mais úteis são aqueles que fornecem uma explicação do sentido de uma palavra ou expressão na língua em que foi originalmente escrita, seja ela hebraica, grega ou aramaica. Às vezes, isso é fundamental para a compreensão, já que não existe correspondência de palavra-por-palavra entre duas línguas. A influência de uma palavra em seu original é às vezes perdida na tradução.

Vimos também como é importante compreender o contexto em que vivemos. A África tradicional e a África em que vivemos hoje são mundos à parte. A globalização e a revolução digital ampliaram essa distância. Invista em recursos que o ajudarão a compreender nossa cultura e as realidades contextuais que nos afetam como africanos. Torne-se um aprendiz do povo, faça perguntas, assista às notícias, leia livros que abordam questões africanas e assim por diante. Lembre-se de que uma interpretação sólida da Bíblia exige que você compreenda sua cultura e sua visão de mundo para não impor isso no texto bíblico.

Por fim, invista em você mesmo. O processo de interpretação da Bíblia exige que confiemos no Espírito Santo. Estamos lidando com a palavra de Deus e não apenas com um livro comum. Para entender realmente o que a Bíblia diz, precisamos do Espírito Santo para nos ajudar. Oração, jejum e meditação são todos necessários para nosso crescimento espiritual. Quanto mais crescermos em nossa fé, menos obstáculos encontraremos em nossa compreensão da palavra de Deus.

Espero que este livro o tenha motivado a estudar a Bíblia em profundidade ao aplicar os princípios nela contidos. No entanto, o estudo da Bíblia é inútil se ela continuar sendo apenas isso. Devemos passar da compreensão à interiorização e aplicação. Nosso objetivo ao estudar a Bíblia é crescer à semelhança de Cristo, desenvolver raízes profundas na Palavra para que possamos dar frutos que durem. Desta forma, superaremos a dicotomia que está tão intensamente enraizada em nosso cristianismo africano.

LEITURA COMPLEMENTAR

Fee, Gordon D., and Douglas Stuart. How to Read the Bible for All Its Worth. Grand Rapids: Zondervan, 1993.

HIRSCH, E. D. *The Aims of Interpretation*. Chicago: University of Chicago Press, 1978.

––––. *Validity in Interpretation*. New Haven: Yale University Press, 1967.

Keener, Craig. The IVP Bible Background Commentary, 2nd edition. Downers Grove: InterVarsity Press, 2014.

KUNHIYOP, Samuel Waje. *African Christian Theology*. Nairobi: HippoBooks, 2012.

LOBA-MKOLE, Jean-Claude and WENDLAND, Ernst R., eds. *Interacting with Scriptures in Africa*. Nairobi: Acton Publishers, 2005.

Osborne, Grant. The Hermeneutical Spiral: A Comprehensive Introduction to Biblical Interpretation. Downers Grove: InterVarsity Press, 2010. (Publicado no Brasil como: OSBORNE, Grant. *O Espiral Hermenêutico: Uma Introdução Abrangente à Interpretação Bíblica*. Traduzido por Sérgio Lyra e Marcelo de Oliveira. São Paulo: Vida Nova, 2017).

PLANTINGA, Cornelius. *Engaging God's World: A Christian Vision of Faith, Learning, and Living*. Grand Rapids: Eerdmans, 2002.

Sire, James W. Naming the Elephant. Downers Grove: InterVarsity Press, 2004. (Publicado no Brasil como: SIRE, James W. *Nomeando o Elefante*. Traduzido por Ronaldo Guedes Beserra. São Paulo: Vida Nova, 2005).

TURAKI, Yusufu. *Foundations of African Traditional Religion and Worldview*. Nairobi: WordAlive, 2006.

UKACHUKWU, Chris Manus. *Intercultural Hermeneutics in Africa: Methods and Approaches*. Nairobi: Acton Publishers, 2003.

WEST, Gerald. "African Biblical Hermeneutics and Bible Translation." In *Interacting with Scriptures in Africa*, edited by Jean-Claude Loba-Mkole and Ernst R. Wendland, 3–29. Nairobi: Acton Publishers, 2005.

William, Klein W., Craig L. Blomberg, and Robert L. Hubbard Jr. Introduction to Biblical Interpretation. Revised edition. Nashville: Thomas Nelson, 2005 (Publicado no Brasil como: WILLIAM, Klein W., BLOMBERG, Craig L. , e HUBBARD JR, Robert L. *Introdução à Interpretação Bíblica*. Traduzido por Carlos Osvaldo Cardoso Pinto. São Paulo: Vida Nova, 2009).

BIBLIOGRAFIA

ANDERSON, Keith B. *Introductory Course on African Traditional Religion*. Nairobi: Provincial Board of Theological Education, Church of the Province of Kenya, 1986.

Arnold, Bill T., and Arnold Beyer. Encountering the Old Testament. Grand Rapids: Baker Academic, 1999, 2008 (Publicado no Brasil como: ARNOLD, Bill T. and BEYER, Arnold. *Introdução ao Antigo Testamento*. Traduzido por Carlos Osvaldo Cardoso Pinto. São Paulo: Vida Nova, 2015).

BANSIKIZA, Constance. *Restoring Moral Formation in Africa*. Nairobi: AMECEA Gate Publications, n.d.

BERLIN, Adele. *Poetics and Interpretation of Biblical Narrative*. Sheffield: Almond Press, 1983.

BITRUS, Daniel. *The Extended Family: An African Christian Perspective*. Nairobi: Christian Learning Materials Centre, 2000.

BLOCK, Daniel I., JUDGES,Ruth. *The New American Commentary*, vol. 6. Nashville: Broadman & Holman, 1999.

BRUCE, F. F. *The Book of the Acts. The New International Commentary on the New Testament*, revised edition. Grand Rapids: Eerdmans, 1988.

BUJO, Benezet. *African Christian Morality at the Age of Inculturation*. Nairobi: St. Paul Publications, 1990.

BUSWELL, James O. III. "Contextualization: Theory, Tradition and Method." In *Theology and Mission, edited by David J. Hesselgrave, 87–111*. Grand Rapids: Baker, 1978.

CHESAINA, C. *Oral Literature of the Kalenjin*. Nairobi: East African Educational Publishers, 1991.

Craigie, Peter C. Psalms 1–50. Word Biblical Commentary, vol. 19. Waco, TX: Word Books, 1983 (Publicado no Brasil como: CRAIGIE, Peter C. *Salmos 1-50. Comentário Bíblico do Antigo Testamento*, vol. 9. Traduzido por João Rezende Costa. São Paulo: Shedd Publicações, 2008).

CROY, N. Clayton. "Hellenistic Philosophies and the Preaching of the Resurrection (Acts 17:18, 32)." Novum Testamentum 39 (1997): 32–36.

CUNDALL, A. E. "Ruth, Book of." *The Zondervan Pictorial Encyclopedia of the Bible*, vol. 5. Grand Rapids: Zondervan, 1977.

DAVIES, Margaret. *Rhetoric and Reference in the Fourth Gospel*. JSNTSup 63. Sheffield: JSOT, 1992.

Evans, Craig A., and Stanley E. Porter, eds. Dictionary of New Testament Background. Downers Grove: InterVarsity Press, 2000 (Publicado no Brasil como: EVANS, Craig A. and STANLEY, E. Porter, eds. *Dicionário de Fundo do Novo Testamento*. Traduzido por Carlos Osvaldo Cardoso Pinto. São Paulo: Vida Nova, 2004).

ESTES, D. J. "The Hermeneutics of Biblical Lyric Poetry." Bibliotheca Sacra 152 (October–December 1995): 413–430.

FABER, Riemer. http://spindleworks.com/library/rfaber/aratus.htm retrieved 26/7/2016. Last updated: March 12, 2001. Taken with permission from Clarion 42 (1993): 13.

Fee, Gordon D., and Douglas Stuart. How to Read the Bible for All Its Worth. Grand Rapids: Zondervan, 1993 (Publicado no Brasil como: FEE,

Gordon D. and STUART, Douglas . *Como Ler a Bíblia Livro por Livro*. Traduzido por Carlos Osvaldo Cardoso Pinto. São Paulo: Vida Nova, 1994).

FINNEGAN, Ruth. Oral Literature in Africa. World Oral Literature Series, vol. 1. <http://www.oralliterature.org/collections/rfinnegan001>. Acesso em:

———. *Oral Literature in Africa*. Oxford: Oxford University Press, 1976 (1994 printing).

FOKKELMAN, J. P. *Reading Biblical Narrative: An Introductory Guide*. Louisville: Westminster John Knox Press, 1999.

GEHMAN, Richard J. *African Traditional Religion in Biblical Perspective*. Kijabe, Kenya: Kesho Publication, 1989.

GOTOM, Musa. "1 and 2 Kings." In *Africa Bible Commentary*, edited by Tokunboh Adeyemo, 409–466. Nairobi: WordAlive Publishers, 2006.

Green, Joel B., and Scot McKnight, eds. Dictionary of Jesus and the Gospels. Downers Grove: InterVarsity Press, 1992 (Publicado no Brasil como: GREEN, Joel B. and MCKNIGHT, Scot , eds. *Dicionário de Jesus e dos Evangelhos*. Traduzido por Carlos Osvaldo Cardoso Pinto. São Paulo: Vida Nova, 2003).

GREEN, Joel B., MCKNIGHT, Scot and MARSHALL, I. Howard, eds. *Dictionary of Jesus and the Gospels*. Downers Grove: InterVarsity Press, 1992.

HILLMAN, Eugene. *Toward an African Christianity: Inculturation Applied*. New York: Paulist Press, 1993.

Hirsch, E. D. The Aims of Interpretation. Chicago: University of Chicago Press, 1978 (Publicado no Brasil como: HIRSCH, E. D. *Os Objetivos da Interpretação*. Tradução de Gilson César Cardoso de Souza. São Paulo: Editora Unesp, 2014).

-----. Validity in Interpretation. New Haven: Yale University Press, 1967 (Publicado no Brasil como: *Validade na Interpretação*. Tradução de Ivone Castilho Benedetti. São Paulo: Editora Unesp, 2003).

KABIRA, Wanjiku Mukabi and MUTAHI, Karegi wa. *Gikuyu Oral Literature*. Nairobi: East African Educational Publishers, 1993.

KALUGILA, Leonidas. *More Swahili Proverbs from East Africa*. Uppsala: Scandinavian Institute of African Studies, 1980.

KATO, Byang H. "Contextualization and Religious Syncretism in Africa." In *Biblical Christianity in Africa: A Collection of Papers and Addresses*, edited by Tite Tienou, 23–31. Theological Perspectives in Africa 2. Accra: Africa Christian Press, 1985.

-----."Theological Anemia in Africa." In *Biblical Christianity in Africa: A Collection of Papers and Addresses*, edited by Tite Tienou, 11–14. Theological Perspectives in Africa 2. Accra: Africa Christian Press, 1985.

Keener, Craig. The IVP Bible Background Commentary, 2nd edition. Downers Grove: InterVarsity Press, 2014 (Publicado no Brasil como: KEENER, Craig S. *Comentário de Contexto Cultural da Bíblia: Novo Testamento*. Tradução de Carolina Caires Coelho. São Paulo: Vida Nova, 2017).

Keil, C. F., and F. Delitzsch. "Psalms." In Commentary on the Old Testament, translated by Francis Bolton, 1866–1891. Peabody, MA: Hendrickson, 2006 (Publicado no Brasil como: KEIL, C. F. e DELITZSCH, F. *"Salmos". Comentário do Antigo Testamento: Pentateuco*, vol. 1. Tradução de Claudionor Correa de Andrade. São Paulo: Editora Vida Nova, 2011).

Kenny, Anthony. An Illustrated Brief History of Western Philosophy. Malden, MA: Blackwell, 2006 (Publicado no Brasil como: KENNY, Anthony. *Uma Breve História Ilustrada da Filosofia Ocidental*. Tradução de Lúcia Mathilde Endlich Orth. São Paulo: Editora Unesp, 2006).

KENYATTA, Jomo. *Facing Mount Kenya*. Nairobi: Kenway Publication, 1938, repr. 2002.

KIPURY, Naomi. *Oral Literature of the Maasai*. Nairobi: East African Educational Publishers, 1983.

Kittel, Gerhard, and Gerhard Friedrich, eds. Theological Dictionary of the New Testament. Translated by Geoffrey W. Bromiley. 10 vols. Grand Rapids: Eerdmans, 1964–1976 (Publicado no Brasil como: KITTEL, Gerhard e FRIEDRICH, Gerhard , eds. *Dicionário Teológico do Novo Testamento*. Tradução de Frederico Stein e outros. 5ª ed. São Leopoldo: Sinodal, 2016).

KÖSTENBERGER, Andreas J. *John. Baker Exegetical Commentary on the New Testament*, vol. 4. Grand Rapids: Baker Academic, 2004.

KOSTENBERGER, Andreas J., KELLUM, L. Scott and QUARLES, Charles L., eds. *The Cradle, the Crown and the Cross: An Introduction to the New Testament*. Nashville: Broadman & Holman Academic, 2009.

Kunhiyop, Samuel Waje. African Christian Theology. Nairobi: HippoBooks, 2012 (Publicado no Brasil como: KUNHIYOP, Samuel Waje. *Teologia Cristã Africana*. Tradução de Juliana Eulália de Morais da Costa. Viçosa: Ultimato, 2015).

-----. Foundations of African Christian Ethics. Nairobi: HippoBooks, 2008 (Publicado no Brasil como: *Fundamentos da Ética Cristã Africana*. Tradução de Carlos Osvaldo Cunha Bezerra. Viçosa: Ultimato, 2010).

Laertius, Diogenes. Lives of Eminent Philosophers, vol. 10, 1925. Translated by R. D. Hicks. LCL. Harvard University Press (Publicado no Brasil como: LAERTIUS, Diogenes. *Vidas e Doutrinas dos Filósofos Ilustres*, vol. 2. Tradução de Mário da Gama Kury. Brasília: Editora da UnB, 2010).

LEEMING, David Adams. *Creation Myths of the World: An Encyclopedia.* Santa Barbara, CA: ABC-CLIO LLC, 2010.

LOBA MKOLE, Jean-Claude. "Beyond Just Wages: An Intercultural Analysis of Mt. 20:1–16." Journal of Early Christian History 4, no. 1 (2014): 112–134.

———. "From Inculturation Theology to Intercultural Exegesis." In *Cultural Readings of the Bible*, edited by A. Kabasele Mukenge, J. C. Loba-Mkole and D. Aroga Bessong, 39–68. Clé: Yaoundé, 2007.

———. "Intercultural Construction of the New Testament Canons." The Bible Translator 67, no. 2 (2016): 240–261.

———. "An Intercultural Criticism of New Testament Translations." Translation 3 (2013): 96–119.

———. "The New Testament and Intercultural Exegesis in Africa." In *New Testament Interpretations in Africa* (Special Issue of the Journal for the Study of the New Testament 30, no. 1 (2007): 7–28. Sheffield: SAGE, 2007.

———. "Paul and Africa?" HTS Teologiese Studies/Theological Studies 67, no. 1 (2011): 1–11.

———. *Triple Heritage: Gospels in Intercultural Mediations*. Nairobi: WordAlive, 2012.

LOBA-MKOLE, Jean-Claude and WENDLAND, Ernst R., eds. *Interacting with Scriptures in Africa*. Nairobi: Acton Publishers, 2005.

LONGENECKER, Richard N. *Galatians. Word Bible Commentary*, vol. 41. Nashville: Thomas Nelson, 1990.

Longman, Tremper III. Literary Approaches to Biblical Interpretation. Foundations of Contemporary Interpretation. Grand Rapids: Zondervan, 1987 (Publicado no Brasil como: LONGMAN, Tremper III. *Abordagens Literárias à Interpretação Bíblica*. Tradução de Edson de Faria Francisco. São Paulo: Vida Nova, 2012).

Magesa, Laurenti. African Religion: The Moral Traditions of Abundant Life. Maryknoll, NY: Orbis Books, 1997 (Publicado no Brasil como: MAGESA, Laurenti. *Religião Africana: As Tradições Morais da Vida Abundante*. Tradução de Antonio Carlos Olivieri. São Paulo: Paulinas, 2004).

Martin, Francis, ed. Acts. Ancient Christian Commentary on Scripture: New Testament, vol. 5. Downers Grove: InterVarsity Press, 2006 (Publicado no Brasil como: MARTIN, Francis, ed. *Atos. Comentário do Antigo Cristão sobre as Escrituras: Novo Testamento*, vol. 5. Tradução de Paulo Roberto Garcia. São Paulo: Vida Nova, 2008).

MBITI, John S. *African Religions and Philosophy*. Nairobi: East African Educational Publishers, 1969, repr. 1992.

-----. *Introduction to African Religion*. New York: Praeger, 1975.

MBURU, Elizabeth. "From the Classroom to the Pulpit: Navigating the Challenges." In *African Contextual Realities*, edited by Rodney Reed, 227–248. ASET Series. Carlisle: Langham Global Library, 2018.

-----. "Is God a God of Retribution?" In *Christianity and Suffering: African Perspectives*, edited by Rodney L. Reed, 201–226. ASET Series. Carlisle: Langham Global Library, 2017.

-----. "Leadership – Isolation, Absorption or Engagement: Paul, the Paradigmatic Role Model." Africa Journal of Evangelical Theology 32, no. 1 (2013): 3–19.

MCCABE, Robert V. "The Message of Ecclesiastes." DBSJ 1 (1996): 85–112.

Mugambi, J. N. K. African Christian Theology: An Introduction. Nairobi: East African Educational Publishers, 1989 (Publicado no Brasil como: MUGAMBI, J. N. K. *Teologia Cristã Africana: Uma Introdução*. Tradução de Carlos Osvaldo Cunha Bezerra. São Paulo: Paulinas, 1997).

-----. *African Heritage and Contemporary Christianity*. Nairobi: Longman Kenya, 1989.

MULHOLLAND, Robert. “Sociological Criticism.” In *New Testament Criticism & Interpretation*, edited by David Alan Black and David S. Dockery, 297–316. Grand Rapids: Zondervan, 1991.

NASH, Ronald N. *Worldviews in Conflict: Choosing Christianity in a World of Ideas*. Grand Rapids: Zondervan, 1992.

NDEREBA, Kevin Murithii. “Youth Worldviews among the De-Churched in Nairobi and Implications for Ministry.” Thesis, International Leadership University, Nairobi, Kenya, 2015.

O’DONOVAN, Wilbur. *Biblical Christianity in Modern Africa*. Carlisle: Paternoster, 2000.

OLE SULULU, Seth Mesiaki. Tanzanian Traditional Children’s Songs, Games and Dances. School of Music, Northern Illinois University DeKalb, IL. http://www.ilmea.org/site_media/filer_public/2012/04/17/ sululu_seth.pdf. Acesso em:

ONWU, N. “The Hermeneutical Model: The Dilemma of the African Theologian.” Africa Theological Journal 14, no. 3 (1985):145–160.

OSBORNE, Grant. *The Hermeneutical Spiral: A Comprehensive Introduction to Biblical Interpretation*. Downers Grove: InterVarsity Press, 2010.

PARRINDER, Geoffrey. *Religion in Africa*. Harmondsworth, UK: Penguin, 1969.

PARSONS, Mikeal C. and CULY, Martin M.. *Acts: A Handbook on the Greek Text*. Waco, TX: Baylor University Press, 2003.

PLANTINGA, Cornelius. *Engaging God’s World: A Christian Vision of Faith, Learning, and Living*. Grand Rapids: Eerdmans, 2002.

PORTER, S. E. “Literary Approaches to the New Testament: From Formalism to Deconstruction and Back.” In *Approaches to New Testament Study*, edited by Stanley E. Porter and David Tombs, 77–128. Sheffield: Sheffield Academic Press, 1995.

RYKEN, Leland. “The Creative Arts.” In *The Making of a Christian Mind: A Christian World View and the Academic Enterprise*, edited by Arthur Holmes, 105–131. Downers Grove: InterVarsity Press, 1985.

SAXE, John Godfrey. *The Poems of John Godfrey Saxe*. Boston: James R. Osgood & Co., 1873.

SCHEUB, Harold and GUNNER, Elizabeth Ann Wynne. African Literature. <http://www.britannica.com/art/African-literature#toc57038>. Acesso em:

SCHREINER, Thomas. *Galatians*. Zondervan Exegetical Commentary on the New Testament. Grand Rapids: Zondervan, 2010.

SETO, Wing-Luk. "An Asian Looks at Contextualization and Developing Ethnotheologies." Evangelical Missions Quarterly 23 (April 1987): 138–141.

SIRE, James W. *Naming the Elephant*. Downers Grove: InterVarsity Press, 2004.

STERNBERG, Meir. *The Poetics of Biblical Narrative: Ideological Literature and the Drama of Reading*. Bloomington: Indiana University Press, 1987.

T. Desmond Alexander et al., eds. *New Dictionary of Biblical Theology*. Downers Grove: InterVarsity Press, 2000.

TAYLOR, E. K. *Using Folktales*. Cambridge: Cambridge University Press, 2000.

THISELTON, A. C. *The Two Horizons: New Testament Hermeneutics and Philosophical Description* with Special Reference to Heidegger, Bultmann, Gadamer, and Wittgenstein. Carlisle: Paternoster, 2005.

TULLOCK, John H. *The Old Testament Story*. Upper Saddle River, NJ: Pearson Prentice Hall, 2001.

TULLOCK, John H. and MCENTIRE, Mark. *The Old Testament Story*. 8th edition. Upper Saddle River, NJ: Pearson Prentice Hall, 2009.

TURAKI, Yusufu. *Foundations of African Traditional Religion and Worldview*. Nairobi: WordAlive, 2006.

TUTU, Desmond. *No Future without Forgiveness*. New York: Doubleday, 1999.

UKACHUKWU, Chris Manus. *Intercultural Hermeneutics in Africa: Methods and Approaches*. Nairobi: Acton Publishers, 2003.

VANGEMEREN, Willem A., ed. *New International Dictionary of Old Testament Theology and Exegesis*, vol. 2. Grand Rapids: Zondervan, 1997.

VANHOOZER, Kevin J., ed. *Dictionary for Theological Interpretation of the Bible*. Grand Rapids: Baker Academic, 2005.

WAIYAKI, James M. *The Story of Muhang'u: A Precolonial Look.* Forthcoming.

WEST, Gerald. "African Biblical Hermeneutics and Bible Translation." In *Interacting with Scriptures in Africa*, edited by Jean-Claude Loba-Mkole and Ernst R. Wendland, 3–29. Nairobi: Acton Publishers, 2005.

WILLIAM, Klein W., BLOMBERG, Craig L. and HUBBARD JR, Robert L.. *Introduction to Biblical Interpretation*. Revised edition. Nashville: Thomas Nelson, 2005.

WOLTERS, Albert M. *Creation Regained: Biblical Basics for a Reformational Worldview*. Grand Rapids: Eerdmans, 2005.

SOBRE A AUTORA

ELIZABETH MBURU foi a primeira mulher a obter um PhD no Southeastern Baptist Theological Seminary, na Carolina do Norte, EUA. Ela é Professora Associada de Novo Testamento e Grego na International Leadership University, na Africa International University e na Pan-Africa Christian University, em Nairóbi, Quênia. A Dra. Mburu faz parte do conselho do Africa Bible Commentary e é coordenadora editorial e editora do Novo Testamento. Dra. Mburu é também a Coordenadora Regional da África para a Langham Literature (Instituição fundada por Jhon Stott).

/editoraquitanda @editora_quitanda

Siga a Quitanda nas redes e fique por dentro dos lançamentos e outras novidades ou acesse nosso site: www.editoraquitanda.com

Sua opinião é importante para nós.
Por gentileza, envie-nos seus comentários pelo e-mail:

editorial@hagnos.com.br

Visite nosso site:

www.hagnos.com.br